고전을 활용한 글쓰기 교육

주재우

도서출판 월인

머리말

올 여름 친구의 주선으로 여러 고등학교에서 특강을 할 기회가 있었다. 특강의 주제는 마음대로 정해도 된다는 제안에 나는 자연스럽게 '고전과 글쓰기'라는 제목으로 강의를 준비했다. 그런데 막상 강의를 하려고 강단에 서니까 내가 준비한 내용이 학생들이 싫어하는 두 가지, 바로 '고전'과 '글쓰기'를 다루고 있음이 보였다. 그런데 이 두 가지는 내가 대학원 시절 내내 연구의 대상으로 삼았던 것들이다.

고전문학을 공부하고 강의하는 자리에서 항상 현대 학습자들에게 고전의 의미는 무엇일까 생각하지 않을 수 없었다. 그만큼 고전은 학생들이 어려워하고, 자신과 무관하다고 생각하는 대상이기 때문이다. 그들에게 고전의 가치를 일깨우기 위해서는 고전이 오늘날에도 유효한 대상임을 보여줄 필요가 있다고 보았다. 그 생각의 실마리를 제공해 주신 분이 '고전표현론'을 개척한 김대행 선생님이시다. 선생님께서는 고전 속에 담긴 선인들의 사고방식과 언어문화를 추출하면 좋은 교육 내용이 될 수 있음을 이곡의 '차마설'을 통해 보여주셨다. 이로 말미암아 고전을 접목시킨 글쓰기에 대한 관심을 키워왔고, 글쓰기를 전공하게 되었다.

고전 설(說) 양식은 국문학에서는 그리 주목하지 않는 대상이다. 문학의 주류에 속하지 않기 때문이다. 그러나 문학의 관점이 아니라 의사소통의 관점으로 보면 표현 교육에 많은 시사점을 제공해 주는 대상이 된다. 선조들은 오늘날 문학 창작이라는 의미에서 설을 지었다기보다는 자신의 생각을 나타내고 다른 사람들과 공유하고자 설을 지었다고 할 수 있기 때문이다. 이러한 작품 속에 담겨진 사고방식과 언어문화를 밝혀 설득적 글쓰기 교육 내용을 마련해 보고자 했던 것이 박사논문 「설 양식을 활용한 설득적 글쓰기 교육 연구」이다.

이 책은 이 논문을 토대로 좀 더 이해하기 쉽게 글을 다듬고 새로운 교육과정에 따라 내용을 보완한 것이다. 본문 내용을 다시 읽어가면서 이 글이 내 진심에서 나온 글인지 머릿속에서 지어낸 글인지 점검하였다. "글이 있기 전에 말이 있고, 말이 있기 전에 삶이 있다."는 이오덕 선생님의 말씀이 내 글에도 적용되길 바랐고, 그런 글이 되도록 노력했지만 여전히 부족하고 부끄럽다.

감사하는 마음을 전하면서 이 글을 마치려 한다. 공부하는 길에 들어서서 훌륭한 분들을 많이 만날 수 있었고, 이것이 하나님의 은혜임을 고백한다. 무엇보다도 논문이 무엇이며 학자의 삶이 어때야 하는지 몸소 보여주신 지도교수 김종철 선생님을 만날 수 있었던 점에 감사드린다. 선생님의 가르침을 통해 많이 다듬어지고 성장할 수 있었다. 또한 논문을 지도해 주신 우한용 선생님, 박영목 선생님, 김성룡 선생님, 고정희 선생님께 감사드린다. 이 분들의 조언과 격려를 통해 이 책이 세상에 나올 수 있었다. 내 인생의 절반을 보낸 서울대 국어교육과 학과 선생님들께도 감사드린다. 선생님들 덕분에 강산이 두 번 바뀔 정도의 세월 동안 변함없이 이곳에서 공부할 수 있는 상황과 여건이 마련될 수 있었다. 그리고 이 책의 출간을 허락해 주신 도서출판 월인의 박성복 사장님과 관계자 모든 분께 감사드린다.

끝으로 신앙과 삶의 일치를 꿈꾸며 그렇게 살도록 가르쳐 주신 세상의빛교회 이종필 목사님께 감사드린다. 공부하는 아들이자 사위를 묵묵히 지켜봐 주시고 기도해 주신 양가의 부모님과 헌신적으로 섬겨 준 아내에게 이 책이 작은 보답이라도 되었으면 한다.

2013년 9월

주재우

목차

I

들어가며

1. 연구 목적

본 연구는 전통적인 글쓰기 양식 중 하나였던 '설(說)' 양식을 활용하여 오늘날 설득적 글쓰기를 위한 교육 내용을 마련하는 데에 목적을 둔다. 즉, 이 연구는 고전을 활용한 글쓰기 교육 연구로서의 성격을 지니며, 우리 글쓰기 전통에 대한 탐색과 아울러 현대 국어교육 내 글쓰기 교육 내용을 확충하는 데 기여하고자 한다.

이러한 연구가 가능하기 위해서는 몇 가지 문제를 해결해야 한다. 먼저 고전과 현대의 글쓰기에 대한 격차이다. 고전과 현대는 표면적으로 드러나는 시간적인 격차뿐 아니라 그 속에 내재되어 있는 다양한 환경과 문화의 차이를 내포하고 있다. 대표적인 예로 표기가 한문에서 국문으로 달라졌다는 점을 들 수 있다. 이는 단순히 표기 문자가 달라졌다는 것뿐 아니라 그 글자 체제로 인해 구성된 인식의 방식, 사회 문화적 맥락도 아울러 달랐음을 의미한다.

이렇게 오늘날 글쓰기와 다른 과거의 글쓰기를 연구 대상으로 삼고자 할 때는 이러한 어려움을 극복할 만한 가치와 이유가 있어야 할 것이다. 물론 우리 선조의 글쓰기 자체가 문화유산으로 보존하고 전수할 만한 가치는 충분히 있지만, 교육의 국면에서 그 목적성과 효용성을 고려하지 않을 수 없기 때문이다. 그런 점에서 과거 글쓰기 자료와 환경들을 교육의 장으로 끌어들이기 위해서는 오늘날 설득적 글쓰기에 맞게 자료들을 새롭게 해석할 필요가 있다.

한편, 과거와 현재의 글쓰기가 차이만 존재하는 것은 아니다. 글쓰기란 겉으로 드러난 현상만 보면 일정한 공간에 문자언어를 늘어놓는 일이지만, 그 내면을 들여다보면 글쓴이의 사상이나 감정이 문자언어를 통해 나타나는 행위 또는 그 과정이라 할 수 있다. 과거에는 현재와 달리 주로 한문이라는 표기 체제를 습득한 소수의 사람만이 글쓰기를 통한 의사소통 행위에 참여할 수 있었다는 점은 오늘날과 큰 차이를 보이지만, 그 글 역시 글쓴이의 사상이나 감정이 담겨 있는 표현의 결과물이라는 점에서는 공통점을 보인다.

본 연구는 과거의 글쓰기와 현재의 글쓰기의 공통분모가 많다는 점을 전제로 하여 현재의 글쓰기가 놓치고 있는 과거 글쓰기의 소중한 전통을 복원하고자 하는 데에 목적을 둔다. 그래서 본 연구의 제목에 전통적인 글쓰기 양식인 고전을 활용한다고 붙인 것이다. '활용'이라는 단어는 '이용'이라는 뜻과 유의어 관계이지만, 용례를 보면 잘 이용되지 않았던 무언가를 찾아서 다시 쓰이도록 한다는 점에서 본 연구의 성격을 잘 드러낼 수 있다고 판단했다.

그런데 각 시대마다 사회문화적 맥락이 존재하며 글쓰기는 그 맥락 안에서 이루어진다. 중세에는 중세의 사회문화적 맥락에 따른 글이 존재했으며, 오늘날에는 오늘날에 맞는 글이 존재한다. 문자로 사상과 감정을 표현한다는 공통점은 있지만, 시대에 따라 내용과 형식에 관여하는 관습이나 틀이 달라진다는 것이다. 과거에는 자연스럽게 통용될 수 있었던 내용과 형식도 현대와는 이질적이기 때문에 폐기되거나 사장되는 경우가 있을 수 있다. 그렇기 때문에 전통 글쓰기를 활용할 때에는 전통의 가치를 현대적 의미에서 재조명할 필요가 있다.

그러한 점에서 본고는 고전 '설' 양식이 오늘날 그대로 복원되기를 기대하는 것이 아니다. 과거에는 글쓰기 양식의 하나로서 문화를 이루었던 '설' 양식이지만, 현대에는 그 속에 담겨 있는 설득의 유형이나 방식, 그리고 사회문화적 맥락을 살펴서 오늘날에도 활용 가능한 교육 내용으로 가공하는 작업이 요구된다. 이러한 시도는 글쓰기 교육 내용을 더욱 풍성하게 할 뿐만 아니라 단절되거나 상실된 우리 글쓰기 전통에 대한 탐색으로서도 그 의의가 있다고 하겠다.

본 연구는 수많은 글쓰기 중에서 설득적 글쓰기를 연구 대상으로 삼았다. 설득은 상대방을 이편으로 따르도록 하는 행위라고 한다면 설득적 글쓰기는 글을 통해 그것을 가능케 하는 언어 행위이다. 사회 속에서 사람 사이에는 자연스럽게 설득 행위가 이루어지고 또 그렇게 오랜 세월이 지나면서 설득의 유형, 방법, 전략들이 개발되고 문화로 정착되어 왔다. 글쓰기도 예외는 아니어서 설득을 목적으로 하는 글쓰기는 과거에서부터 존재해 왔고 문화를 이루었으며, 오늘날에도 여전히 큰 관심을 받고 있다.

다만 과거의 글쓰기 양식은 오늘날 국어교육에서의 분류처럼 정보전달, 사회적 상호작용, 정서표현 등 언어활동의 목적에 따라 인위적으로 나누어져 있지 않았다. 한문 산문 양식은 그 실제적인 상황의 필요에 의해서 자연스럽게 발생하다 보니 하나의 일관된 기준으로 체계를 세울 수 없을 정도로 복잡하다.[1] 그러나 그 가운데에 가장 설득적인 성격을 보여주는 한문 양식이 있으니 바로 논변체(論辨體) 양식이다.

논변체라는 한문 양식은 청나라 요내(姚鼐)의 『고문사류찬(古文辭類纂)』의 분류에 따른 명칭인데, 이 한문 양식의 특징에 대해 "사리를 분별하고 시비를 변별하는 것을 위주로 하면서 일정한 문학성을 지닌 문장"(陳必祥, 2001:149)으로 설명하고 있다. 또한 논변체에 해당하는 한문 문체로 논(論), 설(說), 변(辨), 해(解), 원(原) 등을 들고 있는데, 이는 오늘날 논설문이나 사설, 논문과 같이 설득적인 글쓰기 양식과 명칭상 친연성을 보여주고 있다.

본 연구는 논변체 양식 중에서 설(說) 양식만을 연구 대상으로 삼았다. 논(論) 역시 과거의 설득적인 글쓰기 양상을 살필 수 있는 좋은 자료이기는 하지만, 현대에는 전통적인 한문 양식 중 논(論)보다는 설(說)이 더 친숙하기 때문이다. 게다가 논(論)은 정면 논술로서

---

1) 현대에 한문 문체 분류의 어려움은 심경호(1998:133~136)를 통해 알 수 있다. 언어 형식, 표현 수법, 응용 범위 등 다양한 분류 기준이 동원되어야 문체를 설명할 수 있다.

설명과 의론을 주된 표현수법으로 하면서 내용이 고도로 개괄적이기 때문에 구체적인 상황이나 형상을 다루고 있는 설(說)에 비해 이해하기 어렵다는 연구상 난점이 있다.[2] 한문 산문은 예술성을 지니고 있으며 그 특징 중 하나가 형상성이라고 할 때 이러한 특징은 논(論)보다는 설(說)에 더 잘 나타난다고 볼 수 있다.

현대 사회는 과거 어느 시기보다 더욱 설득의 능력이 강조되고 있다. 과거 봉건적 전제주의 사회에서도 상하 관계 속에서 설득의 활동들이 이루어지긴 했으나 현대만큼 자유로운 의사 개진이 이루어졌다고 볼 수 없다. 특히 다양한 매체의 발달과 함께 쌍방향의 의사소통이 활발하게 나타나는 이 시기에 국어교육은 민주사회의 시민으로서 자기 의사를 분명히 밝히고 사회의 공동 의제에 참여할 수 있는 능력을 갖추도록 해야 한다는 견해는 설득의 능력을 더욱 강조한다고 볼 수 있다.[3] 토론과 토의가 일상의 중요한 부분이 된 현대 사회에서 설득적 글쓰기 교육 내용을 마련하는 일은 중차대한 일이 아닐 수 없다.

그런데 현대의 설득적인 글쓰기 교육은 몇몇의 대표적인 글쓰기 양식을 통해 교육이 이루어지고 있다. 논설문, 연설문, 토론문, 광고 등 다양한 설득적 글쓰기 양식 중에서 가장 대표적인 설득적인 글쓰기 양식은 논설문이라 할 수 있다. 이 논설문이라는 양식의 명칭 자체는 고전 한문 양식인 논(論)과 설(說)의 조합으로 이루어져 있지만, 그 양식의 내적 자질이 얼마나 과거 고전의 전통을 담지하고 있는지는 의문이다. 이러한 문제의식을 가지고 현재 통용되고 있는 논설문이 어떻게 형성되었는지 추적하고, 그 결과 논설문의 골격을 이

2) 한문 문체의 특징은 "진필상(陳必祥)/심경호 역(2001), 『한문문체론』, 이회, 177~178쪽" 참조.

3) 김종철(2004), 「국어교육과 언어 민주주의」, 『국어교육』 115호, 한국어교육학회, 18~19쪽.

루고 있는 서론-본론-결론 쓰기라든지, 실태 제시-원인 분석-대책 수립의 구조가 서구로부터 유입된 인위적인 설득 구조임을 밝힌 연구가 있다.[4] 이 연구는 우리 전통의 고전 글쓰기 전통은 근대 과정을 거치면서 계승되지 못했음을 보여준다.

물론 과거의 전통적인 글쓰기가 맹목적으로 우수하다고 말할 수는 없다. 다만 수백 년 동안 이어져 내려온 우리 고전 글쓰기와 그 산물들이 오늘날 그 가치를 제대로 평가조차 받지 못하고 교육의 장에서 사장되었다는 점은 반성할 필요가 있다. 그래서 본 연구는 먼저 과거의 설득적 글쓰기 중 하나였던 '설' 양식의 글쓰기를 쓰기 교육적 관점에서 재구하여 어떠한 원리와 방식으로 설득이 이루어졌는지 살피고자 한다. 이는 결국 오늘날 설득적 글쓰기의 교육 내용을 반성하고 확충하는 데에 기여할 수 있으리라 본다.

현재의 쓰기 교육은 서구의 영향을 강하게 받고 있다. 반면 전통적인 우리 쓰기 이론이 차지하는 역할은 미미하다. 설득적 글쓰기도 마찬가지로 설득과 관련된 교육 내용들은 서양의 수사학이나 논리학의 토대에서 교육 내용이 만들어졌다. 그런데 동서양을 비교한 여러 연구들을 보면 중국을 비롯한 동양의 사고방식이 유럽이나 북미를 배경으로 한 서양의 사고방식과 다르다는 점을 지적하고 있다.

동양과 같이 고맥락 문화에 속하는 나라 사람들은 생각을 표현하는 데에 논리보다는 감정을 앞세워 생각하며 직접적 표현보다는 돌려 말하는 것을 선호한다는 연구가 있다. 또한 동양인은 논리보다는 경험을 중시한다는 연구 등은 동양엔 서양과는 다른 언어 습관과 문화가 존재하리라는 사실을 보여준다.[5] 물론 이러한 연구가 과도

4) 배수찬(2006), 「근대적 글쓰기의 형성 과정 연구-논설문 쓰기의 성립 환경과 문장 모델을 중심으로-」, 서울대 박사논문.

5) 에드워드 홀/최효선 역(2000), 『문화를 넘어서』, 한길사; 박재현(2004), 「한국의 토론 문화와 토론교육」, 『국어교육학연구』 19집, 국어교육학회, 294쪽; 리처드 니스벳/최인철 옮김(2004), 『생각의 지도』, 김영사 참조.

한 일반화의 오류를 범하기도 하지만, 서구의 이론으로 설명할 수 없는 우리만의 표현 방식, 글쓰기 전통이 있다는 점과 이에 따라 글쓰기에도 이러한 지점들이 아울러 교육될 수 있어야 한다는 것은 분명하다.

이 연구는 일차적인 연구 대상으로 설 양식을 삼았고, 설 양식이 만들어지고 소통된 사회문화적 맥락과 상대방을 설득하는 설득의 방법 등을 우선 살펴 볼 것이다. 이는 과거 설득 문화의 한 단면을 탐구해 본다는 점에서 의의가 있다. 그리고 그 가운데 오늘날 설득적 글쓰기에 활용할 수 있는 내용 요소가 무엇인지 밝혀서 오늘날 글쓰기가 안고 있는 문제를 해결하며 글쓰기 교육의 내용을 더 풍성하게 하는 데에 기여하고자 한다.

본 연구의 목적은 다음과 같이 제시할 수 있다.

> 첫째, 고전 글쓰기 양식 중 하나인 '설(說)'을 설득적 글쓰기라는 관점에서 설득이 글쓰기를 통해 이루어지는 요인을 분석한다.
>
> 둘째, 과거 글쓰기와의 대비를 통해 오늘날 설득적 글쓰기를 반성적으로 평가할 수 있는 시각을 제공한다.
>
> 셋째, 오늘날 설득적 글쓰기 교육의 실천을 위해 실제적인 교육 내용과 방법을 생성한다.

2. 연구사

연구 주제가 복합적인만큼 선행 연구는 세 방향으로 나누어서 살펴 볼 것이다. 첫째는 설득하는 글쓰기와 관련된 연구이며, 둘째는 고전을 활용한 글쓰기와 관련된 연구이고, 셋째는 설 양식에 대한 연구이다.

먼저 설득하는 글쓰기와 관련된 연구를 살펴보겠다. '설득하는 글쓰기'는 교육과정상에서 언어활동을 목적에 따라 구분하여 부르는 명칭으로서 글쓰기가 행위임을 강조한다. 그런데 실제 연구에서는 '설득하는 글'이라는 명칭을 그대로 쓰기보다는 '설득하는 글'의 현재적 실현태인 특정 양식들을 다루는 경향이 있다. 특히 논설문이나 논술과 같은 대표적인 양식을 연구대상으로 삼아 이를 설득하는 글과 동일시하고 있다.

먼저 논술 텍스트를 설득적 글쓰기의 실현태로 보고 이를 교육적인 관점으로 접근한 연구가 있다.[6] 이 연구는 논술 텍스트를 기술적, 서사적, 설명적 텍스트와 동일한 위계로 놓음으로써 논술 텍스트가 설득하는 글임을 보였다. 논술 텍스트는 텍스트 생산자의 견해에 의혹을 갖거나 반대 의견을 가진 이를 설득하는 데에 목적이 있는 글로 정의한다. 또한 논술 텍스트는 기본적으로 텍스트 수용자의 이성에 호소하여 납득시키도록 해야 하므로 텍스트 생산자 자신의 감정이 표면화되어서는 안 된다고 보았다. 이 연구는 상대방의 입장이 텍스트 생산자와 반대라는 전제에서 출발하여 둘 사이의 대화를 통해 문제를 해결해 나가는 방식으로 논술 텍스트를 구조화하고자 하였다.

모호하게 정의될 수 있는 논술 텍스트를 나와 의사를 달리하는 상대방의 태도를 바꾸도록 하는 글이라고 명쾌하게 정의했다는 점과 이러한 문제를 해결하기 위한 전략으로 의사소통적 상호작용 이론을 적용했다는 점이 돋보이는 연구라 판단된다. 그러나 설득하고자 하는 상대방이 나와 반대의 입장에 있다고 가정하는 자체가 서구 중심적 이론에 근거하고 있다고 보인다. 설득은 상대방의 입장이

6) 원진숙(1995), 『논술교육론』, 박이정. 이 책은 「작문교육의 이론적 기초와 방법론 연구」라는 제목의 박사논문을 기초로 이루어졌으며 논술문을 주 연구대상으로 다루고 있다.

반대인 경우에만 일어나지 않는다. 무지나 무관심, 혹은 소극적인 태도를 변용시키는 것도 설득 행위에 해당된다.

아울러 상대방을 설득하는 데에 이성에만 호소해야 한다는 사고 역시 쉽게 납득할 수 없다. 물론 감정의 오류에 빠져서는 안 된다는 의미로 쓰인 것이겠지만, 설득을 이성적인 논리로만 해결하려는 태도는 편협하며 경험상으로도 잘 들어맞지 않는다. 무엇보다도 의사소통을 통해 상호간의 의견을 조정해 나아가는 과정을 곧 설득이라고 본 관점은 토론 문화가 활발했던 서구 설득 이론의 산물이라 볼 수 있다.

한편, 논증적 텍스트라는 개념으로 설득적 글쓰기 교육을 다룬 연구가 있다.[7] 이 연구에서는 논증 교육을 연구 대상으로 삼아 논증적 글쓰기와 논증을 기반으로 하는 토론 등 문어와 구어를 모두 포괄하여 다루었으나 여기에서는 논증적 글쓰기에 국한해서 살펴보겠다. 이 논문은 먼저 논증이란 무엇인가를 해명하는 데에서 논의를 출발하였다. 논증을 논리학적, 대화・화용론적, 수사학적으로 정의하였으며, 이는 각각 전제에서 결론에 이르는 증명이요, 의견 차이를 해결하기 위한 언어의 사용 절차이며, 청중을 설득시키는 과정으로 보고 있다. 이러한 관점에서 논증을 단순한 논증 도식이나 구조를 가르치는 것이 아니라 인식의 절차와 사회 문화적 배경까지 포괄하는 내용을 다루어야 함을 주장하였다.

그러나 이 연구는 넓은 의미의 논증이 다루어야 할 인식의 절차나 사회 문화적 배경이 무엇인지는 구체적으로 밝히지 않았다. 또한 독자를 설득하기 위한 수사적 전략들만 제시해 주었지 그러한 전략들이 구체적으로 어떠한 양상을 띠며 어떻게 쓰일 수 있는지 구체적인 지침은 제공해 주지 못했다. 학생들의 자료 분석 결과가 실제

7) 민병곤(2004),「논증 교육의 내용 연구-6, 8, 10학년 학습자의 작문 및 토론 분석을 바탕으로-」, 서울대 박사논문.

쓰기에 적용되기 위해서는 분석 이상의 교육적 처치가 필요하다.

아울러 이 논문 역시 원진숙(1995)과 같이 논증적 텍스트를 서사적, 기술적 텍스트 등과 동일한 위계로 보았는데, 그럼 결국 논술 텍스트와 논증적 텍스트, 설득적 텍스트 모두 동일한 의미를 가진 서로 다른 표현인지 의문을 갖게 하였다. 흔히 설득적인 글과 논증적인 글 혹은 논술적인 글을 동일한 의미로 사용한다. 그런데 6차 교육과정을 살펴보면, 설득을 위주로 하는 글과 논증을 위주로 하는 글을 구분했던 적이 있으며, 설득하는 글과 논증하는 글을 동의어로 보기에는 무리가 있다.[8] 그렇다면 설득적 글과 논증적 글의 관계는 어떻게 정립을 해야 할 것인가의 문제가 남게 된다. 이처럼 용어가 정립이 안 된 관계로 설득적 글쓰기는 논술 쓰기나 논증 쓰기라는 지엽적인 방향으로 흐를 위험이 있다.

이상의 연구들은 논술적 텍스트, 논증적 텍스트를 만들어내기 위해 어떠한 교육 내용을 갖추어야 하는지 밝혀낸 연구라는 점에서 본 연구와 같은 문제의식을 가지고 있다고 할 수 있다. 그러나 글을 쓰기 위해 동원된 이론들은 개개의 사례에서 귀납적으로 도출된 것이 아니라 선험적으로 주어진 이론이라는 점에서 차이가 있다. 이러한 경향은 쓰기 이론을 다루는 연구에서 대체로 나타나는 현상이기도 하다. 하지만, 이론 자체를 설명하는 이론으로는 현실의 요구를 채울 수 없다.

쓰기 교육의 연구가 이론 차원에서 논의되는 것을 떠나 실제 글쓰기 자료를 다루려는 연구가 최근 많이 시도되고 있기는 하다. 그런데 이러한 연구들의 대상 자료는 대부분 학습자의 글쓰기 자료이다 보니 잘 된 점보다는 잘못된 점을 지적하는 경향이 강하거나 서

8) 교육부(2000), 『초・중・고등학교 국어과・한문과 교육과정 기준』, 교육부, 423쪽. '설득'과 '논증'이 어떻게 구분되는가에 대해서는 더 이상 상세한 설명이 없어서 파악하기 힘들다.

구의 이론이 얼마나 우리 학습자들의 글쓰기에서도 잘 적용이 되는지 확인하는 방향으로 나타났다. 이렇게 동시대의 글쓰기 자료가 갖는 한계를 극복하고 보다 근원적이며 역사적으로 검증된 글쓰기 자료를 다루려는 시도가 생겨났는데, 그 효시는 김대행(1992)라고 할 수 있다.[9)]

제도적 교육이 시행되지 않던 중세에 이루어졌던 의사소통 자료들을 살펴보면, 그 속에 매우 질서 있게 자리 잡고 있는 장르관습이라든지 표현규칙들을 확인할 수 있다는 점에서 논의가 시작된다. 그래서 고전 자료들을 잘 분석해 보면 그 자료 속에 담겨진 표현 원리나 방법들을 발견할 수 있고 이러한 원리나 방법은 교육 차원에서 현대에 활용될 가치가 있다고 보았다. 이를 이론화한다면 '고전표현론'이란 학문이 성립될 수 있을 것이라고 기대하였다.

실제로 김대행(1995)은 고전 자료인 이곡(李穀)의 <차마설(借馬說)>을 분석하여 옛날 글쓰기에 담겨 있는 사고 원리를 밝혀보았다. 그것은 곧 대상 자체의 분석, 관계의 검토, 의미의 발견으로 정리할 수 있으며, 이는 표현교육에서 아이디어 생성의 원리로 활용될 수 있을 뿐 아니라 선조들의 언어생활문화를 이해할 수 있는 자료로서도 가치가 있음을 보여 주었다. 이 연구는 시대와 문화가 다른 고전 작품이지만, 인간 사회에는 시간의 흐름에도 불구하고 변하지 않는 인간 보편의 자질과 문화적 전통이 있을 것이라는 신념을 전제하고 있다.

그런데 '표현'이라는 용어는 국어교육과정상에서 '말하기'와 '쓰기'를 포괄하는 의미로 쓰이며, '고전표현론'에서도 그러한 차원에서 이 용어를 쓰고 있다. 그래서 고전 작품들은 모두 문자언어로 기록되어 있지만, 그 가운데 구술성과 같은 구어적인 특성들을 다루면

---

9) 김대행(1992), 「고전표현론을 위하여」, 『선청어문』 20호, 서울대 국어교육과, 14~34쪽.

서 말하기 교육과 관련된 내용을 다룬 연구들도 나타났다. 그러나 본고에서는 글쓰기와 관련된 연구들에 한정해서 살펴보도록 하겠다. 분석 대상이 된 작품들은 기행가사나 시조와 같이 한글로 이루어진 작품들도 있지만, 과거시험이나 한문 산문 등 한문 자료도 있다. 이러한 연구들은 다음과 같이 두 경향으로 나누어진다.

① 과거 특정 장르의 글에서 일반적 쓰기 원리를 밝혀 낸 연구
② 과거 특정 장르의 글에서 현재의 특정 장르의 쓰기 원리를 밝혀 낸 연구

①의 경우는 앞에서 언급한 김대행(1995)을 비롯하여, 이지호(1997), 염은열(1999), 조희정(2002), 김종철(2002) 등이 해당된다고 하겠다. 이지호(1997)의 경우 대상 해석의 문제가 연암의 글쓰기를 빛나게 하는 지점임을 착안하여 글쓰기란 주체와 대상, 대상과 세계의 관계 맺기에 따라 얼마나 대상의 의미가 새로워지는지를 강조하였다. 염은열(1999)에서는 표현교육의 중핵은 표현할 내용을 어떻게 생성해 낼 것인가라는 내용 생성에 있음을 주목하여 기행가사라는 장르에서 새로운 내용들을 생성해 내는 기제를 밝혔다. 조희정(2002)의 경우 조선 세종조의 과거시험을 분석 대상으로 삼아 사회 속에 존재하는 문해력(literacy)의 실체를 구명해 갔는데, 그 결과 문해력은 지배적 문해력과 생성적 문해력으로 존재함을 밝혀냈다. 글쓰기에는 일종의 관습이라는 규범성과 새로움을 추구하는 독창성이 길항 작용하는 과정에서 하나의 글이 완성됨을 보여주었다. 김종철(2002)은 조선시대 여성 행장(行狀)을 자료로 하여 글쓰기가 문화의 실천이 되기 위해서는 일상 차원에 놓여 있는 사물이 가치의 차원에서 질서와 의미를 갖도록 하는 활동이 되어야 하며, 이 지점이 행위 중심의 현대 쓰기 교육이 놓치고 있는 지점임을 지적하였다.

이상의 연구들은 특정 시대의 작가나 특정 장르의 글을 통해 글쓰기 일반의 원리를 추출하였다는 점에서 표현교육의 내용을 더욱 확대하는 데 기여를 하였다고 본다. 현재 대표적 쓰기 이론이라고 불리는 과정 중심 쓰기 이론이라든지 구성주의 쓰기 이론 등은 이처럼 특정 장르에 국한되지 않는 쓰기 일반에 작동하는 원리나 규칙들을 밝혀낸다는 점에서 유사한 연구 성향이라 볼 수 있다. 그러나 글쓰기 일반의 원리가 모든 장르의 글쓰기에 두루 통용되기 위해서 추상성을 띨 수밖에 없게 되고 그러한 이유로 고전에서 밝힌 글쓰기 원리들은 이해해야 할 지식의 성격을 지닌다. 물론 과거 글쓰기를 명제적 지식으로 이해하는 일도 필요하지만, 현대 글쓰기 교육에서 절실히 요구하는 부분은 글쓰기를 실천할 수 있도록 하는 절차적 지식이다.

과거의 특정 장르는 시대의 흐름에 따라 생성, 변화, 소멸되는 과정을 겪게 됨으로써 오늘날 중세의 장르들이 그 모습을 유지하는 경우는 거의 없다. 특히 우리나라의 경우 근대를 거치면서 표기 수단이 변화됨에 따라 더 급격한 장르의 생성과 소멸의 과정을 겪었다. 따라서 과거의 장르 지식을 오늘날 직접 적용하여 글을 쓰는 것은 더 이상 존재하지 않는 새로운 장르의 글을 쓰는 것과 마찬가지가 되었다. 이러한 점 때문에 과거의 특정 장르에서 핵심적인 장르 속성이나 원리들을 추출해 내어 오늘날 적용가능한 상황이나 양식에 활용할 수 있도록 하는 방향으로 고전표현론 연구가 진행이 되었다.

②에 해당하는 연구 중 선편에 해당하는 연구는 중세 시대의 상소문(上疏文)을 분석한 연구물이다.[10] 소(疏)라는 한문양식은 구체적

---

10) 염은열(1996), 「상소문의 글쓰기 전략 연구-'간타위소(諫打圍疏)'를 중심으로-」, 『국어교육연구』 3호, 서울대 국어교육연구소, 77~98쪽; 최인자(1996), 「조선시대 상소문에 나타난 설득방식과 표현에 관한 연구-<간폐비소>와 <간타위소>를 중심

으로 신하가 임금을 설득하기 위한 상황과 맥락 하에서 소통되던 양식이므로 설득 활동이 작용하고 있으며, 이를 분석함으로써 설득의 전략이나 표현 원리들을 찾을 수 있다고 본 것이다. 이후 중세의 인물전(人物傳)이나 비지류(碑誌類), 자전(自傳) 등 전장류(傳狀類) 중심의 한문양식을 분석 대상으로 삼은 연구물들이 나왔으며, 최근 고전시가를 활용한 글쓰기 연구까지 그 범위가 확대되어 가고 있다. 인물전을 통해서는 보고 양식의 글쓰기[11], 비지류 양식을 통해 전기쓰기[12], 중세 자기를 표현한 글쓰기를 통해서 나에 대한 글쓰기[13], 그리고 시조 오우가(五友歌)를 통해 투사적 글쓰기[14] 등의 교육 내용을 마련하고자 하였다.

고전 한문 양식 중에서 현대의 특정 장르와 다루는 대상이나 내용이 비슷한 경우 그 장르 지식은 활용할 수 있는 가능성이 높아진다. 그러한 의미에서 과거 인물의 행적을 제재로 삼았던 비지(碑誌), 전장(傳狀)류에 해당하는 글을 다룬 연구물들의 비중이 높은 편이다. 오늘날에도 과거와 마찬가지로 여전히 사람의 일생을 다루는 글쓰기는 생산 소통되고 있기 때문이다. 반면 과거에는 존재했으나 오늘날 그와 유사한 장르가 존재하지 않는 경우 과거의 장르 지식이 곧바로 오늘날 글쓰기에 적용되기란 어렵다. 상소문의 경우가 이에 해당한다. 비록 상소문이 설득 작용이 핵심인 장르라 하지만, 소통의

으로-」, 『선청어문』 24호, 서울대 국어교육과, 105～121쪽.

11) 정정순(2000), 「장르 개념을 활용한 쓰기 교육-'인물전'에 관한 논의를 바탕으로」, 『선청어문』 28호, 서울대 국어교육과, 587～607쪽.

12) 이영호(2006), 「碑誌類 樣式을 활용한 傳記 쓰기 教育 연구」, 『어문연구』 34권, 어문교육연구회, 473～496쪽.

13) 조희정(2007), 「중세의 나에 대한 글쓰기 연구」, 『고전문학과 교육』 13호, 한국고전문학교육학회 259～289쪽.
김성룡(2010), 「중세 글쓰기에 나타난 자아정체성의 교육적 가치」, 『작문연구』 11호, 한국작문학회, 111～131쪽.

14) 조희정(2009), 「고전시가를 활용한 투사적 글쓰기 방법 연구」, 『문학교육학』 제28호, 한국문학교육학회, 573～603쪽.

맥락과 사회적 상황이 달라진 현대에는 상소문의 설득 전략이 의미를 갖기 위해서는 여러 교육적 해석과 조정이 필요하다.

따라서 고전표현론 연구는 과거의 장르와 현재의 장르가 친연성이 높을수록 그 장르의 표현 지식이 오늘날에도 활용될 가능성이 높다는 특징을 갖는다. 그렇지 않으면 이론을 위한 이론에 머무를 수밖에 없는 한계가 있다. 본 연구의 대상으로 삼은 고전 설(說) 양식의 경우 설득을 위한 글쓰기의 전통적인 형태라고 볼 수 있다. 그러나 설 양식 자체는 더 이상 생산되거나 소통되고 있지 않다. 그러한 점에서 오늘날 설득적 글쓰기에 설 양식이 기여하는 바는 일대일로 적용되지 않고 교육적 해석과 가공이 필요하다고 하겠다.

한편, 한문산문을 현대의 글쓰기에 접목시키려는 시도에 대해 긍정하면서도 한문이 가지고 있는 고유한 자질에 대한 이해가 선행해야 한다는 관점이 존재한다. 한글로 번역된 한문 자료만을 가지고 고전표현론 혹은 현대적 글쓰기를 논할 경우 글쓰기 자료로서 한문이 갖는 중요한 자질을 간과할 수 있다는 점을 지적한 연구들이 나타났다.15)

배수찬(2006)은 현재의 관점에서 고전을 보아서는 안 되며, 당시의 사회문화적 맥락을 포함한 글쓰기 환경 속에서 글쓰기를 바라보아야 온전한 고전에 대한 이해가 가능하다는 입장을 취하고 있다. 이 연구가 주목하는 바는 고전 글쓰기는 '관습적 양식의 외현'이었으나 현재 글쓰기는 '개인의 창의적 표현 행위'라는 변별점이다. 즉 과거에는 양식이라는 고정된 틀이 존재했으나 오늘날에는 그러한 장르 관습이 매우 느슨해졌을 뿐 아니라 개인의 창의적인 표현이

---

15) 배수찬(2006), 「근대적 글쓰기의 형성 과정 연구-논설문 쓰기의 성립 환경과 문장 모델을 중심으로-」, 서울대 박사논문.
심경호(2007), 「한문산문 수사법과 현대적 글쓰기」, 『작문연구』 제5집, 한국작문학회, 9～39쪽.

미덕으로 여겨지고 있다는 점이다.

실제로 설득적 글쓰기의 대표적 현대 양식이라 할 수 있는 '논설문'의 경우도 엄밀하게 규정된 장르 규칙이 존재한다고 볼 수 없다. 과거에 존재했던 '논'과 '설'의 관습적 양식의 압력이 오늘날 '논설문' 양식에서는 그리 크게 작용하지 않는다. 그것은 현대의 논설문 필자, 특히 학습자의 입장에서 보면 내용의 생성에서부터 조직, 표현에 이르기까지 백지 상태에서 출발하여 완성된 하나의 글을 만들어내야 한다는 부담감으로 작용하게 된다는 것이다.

이상의 연구들을 정리해 보면 다음과 같은 문제와 어려움이 존재함을 알 수 있다. 과거의 글쓰기 자료가 어떻게 이루어져 있는지 그 사실을 기술하는 것만으로는 현재의 글쓰기에 아무 영향을 미칠 수 없다. 그러나 반대로 현재적인 관점에서 고전의 글쓰기 자료를 다룬다면 고전 자료가 갖는 고유한 자질이나 사회문화적 맥락을 놓칠 우려가 있다. 따라서 이상적인 연구는 현재적 관점에서 글쓰기 교육을 가능하게 하는 고전 글쓰기 자료의 교육적 요소를 추출하되 한문 자료가 갖는 본유의 자질과 그 글이 통용될 수 있었던 사회문화적 맥락을 고려하는 방향으로 나아가야 할 것이다.

세 번째로 살펴볼 연구사의 대상은 '설' 양식에 자체에 대한 연구이다. 이 부분의 연구는 그다지 활발하게 이루어졌다고 보기 어렵다. 한문 양식 중에서는 전(傳)과 관련된 연구가 비교적 많이 이루어졌는데, 그러한 배경에는 전(傳) 양식이 오늘날 국문학의 주 연구 대상인 소설과 연관 관계가 크기 때문이었다. 다른 한문 양식에 비해 설(說)에 대한 관심이 있었던 것도 역시 소설과의 연관성을 밝히고자 했기 때문이다.

이강엽(1994)은 『동문선(東文選)』에 수록되어 있는 <검설(劍說)>과 <도자설(盜子說)> 두 작품을 김시습의 <남염부주지(南炎浮洲志)>와 비교하여 가상 인물의 상황 설정이라든지 주객 문답의 토론 형식이 유사하다는 점에서 설(說)의 장르 성향이 소설로 변개될 수 있는 가능성을 탐색하였다.[16] 그러나 설 양식은 소설과의 관련성보다는 교술문학의 한 갈래로 보는 관점이 더 우세적이었다. 설 양식이 지닌 형상성과 교훈성에 주목하여 설을 계세(戒世)의 문학으로 보고 그 근거로 이규보의 설 작품들을 살핀 연구들이 나타났다.[17]

설(說)을 문학으로 간주하여 본격적인 연구를 진행한 양현승(2001)에서는, '설' 문학의 연원 및 성립 배경에서부터 우리나라 '설' 문학의 사적(史的) 고찰, 우언적인 설의 표현 형식 및 내용까지 다각적으로 살폈다[18]. 그동안 특정 작가나 몇몇 작품 중심으로 다루어졌던 설 연구에서 벗어나 양식 전체를 거시적으로 조망했다는 점에서 의미 있는 연구라 볼 수 있다.

그런데 이상의 연구들에서는 공통적으로 설(說) 양식이 지닌 문학성을 해명하는 데에 연구의 초점이 놓여 있음을 알 수 있다. 민병수(1996:349)는 한문 산문 전체를 개괄하면서 설 양식을 크게 두 종류로 구분하였는데, 곧 직서(直敍)적인 설과 우언(寓言)적인 설이다. 위 연구들은 이 가운데 우언적인 설만을 주된 연구 대상으로 삼아 설은 곧 문학이며, 따라서 국문학의 연구 대상으로서 가치가 있음을 입증한 것으로 보인다. 이는 한문 양식 중 시를 제외한 나머지 문을 산문(散文)이라 통칭하고, 이러한 글들을 실용성과 문예성의 기준에 따라 연구 대상에 편입시키기도 하고 배제시키기도 했던 연구 경향의 반영이다.

---

16) 이강엽(1994), 「說의 장르 성향과 소설적 변개 가능성」, 『국어국문학』 112호, 국어국문학회.

17) 정진권 (1987), 「주뢰설, 경설, 이옥설 고-이규보의 「설」과 수필문학-」, 『국어교육』 59호, 한국어교육학회.
이승복 (1995), 「기와 설의 수필문학적 성격-이규보의 작품을 중심으로-」, 『국어교육』 55호, 한국어교육학회.

18) 양현승(2001), 『한국 설 문학 연구』, 박이정.

그러나 국어교육, 특히 작문교육의 입장에서는 과거의 글쓰기가 지닌 문예성의 유무는 그리 중요하지 않다. 오히려 고전이 지닌 글쓰기로서의 가치는 실용지향이나 예술지향을 초월하여 글을 구성하고 표현하는 다양한 방식과 전략들, 그리고 이를 뒷받침하는 문화적 실천으로서의 글쓰기에 대한 이해로 나아갈 수 있도록 할 때 그 빛을 발하게 된다. 이러한 점에서 설 양식을 문학으로서 접근하는 것이 아니라 의사소통의 관점으로 접근할 필요가 있다. 언어활동의 관점에서 보면 '설' 양식은 중세 설득 표현의 산물로 그 가치를 갖게 된다.

그러한 점에서 유이경(2004)와 송혁기(2006)의 연구를 참조해 볼 수 있다. 이 연구들에서는 '설' 양식을 문학으로 간주하려는 시각이 '설' 양식의 본령을 흐리게 했다는 문제를 제기하였다.[19] 특히 송혁기(2006:235)는 그간 연구들이 '설'을 일종의 우언으로 간주하는 경향이 강했는데, 설 체식의 본령은 어떤 이치를 논증하고 설득하는 '설리(說理)'에 있다는 주장을 폈다. 즉 '설' 양식을 문학으로 보기보다는 설득적인 성격을 지닌 산문이라고 본 것이다.

이처럼 '설' 양식을 문학 양식이 아닌 하나의 글쓰기의 산물로 보고 그 본질과 성격을 분석할 때 '설' 양식을 글쓰기 교육에 활용할 수 있는 길이 생긴다. 사실 이러한 시도는 이미 이루어진 바 있다.[20] 김대행(1995)은 설 작품을 통해 옛날의 사고방식과 표현 전략을 밝히고자 이곡의 <차마설(借馬說)>을 분석하였다. 당대의 사고

---

19) 유이경(2004), 「설 장르 규명을 위한 시론」, 『한국고전연구』 10집, 한국고전연구학회, 271～292쪽.
송혁기(2006), 「한문산문 "설" 체식의 문학성 재고-17, 8세기 작품의 분석을 중심으로-」, 『한국언어문학』 58호, 한국언어문학회, 233～255쪽.

20) 김대행(1995), 「옛날의 글쓰기와 사고의 틀」, 『국어교과학의 지평』, 서울대 출판부; 서유경(1998), 「사고와 표현 원리로서의 '유추'에 대한 고찰-장유의 「필설(筆說)」 「풍죽설증최자겸(風竹說贈崔子謙)」 「곡목설(曲木說)」, 『문학교육학』 2호, 한국문학교육학회, 367～389쪽.

의 틀을 '삼라만상을 깊이 통찰하고 그것이 내게 던지는 의미를 발견해 내는 것'이라 하여 이러한 사고의 틀이 서양과 구별되는 우리만의 특징을 보여준다고 하였다.[21)]

이상의 논의를 종합해 보면 다음과 같다. 본 연구는 고전 자료와 현재적 글쓰기 사이의 균형을 유지하되 현재적 글쓰기 교육을 실천하는 데에 기여하고자 하는 연구 목적을 띠고 있다. 여기에서 균형을 유지한다는 의미는 고전이 가지고 있는 고유한 자질이나 그것을 생산한 사회문화적 맥락을 충분히 고려하여 고전이 갖는 가치를 오늘날 유의미한 교육 내용으로 재해석하는 과정이 필요하다는 것이다. 또한 고전 글쓰기 자료를 문학성의 관점에서 다루는 것이 아니라 의사소통의 관점에서 분석하는 시각이 필요하다. '설' 양식의 경우 설득이라는 언어활동을 수행한 언어적 산물이라 여겨, 이 자료를 통해 오늘날 설득적 글쓰기 교육을 위한 교육 내용을 마련해 볼 수 있는 가능성을 확인하겠다.

3. 연구 대상 및 연구 방법

본고는 연구 대상으로 과거 설득적 글쓰기를 보여주는 '설' 양식을 택했다. 설(說)은 한문 양식의 하나로서 상대방을 설득하여 기쁘게[열(悅)] 하는 말에서 유래하였으며, 그 작품의 실상은 선조들의 문집에 수록된 방대한 작품들을 통해 확인할 수 있다. 하지만, 설(說)은 오늘날 더 이상 소통되지 않는 과거의 글쓰기 양식일 뿐 아

21) 이러한 주장을 지지해 준 연구가 "황적륜(1991), 「한국어와 영어의 담화구조 비교 연구」, 『서울대 사대논총』 41집, 91~114쪽"이다. 이 연구는 비록 해설형 담화 구조를 띤 현대인의 글쓰기를 비교한 것이지만, 한국어와 영어의 담화 구조가 비직선형과 직선형, 미괄식과 두괄식 등으로 차이가 남을 밝혔다는 점에서 참고해 볼 만하다.

니라 과거에도 한문을 읽고 쓸 수 있는 사대부 계층에서만 통용되던 양식이다. 이러한 제한점이 있음에도 불구하고 오늘날 표현 교육의 연구 대상으로 삼은 이유는 다음과 같다.[22)]

첫째, 설(說) 양식은 근원적인 성격을 지니고 있다. 인류가 사회를 이루고 살아오면서 개인과 개인, 집단과 집단 사이에 이해관계나 생각의 차이로 문제가 발생하였을 때, 이 문제를 해결하기 위해 다양한 수단을 활용하였을 것이다. 그 가운데 대표적인 방법이 언어를 통한 설득이며, 이러한 방법이 관습이 되어 설득의 문화로 자리 잡게 되었으리라 추정할 수 있다. 설(說) 양식도 그 가운데 하나이다. 물론 설(說) 양식이 설득 문화의 근원적인 모습을 담고 있다고 단언할 수는 없다. 그러나 현대에 남은 제한적인 자료만을 놓고 보았을 때 상대적으로 근원적인 모습을 살필 수 있는 가능성이 있다. 특히 그 가능성은 설득이 인간과 인간 사이의 관계를 조정하기 위해 언어를 사용했다는 점에서 주목할 필요가 있다.

둘째, 설(說) 양식은 역사성을 지닌다. 오늘날에는 더 이상 한문 양식으로서의 설은 저술되지도 향유되지도 않는다. 그러나 설(說) 양식에 내재하고 있는 설득적 자질이나 표현원리 등은 오늘날 설득의 문화 속에 일정 부분 작용하고 있으리라 판단된다. 설(說)을 오늘날 논설문(論說文)이나 사설(社說)과 직접적으로 역사적 관련성이 있다고 설명하긴 어렵지만, 설 양식이 지닌 내재적인 설득의 속성들은 오랜 세월을 거쳐 오면서 전해져 올 것임을 가정할 수 있다. 설 양식을 살펴봄으로써 설득이라는 속성을 지닌 글쓰기 양식들을 역사적으로 고찰하는 계기를 마련할 수 있다.

셋째, 설(說) 양식은 정태적이다. 설은 특정 시기에 소통되고 사라

22) 고전 문학이 가진 근원성, 역사성, 정태성은 김대행(1995:249)에서 고전표현론의 가능성을 설명하면서 근거로 제시한 특성들이다. 이를 근거로 설 양식을 설명해 보았다. 자세한 내용은 김대행(1995:240~261) 참조.

진 양식이기 때문에 더 이상 살아있는 글쓰기 자료는 아니다. 그러나 그렇기 때문에 더 분석이 자유롭고 용이하다는 이점이 있다. 현재 사용하고 있는 말과 글은 변화 가능한 진행형인 양식에 속한다. 그렇기 때문에 현재의 언어 현상을 관찰하고 그 안에서 법칙이나 원리를 찾아내기란 쉽지 않을 뿐 아니라 그 법칙 역시 다시 바뀌게 될 가능성이 언제든 있다. 반면 역사상 존재했던 양식은 이러한 점에서 자유로울 수 있다.

설득은 상대방의 행동이나 태도를 변화시키려는 의도를 지닌 언어활동이라고 볼 때, '설득'하면 대체적으로 구어적인 상황을 떠올리기 쉽다.[23] 다수의 청중을 대상으로 하여 연설을 한다든지, 세일즈를 목적으로 한 화술 등은 오늘날 대표적인 설득적인 표현 양식의 예이다. 수사학이란 학문의 출발도 법정에서 어떻게 상대방을 설득시킬 것인가라는 구어적인 상황에서 출발하였다. 우리에게 잘 알려진 아리스토텔레스의 수사학의 5가지 규범(발상, 배열, 표현, 기억, 발표) 중에서 '기억'이라는 항목은 인쇄술이 발달하지 않았던 당시의 시대적 상황에서 어떻게 상대를 설득하기 위한 말을 잘 기억하여 전달할 수 있을까라는 고민을 보여준다.

그러나 설득이라는 활동은 구어적인 상황에 국한되지 않는다. 특히 오늘날은 영상 매체를 비롯한 다양한 기호 자극을 통해 설득이 활발하게 이루어지고 있다. 그래서 설득이라는 현상과 관련된 모든 활동들, 말하기, 쓰기, 보기 등을 두루 고찰해야 할 필요가 있다. 그러나 현대 사회의 복잡다기한 모든 사태를 파악하고 분석하는 데는 한계가 있을 수밖에 없다. 따라서 더 근원적이면서 역사적인 형태의 설득에 대한 연구가 필요하다. 이를 위해서 설득의 전통적인 모습에

---

23) 설득을 주제로 한 대중적인 이론서인 "로버트 치알디니/이한우 역(2002), 『설득의 심리학』, 21세기북스"를 살펴보면, 승낙이나 상품 판매와 같은 구어적 상황을 다루고 있다는 점을 통해서도 이러한 경향을 확인할 수 있다.

가까운 자료를 찾고 궁구할 필요가 있다고 판단된다.

이 연구는 선조들의 지혜가 온축된 고전 자료들 속에는 현재에도 유용한 표현 원리나 전략들이 담겨 있다는 고전표현론의 전제를 받아들인다. 고전 작품들은 전통 유산이기에 그 자체로도 충분한 교육적 가치를 지니고 있지만, 고전을 하나의 표현 자료로 간주하여 그 속에 담겨진 선조들의 표현원리, 전략들을 추출해 낸다면 오늘날 실제적인 글쓰기 교육 내용을 더욱 풍부하게 할 수 있으리라 기대한다.

그런데 고전표현론 연구들은 '고전자료'라는 대상과 '오늘날 쓰기 교육'이라는 목표는 제시하였지만, 연구 방법에 대해서는 특별한 언급이 없었다. 대체로 고전 작품을 분석하여 공통적인 요소나 특징이 없는가를 살피는 방법을 사용하고 있으나 개개의 작품마다 적용되는 방법이 다르다. 이러한 문제를 해결하기 위해 본고는 먼저 쓰기 연구 이론을 참조해 보고자 한다.

쓰기 이론은 형식주의, 인지주의, 사회 구성주의로 그 흐름이 크게 구별된다. 이 가운데 본 연구는 사회 구성주의 쓰기 이론이 다루고 있는 담화 관습에 주목하였다.[24] 담화 관습은 특정한 상황에서 반복적으로 나타나는 수사적 반응이 하나의 규범으로 고착화될 때 나타나게 되며, 공동체 내에서 쓰기를 통제하거나 형식화하는 특성을 지니게 된다. 그런데 이러한 담화 관습은 고정된 실체가 아니라 사회와 문화의 변화에 따라 생성되기도 하고 소멸되기도 한다. 이러한 관점에서 '설' 양식을 둘러싼 하나의 담화 관습이 존재한다고 보고, 그 가운데 어떠한 규칙이나 제약 등이 반복해서 나타나는지 살펴볼 수 있다. 아울러 현재와는 분명히 다른 사회문화적 환경 속에서 어떠한 이데올로기가 작동하고 있는지 살펴 볼 수 있을 것이다.

---

24) 쓰기 이론에 대한 연구는 졸고(2010) 참조.

한편 본 연구가 '설득하는 글쓰기를 위한 교육 내용을 마련하고자 한다'는 점에서 '설득'에 대한 연구 방법을 참조해 볼 수 있다. 사실 이 부분이 본 연구에서 핵심적인 부분이라 할 수 있다. '설득'과 관련된 연구는 국어교육 분야에서도 다루고 있지만, 커뮤니케이션 이론이나 논리학, 수사학 등 다양한 분야에서도 다루고 있는 연구 대상이다. 그런데 커뮤니케이션 이론은 설득이 이루어지는 과정에서 나타나는 제반 변인을 모두 다룬다는 점, 그리고 특히 메시지를 '문자 언어'로 국한하지 않는다는 점에서 본 연구의 성격에 정확하게 부합하지는 않는 면이 있다. 그러나 설득은 발신자와 수신자에 대한 고려가 필요하다는 점에서 볼 때 의사소통에 대한 연구들을 참고해 볼 수 있다.[25)]

한편 수사학은 설득력 있는 담화 이론을 이해하기 위해서 출발한 학문이라는 데에서 알 수 있듯이 '설득'을 다루는 본 연구와 밀접한 관련이 있다. 고대 그리스에서 출발한 수사학은 "사람의 마음을 움직이고 행동을 좌우하는 말"에 대해 관심을 갖고 사람들이 행하는 연설이나 법정 변론 등에 활용될 수 있는 지식을 체계화하기 시작했다. 그러나 훗날 수사학은 말을 꾸미는 데에 소용이 되는 이론이라는 소박한 수준으로 전락하게 되었고 더 이상 수사학이 교육의 장에서 쓰임을 받지 못하게 되었다.[26)]

장식적인 미사여구에 관한 학문으로 축소되었던 수사학은 프랑스에서는 페렐만(Peleman)에 의해, 미국에서는 툴민(Toulmin)을 통해 논증 이론으로 탈바꿈하며 다시 주목을 끌기 시작했다.[27)] 이들은 관

25) 설득 커뮤니케이션에 관한 이론서는 차배근(1990), 『설득 커뮤니케이션 이론-실증적 연구 입장』, 서울대 출판부 참조.

26) "피터 딕슨(Peter Dixon)/강대건 역(1987), 『수사학』, 서울대 출판부"와 "올리비에 르불/박인철 옮김(1999), 『수사학』, 한길사" 참조.

27) 수사학과 관련된 논증의 역사를 다룬 "필립 브르통 · 질 고티에/장혜영 옮김(2006:40～79), 『논증의 역사』, 커뮤니케이션북스" 참조. 이 책에서는 논증의 부

념의 세계에서 이루어지는 논리 증명이 아닌 일상에서 통용되고 설명이 가능한 논증을 연구 대상으로 삼았다. 그 결과 실제 현실에서 이루어지는 논증은 어떠한 구성 요소들로 이루어져 있으며, 논증의 유형들은 얼마나 다양한지 밝혀냈다.[28)]

본 연구도 설 양식이 지닌 설득이라는 작용을 설명하기 위해 위 논증이론을 참고하고자 한다. 먼저 툴민의 이론은 설득에 작용하는 요소들을 파악하는 데에 유용하리라 본다. 툴민은 과거 삼단논법에서 전제에서 결론에 이르는 단선적인 과정으로서의 논증을 현실 상황에 맞게 재구조화하였다. 일상에서 이루어지는 논증은 어떤 자료(data)를 근거(backing)로 해서 주장(claim)을 이끌어내는 과정뿐 아니라 이를 위해 전제(warrant)가 필요하고, 또 이러한 주장에 대한 반대의 의견(rebuttal)도 존재하고 그에 따라 제한 사항도 생겨난다는 것이다. 이러한 요소 가운데 '설' 양식을 분석하는 데 필요한 요소들을 선별하여 설득이 일어나는 원리를 밝혀 보고자 한다.

한편 페렐만의 논증이론 연구는 설득하는 이야기 속에 담겨진 다양한 논증구조의 유형을 밝혀냈다. 페렐만이 제시한 논증의 유형은 기존 논리학에서 다루는 논리적 논증뿐 아니라 이미 연결되어 있는 관계를 통한 논증, 새로운 연결 관계를 만드는 논증 등 '연결'에 의한 논증의 유형과 개념의 분리와 같이 '분리'에 의한 논증 등이다. 앞서 툴민이 설득의 형식을 이루는 요소들을 정립했다면, 페렐만은 설득이 이루어지는 기술들을 유형화했다는 특징을 갖는다. 따라서

활, 새로운 수사학을 개척한 인물로 페렐만과 툴민을 언급하였다.

28) 텍스트와 지식에 관한 연구를 아리스토텔레스 이래의 논리학적 틀 속에 넣으려는 노력은 결과적으로 이해 상반이라는 것이다. 먼저 인간적 견지에서 타당한 모델을 수립하고 나서 그에 대한 형식적 기술을 해줄 수 있는 논리 형태를 구하는 방향으로 전환해야 한다. 인간은 확실히 전통적 논리학이 설명할 수 없었던 복잡한 추론 과정을 수행할 능력이 있다. 예를 들어 결론으로의 비약, 주관적 유추의 추구, 심지어 지식 없이도 추론할 수 있는 능력 등이 인간에게 있다.(보그란데 드레슬러, 1995:143)

본고에서는 이들의 연구를 기반으로 삼아 설 양식의 설득 요소들을 파악해 보고, 설 양식에서 쓰이는 설득의 기술들이 어떠한 유형들로 나타나는지 살펴보도록 하겠다.

본 연구에서 직접적으로 다룰 '설' 작품은 한국문집총간 소재 '설' 작품이다. 임종욱(2000)은 한국문집소재 '설' 작품을 모아 놓은 7권의 단행본이다.[29] '○○설'이라는 표제를 달고 있는 한국문집총간(韓國文集叢刊)에 수록 작품의 수는 대략 1,000편 남짓이다. 본고는 이 가운데 명자설(名字說)이나 당재설(堂齋說)은 제외하였다. 이들은 다른 설 작품과 뚜렷하게 구분되는 목적성을 띤 글로서 인물의 이름이나 호, 건물의 이름 등을 짓게 된 경위와 그 뜻을 풀이하고 있다.[30] 즉 이들 작품은 설득보다는 특정 대상에 대한 설명의 성격이 강한 작품들이라 할 수 있다. 같은 이유로 이론에 대한 설명의 성격이 강한 사서삼경, 성리학의 교리들을 설명한 경설(經說)과 성리학설(性理學說) 등은 분석의 대상에서 제외하였다. 이렇게 해서 분석 대상으로 남은 작품들은 약 300편 정도이다.

설 작품은 임종욱이 편찬한 '설 작품집' 목록을 참고하였고, 원문은 한국고전번역원 데이터 베이스를 이용하였다.[31] 이외에도 번역된 설 작품은 신해진 편(2001), 『한국 고수필문학』; 양현승 역주(2004) 『한국 설(說) 문학선』 등을 참고하였다. 본고에서 살핀 작가와 문집의 목록을 시대 순으로 제시하면 아래와 같다.

---

29) 임종욱 편(2000), 『한국문집소재 '설' 작품집』 1~7, 역락.

30) 서사증(徐師曾)이 편찬한 『문체명변(文體明辨)』은 한문 양식을 127개로 나누어 설명하고 작품을 예시하였는데, 이 책에서도 설(說)과 명자설(名字說)은 별개로 구분하고 있다.

31) 한국고전번역원(http://db.itkc.or.kr/index.jsp?bizName=MM)은 원문 텍스트와 이미지를 모두 제공하기 때문에 실제 문집을 찾지 않아도 입력된 글자의 정오를 판단할 수 있었다.

이규보(李奎報, 1168～1241) 『동국이상국집(東國李相國集)』

이　곡(李穀, 1298～1351) 『가정집(稼亭集)』

권　근(權近, 1352～1409) 『양촌집(陽村集)』

박팽년(朴彭年, 1417～1456) 『박선생유고(朴先生遺稿)』

신숙주(申叔舟, 1417～1475) 『보한재집(保閑齋集)』

서거정(徐居正, 1420～1488) 편(編) 『동문선(東文選)』

강희맹(姜希孟, 1424～1483) 『사숙재집(私淑齋集)』

성　간(成侃, 1427～1456) 『진일유고(眞逸遺稿)』

김종직(金宗直, 1431～1492) 『점필재집(佔畢齋集)』

이　륙(李陸, 1438～1498) 『청파집(靑坡集)』

성　현(成俔, 1439～1504) 『허백당집(虛白堂集)』

최충성(崔忠成, 1458～1491) 『산당집(山堂集)』

김일손(金馹孫, 1464～1498) 『탁영집(濯纓集)』

김안로(金安老, 1481～1537) 『희락당고(希樂堂稿)』

신광한(申光漢, 1484～1555) 『기재집(企齋集)』

기　준(奇遵, 1492～1521) 『덕양유고(德陽遺稿)』

주세붕(周世鵬, 1495～1554) 『무릉잡고(武陵雜稿)』

성　운(成運, 1497～1579) 『대곡집(大谷集)』

최　연(崔演, 1503～1549) 『간재집(艮齋集)』

유희춘(柳希春, 1513～1577) 『미암집(眉巖集)』

윤　현(尹鉉, 1514～1578) 『국간집(菊磵集)』

이지함(李之菡, 1517～1578) 『토정유고(土亭遺稿)』

허　엽(許曄, 1517～1580) 『초당집(草堂集)』

황준량(黃俊良, 1517～1563) 『금계집(錦溪集)』

노　진(盧禛, 1518～1578) 『옥계집(玉溪集)』

강유선(康惟善, 1520～1549) 『주천유고(舟川遺稿)』

구봉령(具鳳齡, 1526～1586) 『백담집(柏潭集)』

권호문(權好文, 1532~1587) 『송암집(松巖集)』
송익필(宋翼弼, 1534~1599) 『구봉집(龜峯集)』
이제신(李濟臣, 1536~1583) 『청강집(淸江集)』
이 이(李珥, 1536~1584) 『율곡전서(栗谷全書)』
홍성민(洪聖民, 1536~1594) 『졸옹집(拙翁集)』
김성일(金誠一, 1538~1593) 『학봉집(鶴峯集)』
최 립(崔岦, 1539~1612) 『간이집(簡易集)』
홍가신(洪可臣, 1541~1615) 『만전집(晩全集)』
유성룡(柳成龍, 1542~1607) 『서애집(西厓集)』
조호익(曺好益, 1545~1609) 『지산집(芝山集)』
한백겸(韓百謙, 1552~1615) 『구암유고(久菴遺稿)』
하수일(河受一, 1553~1612) 『송정집(松亭集)』
장현광(張顯光, 1554~1637) 『여헌집(旅軒集)』
배용길(裵龍吉, 1556~1609) 『금역당집(琴易堂集)』
이수광(李睟光, 1563~1628) 『지봉집(芝峯集)』
정 엽(鄭曄, 1563~1625) 『수몽집(守夢集)』
정경세(鄭經世, 1563~1633) 『우복집(愚伏集)』
이정구(李廷龜, 1564~1635) 『월사집(月沙集)』
이경전(李慶全, 1567~1644) 『석루유고(石樓遺稿)』
허 균(許筠, 1569~1626) 『성소부부고(惺所覆瓿稿)』
이시발(李時發, 1569~1626) 『벽오유고(碧梧遺稿)』
권 필(權韠, 1569~1612) 『석주집(石洲集)』
정 온(鄭蘊, 1569~1641) 『동계집(桐溪集)』
권득기(權得己, 1570~1622) 『만회집(晩悔集)』
이민성(李民宬, 1570~1629) 『경정집(敬亭集)』
조찬한(趙纘韓, 1572~1631) 『현주집(玄洲集)』
박지계(朴知誡, 1573~1635) 『잠야집(潛冶集)』

임숙영(任叔英, 1576～1623)『소암집(疎菴集)』

김 육(金堉, 1580～1658)『잠곡유고(潛谷遺稿)』

이 식(李植, 1584～1647)『택당집(澤堂集)』

조 경(趙絅, 1586～1669)『용주유고(龍洲遺稿)』

윤선도(尹善道, 1587～1671)『고산유고(孤山遺稿)』

장 유(張維, 1587～1638)『계곡집(谿谷集)』

오 숙(吳䎘, 1592～1634)『천파집(天坡集)』

허 목(許穆, 1595～1682)『기언(記言)』

정 칙(鄭侙, 1601～1663)『우천집(愚川集)』

강백년(姜栢年, 1603～1681)『설봉유고(雪峯遺稿)』

김득신(金得臣, 1604～1684)『백곡집(柏谷集)』

황 호(黃㦿, 1604～1656)『만랑집(漫浪集)』

홍우원(洪宇遠, 1605～1687)『남파집(南坡集)』

유 계(兪棨, 1607～1664)『시남집(市南集)』

박장원(朴長遠, 1612～1671)『구당집(久堂集)』

홍여하(洪汝河, 1621～1678)『목재집(木齋集)』

남용익(南龍翼, 1628～1692)『호곡집(壺谷集)』

신 정(申晸, 1628～1687)『분애유고(汾厓遺稿)』

남구만(南九萬, 1629～1711)『약천집(藥泉集)』

송규렴(宋奎濂, 1630~1709)『제월당집(霽月堂集)』

오시수(吳始壽, 1632～1681)『수촌집(水村集)』

권두인(權斗寅, 1643～1719)『하당집(荷塘集)』

이현석(李玄錫, 1647～1703)『유재집(游齋集)』

정 호(鄭澔, 1648～1736)『장암집(丈巖集)』

서종태(徐宗泰, 1652～1719)『만정당집(晩靜堂集)』

김창흡(金昌翕, 1653～1722)『삼연집(三淵集)』

김진규(金鎭圭, 1658～1716)『죽천집(竹泉集)』

김주신(金柱臣, 1661～1721)『수곡집(壽谷集)』
이관명(李觀命, 1661～1733)『병산집(屛山集)』
채팽윤(蔡彭胤, 1669～1731)『희암집(希菴集)』
김춘택(金春澤, 1670～1717)『북헌집(北軒集)』
권 구(權榘, 1672～1749)『병곡집(屛谷集)』
어유봉(魚有鳳, 1672～1744)『기원집(杞園集)』
이광정(李光庭, 1674～1756)『눌은집(訥隱集)』
이하곤(李夏坤, 1677～1724)『두타초(頭陀草)』
신유한(申維翰, 1681～1752)『청천집(青泉集)』
임창택(林昌澤, 1682～1723)『숭악집(崧岳集)』
임상덕(林象德, 1683～1719)『노촌집(老村集)』
유의건(柳宜健, 1687～1760)『화계집(花溪集)』
황택후(黃宅厚, 1687～1737)『화곡집(華谷集)』
권 만(權萬, 1688～1749)『강좌집(江左集)』
강재항(姜再恒, 1689～1756)『입재유고(立齋遺稿)』
조관빈(趙觀彬, 1691～1757)『회헌집(悔軒集)』
조구명(趙龜命, 1693～1737)『동계집(東谿集)』
남유용(南有容, 1698～1773)『뇌연집(雷淵集)』
유정원(柳正源, 1702～1761)『삼산집(三山集)』
김낙행(金樂行, 1708～1766)『구사당집(九思堂集)』
안정복(安鼎福, 1712～1791)『순암집(順菴集)』
서명응(徐命膺, 1716～1787)『보만재집(保晩齋集)』
이헌경(李獻慶, 1719～1791)『간옹집(艮翁集)』
김종후(金鍾厚, 1721～1780)『본암집(本庵集)』
유도원(柳道源, 1721～1791)『노애집(蘆厓集)』
김이안(金履安, 1722～1791)『삼산재집(三山齋集)』
정범조(丁範祖, 1723～1801)『해좌집(海左集)』

정약용(丁若鏞, 1762~1836)『여유당전서(與猶堂全書)』

김조순(金祖淳, 1765~1832)『풍고집(楓皐集)』

강정일당(姜靜一堂, 1772~1832)『정일당유고(靜一堂遺稿)』

이건창(李建昌, 1852~1898)『명미당집(明美堂集)』

II

설득적 글쓰기 교육의 반성과 과제

1. 설득적 글쓰기에 대한 이론적 고찰

(1) 설득적 글쓰기의 개념과 요소

설득적 글쓰기가 무엇인지 정의하기 위해서는 먼저 '설득'의 의미를 파악해야 한다. 이를 위해서 현대의 다양한 학문 가운데 '설득'의 행위나 과정 등을 분석 대상으로 삼는 연구 분야들을 두루 살펴볼 것이다. 그 가운데 '설득적 글쓰기'의 윤곽이 드러날 것이며, '설득적 글쓰기'를 분석하고 연구하는 데에 활용될 수 있는 요소들을 확인해 볼 수 있을 것이다.

현대에 '설득'을 연구 대상으로 삼는 학문 영역은 다양하지만, 대표적인 분야는 커뮤니케이션학이라 할 수 있다. 설득은 나로부터 출발하여 상대방을 지향하고 있다는 점에서 인간 상호간의 의미 전달 행위와 과정을 다루는 커뮤니케이션과 연결된다. 커뮤니케이션 이론은 인간 사회 속에서 이루어지는 다양한 소통의 문제를 다루지만, 그 중 '설득 커뮤니케이션'에 대한 비중은 상당하다.[1] 그렇다면 먼저 커뮤니케이션 이론에서는 어떻게 '설득'을 정의하는지 살펴보고자 한다.

> 설득 커뮤니케이션이란 ① 어떤 목적을 위하여 사람들의 태도나 의견 또는 행동 등을 변용시키고자 하는 의도를 지니고 있는 개인이나 집단이 ② 그 목적의 달성을 위해 언어나 그림 등으로 구성된 메시지라는 기호적 자극을 ③ 특정 매체를 통하여 ④ 특정 대상의 수용자에게 전달, ⑤ 그 수용자들로부터 의도했던 반응을 유발하는 행위 내지는 그러한 행위의 일련의 과정이라고 할 수 있다. (번호는 필자)[2]

---

1) 우리나라 언론정보학을 연구하는 대부분의 대학 학과에서는 '설득커뮤니케이션'이라는 강좌를 전공과목으로 개설하고 있다.

위 내용은 일반적인 의사소통 행위를 이루는 주요 요소인 ① 발신자, ② 메시지, ③ 매체, ④ 수용자에 대응시켜 설득 커뮤니케이션을 정의하고 있다. 그 중 다른 커뮤니케이션과 구별되는 지점은 '상대방을 변용시키려는 의도를 지닌다'는 것이다. 즉 의사소통행위의 지향점은 수신자의 태도나 행동의 변용에 있으며, 이러한 행위에는 발신자의 의도가 담겨 있다. 설득 커뮤니케이션 이론은 설득 행위를 이루고 있는 개개의 요소들을 분석 대상으로 삼아 실험을 통해 설득의 효과나 전략, 모델 등을 개발하고 있다. 특히 커뮤니케이션 이론은 학문 분류상 사회과학에 속하는 것에서 알 수 있듯이 대중 매체와 같이 대사회적 활동을 포괄해서 다룬다. 예를 들어 정치 선전(宣傳)이나 광고, 피아르(PR) 등이 직접적인 연구 대상이 된다.

이러한 커뮤니케이션 이론에 따라 설득적 글쓰기를 정의해 볼 수 있겠다. 설득적 글쓰기 역시 수신자의 태도나 행동을 변용시키기 위해 메시지라는 자극을 전달하는 데, 그 전달 매체가 문자 언어라는 특징이 있다. 즉 필자인 발신자는 독자인 수신자에게 글을 통해서 태도나 행동의 변용을 꾀하는 것이다.

그런데 커뮤니케이션 이론은 설득하는 글쓰기와 같이 문자언어로만 이루어진 메시지를 다루지 않는다는 점에서 더욱 포괄적인 영역을 다룬다고 할 수 있다. 다시 말하면, 커뮤니케이션이 관심을 갖는 분야는 대중 매체와 같이 불특정 다수에게 파급력을 미치는 매체에서 이루어지는 메시지다. 특히 자본주의 사회의 관심사인 상업적 판매 전략이나 민주주의 사회에서 필수적인 정치 활동 등에서 이루어지는 설득을 주로 다루고 있기 때문에 본고가 다루고자 하는 설득

2) 차배근(1989), 『설득 커뮤니케이션 이론』, 서울대 출판부, 13~14쪽.
설득을 다음과 같이 정의할 수도 있으나 그 내용은 대동소이하다. "설득은 한 사람 또는 그 이상의 사람들이 주어진 커뮤니케이션 상황 속에서 기존 신념이나 태도, 의도, 동기, 행동 등의 반응을 창출·보강·조정·제거하는 데 참여하는 활동이자 과정"(김영석(2005), 『설득 커뮤니케이션』, 나남, 34쪽.)

과 거리가 있다. 무엇보다도 커뮤니케이션 이론은 이미 만들어진 메시지가 현실 국면에서 어떻게 작용을 하는가에 더 초점이 놓여있기 때문에 내용 생성에서부터 조직 표현까지 설득의 일련 행위와 과정을 다루고 있는 글쓰기 연구와 논의를 달리한다.

두 번째로 살펴볼 분야는 수사학이다. 수사학 역시 남을 설득하는 기술에 대한 관심에서 출발한 학문 분야다.[3] 고대 그리스 수사학은 앞서 다룬 커뮤니케이션 이론이나 앞으로 다룰 논리학의 뿌리를 이루고 있다. 고대 수사학의 출발은 법정에서 이루어진 변론을 그 기원으로 삼고 있는데, "설득이란 진실과 즐거움을 통해 상대방에게서 믿음을 불러일으키는 행위"(올리비에 르불, 1999:12)로서 고대 그리스의 법정이나 토론장, 신전 등에서 대중들을 상대로 한 웅변 기술을 훈련하는 데에 활용되었다. 수사학의 출발이 법정이라는 구체적인 공간에서 이루어졌으며, 상대방에게 믿음을 불러일으키는 행위로 설득을 정의하고 있다는 점을 주목해 볼 필요가 있다.

오늘날까지 수사학 연구에서 막대한 영향력을 끼치고 있는 아리스토텔레스는 설득을 이론적으로 밝혀 『수사학』이라는 책으로 집대성했는데, 그 주요 내용도 실제적인 설득의 수단과 방법을 보여준 매뉴얼이라 할 수 있다.

그 가운데 설득의 수단을 크게 3가지로 나누었다. 그 3가지란 화자의 특성(ethos), 화자가 청중들로부터 야기해야 하는 감정(pathos), 그리고 논리적 논증의 형식(logos)이다. 이렇게 나누어진 3가지 설득 수단은 앞서 설득 커뮤니케이션을 구성하고 있는 세 요소, 즉 발신자와 수신자 그리고 메시지에 각각 대응됨을 알 수 있다. 다시 말하면 수사학에서 제시한 설득에 관여하는 주요한 구성요소는 발신자

---

3) 수사학에 대한 개관은 다음과 같은 책을 참조하였다. 피터 딕슨(Peter Dixon)/강대건 역(1987), 『수사학』, 서울대 출판부; 올리비에 르불/박인철 역(1999), 『수사학』, 한길사.

와 수신자, 그리고 메시지로 정리해 볼 수 있다.

이 가운데 먼저 '발신자'라는 요소를 살펴보면, 설득과 관련된 발신자에 대한 관심은 주로 발신자의 인품과 관련되어 있음을 알 수 있다. 발신자의 인품이란 정보원(情報源)으로서 신뢰할 만한가의 문제와 연관된다. 사실 설득을 다루는 수사학이 초기에 봉착했던 문제도 바로 이 윤리성의 문제였다. 개인의 언어는 그 사람의 됨됨이에 대한 반영이기 때문에 아무리 그럴듯한 말이라 할지라도 발화자를 신뢰할 수 없을 때는 설득이 이루어지지 않을 것이다. 물론 그 반대의 경우도 있을 수 있다.

이와 같이 발신자의 인품이라는 요소는 설득 커뮤니케이션에서 결정적으로 작용할 수 있는 중요한 요소임은 틀림없다. 그러나 발신자의 인품을 교육하는 것이 가능한지, 또는 국어교육에서 다룰 대상인지 등은 해결해야 할 과제이다. 상대에게 신뢰를 줄 수 있는 인격을 갖도록 교육하는 것이 어쩌면 설득 교육에서 급선무이기는 하지만, 이론의 영역을 넘어서는 부분이기 때문에 여기에서는 다루지 않기로 한다.

둘째, 설득하는 글쓰기에서는 독자에 해당하는 '수신자'라는 요소를 살펴보겠다. '수신자'라는 요소를 살펴보기 위해서는 먼저 수사학의 역사를 참고해 볼 필요가 있다. 초기 수사학인 고대 그리스 수사학은 법정 변론이나 의회 토론과 같은 장에서 실제적인 효용을 위해 활발하게 연구되었다가 중세 이후 쇠퇴하게 된다. 쇠퇴하게 된 데에는 수사학을 말을 꾸미는 문학 표현의 수사학으로 축소했기 때문이기도 했지만, 수사학을 합리적인 증명을 다루는 형식 논리학으로 발전시켰기 때문이기도 했다.(필립 브르통 외, 2006:34)

이렇게 장(field)으로부터 독립된 형식 논리적 수사학은 학문 세계에서는 소통되었을지 모르지만, 일상에서는 외면을 받았다. 이러한 수사학을 새롭게 부활시킨 인물로 평가받는 사람이 카임 페렐만

(Chaim Perelman, 1912～1984)이다.[4] 그는 형식논리학의 한계를 지적하고 새로운 수사학은 일상의 설득 논리를 설명할 수 있어야 한다고 주장하였다. 그의 독특한 관점은 설득 행위에서 청중의 중요성을 부각시킨 데에 있다. 페렐만은 "논증에서 중요한 일은 화자가 진실하다고 여기는 그것을 아는 것이 아니라 그것을 듣는 청중의 관점을 아는 것"[5]이라고 말할 정도로 설득 행위에서 청중이 중요함을 지적하였다. 이로써 다시 대중에게서 멀어진 수사학을 일상의 설득 행위를 설명하고 적용할 수 있는 수사학으로 회복시키고자 한 것이다.

수사학의 역사에서 알 수 있듯이 수신자를 고려하지 않은 설득은 현실과 분리된 추상적인 논의에 그치고 실제 설득 활동에 아무런 지침을 주지 못한다. 아리스토텔레스 역시 이 점을 이미 간파하여 설득의 수단으로서 청중의 감정을 중요한 요소로 간주하였다. 그래서 어떻게 하면 청중의 감정에 호소하여 원하는 바를 얻을 수 있는지 그 매뉴얼을 제시하기도 했다.[6] 그러나 주지하는 바와 같이 청중의 감정에 직접적으로 호소하는 방법은 오류에 빠뜨리게 할 수 있으므로 권장하고 있지 않다. 따라서 청중의 감정에만 치우친 설득의 방식들은 논리적 설득과 균형을 이룰 필요가 있다.

셋째, 설득을 구성하는 중요한 요소는 '메시지'이다. 어떻게 메시지를 생성하고 조직하는가는 설득의 성패를 가르는 핵심적인 요소가 된다. 아리스토텔레스는 이 부분을 로고스(logos), 즉 논리적인 추

---

4) 카임 페렐만의 신수사학에 대한 논의는 미에치슬라브 마넬리/손장권 · 감상희 옮김 (2006:42～57) 참조.

5) CH. Perelman & Olbrechts-Tyteca/John Wilkinson & Purcell Weaver trans.(1971), *The New Rhetoric - A Treatise on Argumentation*, university of Notre dame press, pp.23～24.

6) 예를 들어 상대에게 '동정'이라는 감정을 불러일으키기 위해서는 "그럴 이유가 없는 사람이 파멸로 이어지는 불행을 겪는 일을 진술함"으로써 가능하다고 하였다.

론이라고 명명하고, 다양한 설득의 방식들을 제시하였다. 예증이나 생략삼단논법 등이 대표적이다.

사실 설득적인 글은 문자로 표현된 '메시지'를 통해 발화자의 의도와 전략뿐 아니라 청중에 대한 고려를 파악하게 된다. 그래서 이러한 설득적인 목적을 지닌 언어 메시지를 다루는 분야가 생겨났는데, 이 분야가 바로 논증 이론이다. 논증이론은 수사학의 연구 분야 중에서 특히 설득 메시지의 논리적 구조와 과정에 초점을 두고 있다. 논증은 대체로 다음과 같이 정의된다.

> 논증이란 대화 상대자 또는 청중을 설득할 수 있는 근거들을 제공하는 작용 또는 과정(필립 브르통 외, 2006:3)

> 제시하는 의견에 청자가 동의하도록 이끄는 추론 기술들(페렐만, 1971:8)

> 논증이란 일련의 전제들로부터 결론을 이끌어 내는 과정(민병곤, 2004:61)

위 정의들을 살펴보면, 논증을 구성하고 있는 요소가 크게 두가지로 나누어짐을 알 수 있다. 하나는 발신자의 주장(혹은 의견)이며, 다른 하나는 수신자가 동의할 수 있도록 하는 근거이다. 즉 논증은 주장과 이를 뒷받침하는 근거로 이루어진다. 이를 다른 식으로 표현하면 '전제'와 이로부터 도출되는 '결론'이라고 할 수 있다. 논증이론은 논리학과 밀접한 관련을 맺으며 전제에서 결론에 이르기까지의 과정에 대해 합리성, 건전성 등을 판단하든지, 주장과 근거 사이에 맺어지는 다양한 방식들에 대해 다룬다.

본고에서는 논증이론을 참조하여 설득적 글쓰기의 주요 요소가 주장과 근거라는 점에 착안하였다. 아울러 주장과 근거가 관계 맺는 방식인 논증 방식이 글쓰기 자료 속에서 어떻게 구현되고 있는지 살펴보고자 한다. 의사소통을 구성하는 발신자와 수신자, 그리고 메시지 중에서 가장 실체가 분명한 것은 메시지이다. 물론 발신자와 수신자가 명시되어 있는 경우 그들과의 관계를 재구하여 이들의 역학 관계에서 메시지가 어떻게 작용하고 있는지 살필 수도 있을 것이다. 그러나 대부분 실제 남아 있는 분석 자료는 메시지이기 때문에 메시지를 통해 필자의 의도, 예상 독자, 논증의 방식 등을 찾게 될 것이다.

한편, 설득적 글쓰기를 정의하기 위해 살펴볼 또 다른 학문 영역은 텍스트 언어학이다. 텍스트 언어학이 기존 언어학과 차별화를 내세우면서 강조했던 슬로건은 동적(動的)인 언어에 대한 연구였다. 이는 기존의 언어학이 문장 이하의 정적(靜的)인 단위를 연구 대상으로 삼았던 반면, 텍스트 언어학은 텍스트를 의사소통의 단위로 보고 그 구조와 기능에 대해 탐구한다는 점에서 차이가 있다.[7] 언어를 무엇인가를 수행하는 도구라는 관점으로 이해하여, 텍스트 생산자는 목적을 이루기 위해 일정한 기능을 가진 텍스트를 생산해 낸다고 보았다.

텍스트언어학은 텍스트에 대한 정의, 즉 텍스트가 텍스트답도록 하는 자질에 대한 연구와, 텍스트가 지닌 기능과 구조에 대한 연구로 행해졌다.[8] 이 가운데 후자인 텍스트의 구조와 기능에 대한 연구는 어떻게 텍스트가 생산되고 이해되는가에 관심을 두고, 수많은 텍스트들 속에 내재해 있는 규칙성을 발견하고자 했다. 이러한 연구

---

7) 이상의 내용은 텍스트언어학개론서의 공통으로 소개되어 있다. 대표적으로 "한국텍스트언어학회 지음(2004), 『텍스트 언어학의 이해』, 박이정" 참조.

8) 전자는 보그란데・드레슬러/김태호・이현옥 역(1995), 『텍스트언어학 입문』, 한신문화사, 후자는 반 데이크/정시호 옮김(2001), 『텍스트학』, 아르케, 클라우스 브링커/이성만 역(2004), 『수정 제5판 텍스트 언어학의 이해』, 역락 참조.

는 텍스트의 구조와 기능에 따라 텍스트들을 유형화하고 분류하는 성과를 내었다. 본고는 물론 이 텍스트 유형 분류에 관심을 두고 있다.

일반적으로 우리는 낯선 글을 읽으면 그 의미를 파악함과 동시에 그 글의 유형을 파악하게 된다. 즉 하나의 글이 이야기인지, 보고서인지 파악할 수 있게 된다. 이 때 우리가 파악하는 의미 외에 그 텍스트의 유형을 표시해 주는 구조가 있다는 것을 가정해 볼 수 있는데, 반 데이크는 이를 초구조(Superstruktur)라고 명명했다.(반 데이크, 2001:214) 이야기는 이야기 도식으로서의 초구조를 가지며, 신문 보도는 신문 보도로서의 초구조를 가진다고 할 수 있다. 반 데이크는 대표적인 초구조로서 서사구조, 논증구조, 학술논문 등을 들고 있다.

또한 클라우스 브링커(2004:88)도 텍스트를 그 주제에 따라 일정한 구조로 분류했다. 기술형(記述形), 서사형(敍事形), 설명형(說明形), 논증형(論證形) 주제 전개 모형이 그것이다. 그런데 브링커는 구조에 따른 분류 외에 텍스트가 지닌 기능에 따른 분류를 시도하였다. 텍스트의 기능은 화행 이론의 도움을 받아서 이루어졌다. 다시 말하면, 화행 이론은 발화 속에 존재하는 수행 동사에 따라 그 기능을 분류하는데, 예를 들어, '알려 드립니다.'는 제보적 기능을, '부탁한다.'는 호소적 기능을, '계약한다.'는 책무적 기능을, '감사합니다.'는 접촉적 기능을, '선포합니다.'는 선언적 기능을 보여주는 표지라고 할 수 있다. 브링커 역시 이를 참조하여 텍스트의 기능을 제보적·호소적·책무적·접촉적·선언적 기능으로 구분하였다.

일단 이러한 구분은 오늘날 국어교육의 언어활동 구분과 비교할 만하다. 언어활동, 즉 말하기·듣기·쓰기·읽기의 실제를 구분할 때 설득, 설명, 사회적 상호작용, 정서표현으로 나누고 있는데 이러한 구분은 텍스트 언어학의 구조와 기능에 따른 분류에 잘 대응된다. 특히 본고에서 다루고자 하는 설득하는 글쓰기는 글의 구조로 보면 논증형 텍스트와 유사하고, 글의 기능으로 보면 호소적 기능과 제일 가깝다.[9)]

이상의 논의를 통해 설득적 글쓰기를 정의해 보고 그 주요 요소들을 정리해 보면 다음과 같다. 설득적 글쓰기란 "필자가 문자 언어로 된 메시지를 통해 독자의 태도나 행동을 변용하려는 의도적인 행위 혹은 과정"이다. 이 가운데 설득의 수단은 필자의 인격이나 독자의 감정 등이 있을 수 있으나 글쓰기라는 관점에서는 문자 언어로 된 '메시지'가 주된 수단이 된다. 그리고 설득을 위한 메시지, 즉 설득적인 글은 주장과 이를 뒷받침하는 근거로 이루어져 있다. 주장과 근거가 관계 맺는 방식을 논증 방식이라 할 수 있다.

지금까지는 고대 그리스 수사학에 뿌리를 두고 있는 커뮤니케이션 이론이나 현대 수사학, 논증 이론, 텍스트이론 등을 살펴보면서 설득에 대한 개념과 요소들을 파악해 보았다. 그렇다면, 여기에서 한 가지 의문을 제기할 수 있다. 왜 '설득'이 인류 보편적인 행위라고 하면서 고대 그리스 수사학에 뿌리를 둔 서구 이론만으로 설명하는가라는 것이다. 동아시아 전통에서도 '설득'에 관심을 가지며 이 분야를 전문적으로 다룬 연구가 있었으리라 가정할 수 있다. 이를 확인해 보기 위해 동아시아 수사학에 대한 연구들을 검토해 보기로 한다.

그런데 동아시아 수사학 연구를 살펴보기에 앞서, '수사학'에 대한 정의를 밝힐 필요가 있다. 사전에서 '수사학'을 검색해 보면, 이 용어는 다음과 같이 두 가지 뜻으로 구분됨을 알 수 있다.

(1) 사상이나 감정을 효과적으로 표현할 수 있도록 언어 사용법을 연구

---

9) 물론 이러한 분류가 설득적 글쓰기를 온전히 설명해 내지 못한다. 글이란 단일한 구조나 기능으로 규정하기엔 복합적인 성격을 띠고 있다.

하는 학문.

(2) (구술, 문자, 시각) 언어를 사용하여 남을 설득하는 기술.[10)]

여기에서 본고가 관심을 두는 분야는 (2)에 해당한다. 서양에서 발흥한 수사학의 역사를 살펴보면 수사학의 관심이 (2)에서 (1)로 변화되었음을 알 수 있듯이 수사학이 지칭하는 개념은 단일하지 않다. 다만 고대 그리스 수사학이 지향했던 바는 '(2) 구술 언어를 사용하는 설득하는 기술'이었음을 알 수 있다. 그렇다면 동아시아에서의 수사학은 어떠했을까? 과연 (2)에 해당하는 수사학이 존재했을까?

동아시아 수사학에 대한 연구는 수사(修辭)라는 말의 어원(語源)을 찾는 데에서 시작하는데, 그 어원 자체가 고대 그리스 수사학이 다루는 '설득의 수단'이라는 의미와 다르다. 수사(修辭)는 『주역(周易)』의 건괘(乾卦)를 풀이한 '문언전(文言傳)'에 나온 "수사입기성(修辭立其誠)"에서 따온 말로 알려져 있다.[11)] 군자는 대업을 성취하기 위해서 글을 닦고 뜻을 바로 세워야 한다는 의미로 풀이할 수 있으며, 이 말은 군자가 갖추어야 할 덕목을 설명하는 맥락에서 나왔다.

또한, Chen(2007)은 동양의 수사학적 전통이 공자에게 있다고 보고, 이를 서양의 아리스토텔레스와 비교하는 연구를 시도하였다.[12)] 이 연구에서도 동서양 수사학의 시각차를 확인할 수 있는데, 수사학이 아리스토텔레스에게는 설득의 수단을 발견하는 학문이었던 반면에, 공자는 수사(修辭)의 도덕적 준칙을 다루는 일로 여겼다. 이처럼 동아시아의 수사학은 설득의 기술과는 거리가 멀다. 물론 『한비자

10) 이러한 정의는 인터넷 사전(국어사전 및 백과사전)에서 확인하였다.

11) 김월회(2005), 「말 닦기와 뜻 세우기[修辭立其誠]-고대 중국인의 수사 담론과 그 저변」, 『동아문화』 43호, 서울대 동아문화연구소, 121~140쪽.

12) Ru-dong Chen(2007), Rhetorical thought comparison of ancient China and ancient Greece: From Confucius to Aristotle, 『수사학』 7권, 한국수사학회, 5~22쪽.

(韓非子)』의 '세난(說難)'에서 한문 고전 수사학이 설득의 기술이라는 의미로 쓰이기도 했지만,[13] 대체로 수사학의 의미는 사상의 구축이나 사건 기술을 통한 의미 함축, 감정 표현을 통한 미 추구 등 (1)에 해당하는 뜻으로 사용되었다.

이렇게 동아시아의 수사학이 (2)의 의미로 쓰일 수 없었던 데에는 '레토릭'을 '수사(修辭)'라는 한자어로 번역한 데에 원인이 있다. 이 용어를 번역할 당시의 서구 수사학은 (1)의 의미로 통용되었기 때문에 동아시아에서 수사학은 '설득의 기술'과 직접적인 관련이 없는 듯 보인다.

더불어 '설득'에 관한 본격적인 연구가 없었던 데에는 동아시아의 언어관, 사회문화적 배경의 차이 때문이 아닐지 고려해 보아야 할 것이다. 앞서 수사(修辭)라는 단어의 어원이 '수사입기성(修辭立其誠)'에서 왔다고 했는데, 이 구절의 의미를 살펴 볼 필요가 있다. '수사'는 직역하면 '말을 닦다'는 뜻이며, 현대적으로 풀이하면 '말을 다듬는다,' 혹은 '말을 성찰한다'는 의미가 된다. 그리고 이 구절이 뒤에 있는 '입기성(立其誠)'과 연결되어, '말을 닦음으로써 그 성실함(혹은 성실한 뜻)을 세운다'는 의미로 풀이된다. 즉, 이 문장은 '말하는 일'과 '뜻을 세우는 일'이 밀접한 관련이 있음을 보여준다. "잘 닦여진 말로 참된 뜻이 세워졌다."에서 말이란 단지 사상과 감정을 전달하는 의사소통 수단에 국한되거나 언어의 미적인 취향을 추구하는 것이 아니라 더 상위의 이념과 가치를 지향하고 있음을 보여준다.

김월회(2005:121～140)에서는 이 부분을 『문심조룡』의 '문(文)'의 개념과 연계를 시켰다. 한문 문화권에서의 '문(文)'이란 단순한 표기 수단을 넘어서 천지자연의 최고 원리가 발현한 것이라는 관점을 지

13) 심경호(2005), 「한국고전과 한국학에서의 수사학에 대하여」, 『수사학』 3, 한국수사학회, 14쪽.

니고 있다. 글을 쓰고 성찰하는 수사(修辭)의 과정은 곧 '자기완성'이라는 윤리학적 요청의 실천으로서 의미를 갖게 된다. 뿐만 아니라 이러한 글쓰기는 윤리학적인 진전에 기여함으로써 공공성을 지니게 된다. 아무리 사적인 글쓰기라도 이러한 영향에서 벗어날 수 없다고 보았다. 다시 말하면, 동아시아에서의 글쓰기란 윤리적인 측면에서 자유로울 수 없으며, 글이란 도(道)를 실어 나르거나 도(道)를 관통하는 그릇이라는 인식이 지배적이었다.

반면에 '설득의 기술과 수단'을 주로 다루고 있는 고대 그리스 수사학은 매우 실제적인 필요에 의해 이 학문이 발달했음을 보여 준다. 기원전 5세기에 토지분쟁에서 기원했다고 알려진 수사학의 역사는 법정과 의회라는 공간 속에서 토론하고 변론하는 과정을 통해 발달해 왔다. 이 환경은 기본적으로 원고와 피고, 주장하는 자와 반박하는 자와 같이 나와 의견을 달리하는 상대를 전제하고 있다. 나와 대결하고 있는 상대와 자연스럽게 경쟁이 발생하고, 상대를 이겨야 설득에서 승리를 얻을 수 있게 된다. 이 과정에서 설득의 수단과 전략들이 개발되고 발달해 왔음을 알 수 있다. 수사학 이론서에 자주 등장하는 '코락스와 그의 제자 티스아스의 일화'는 이러한 성격을 잘 보여준다.

> 티시아스는 수사학이 남을 설득하는 기술이라는 말을 듣고 자기도 이런 기술을 얻고자 코락스를 찾아간다. 그러나 코락스로부터 더 이상 배울 것이 없게 된 제자는 스승에게 약속한 보수를 주지 않기로 마음먹었다. 그들은 결국 이 문제로 법정으로 갔다. 티시아스는 이렇게 말했다.
>
> "나는 당신에게 돈을 줄 필요가 없소. 만일 이 변론에서 이긴다면, 법정의 판결에 따라 당연히 보수를 줄 필요가 없고, 변론에서 진다면, 당신은 나에게 그 기술을 가르쳐 주지 않은 것이 되므로 역시 보수를

줄 까닭이 없소."

코락스 역시 동일한 논리로 티시아스를 곤경에 빠뜨린다.

"자네가 법관을 제대로 설득했다면, 나에게 보수를 주어야 할 것이고, 그렇지 못한다면 법정의 판결에 따라 나에게 보수를 주어야 할 것일세."[14)]

위 일화는 동일한 설득의 기술로 상대를 곤경에 빠뜨리게도 하고 빠지기도 한다는 딜레마를 보여준다는 점에서 유명한 이야기이다. 뿐만 아니라 고대 그리스 수사학의 성격을 확인해 볼 수 있는 단서이기도 하다. 위 예문에서 설득이 이루어지는 공간은 다름 아닌 법정이다. 법정은 상대의 잘못을 밝히고 자신의 정당함을 입증하는 공간이다. 이는 곧 수사학이란 설득의 기술이며, 이 기술의 습득은 상대를 누르고 (사회적·경제적인) 이익을 얻을 수 있음을 보여준다. 이처럼 고대 그리스 수사학에서의 '설득'은 나와 반대되는 입장에 있는 사람과의 대결, 반박, 승리 등의 개념을 지니고 있음을 알 수 있다.

이러한 인식은 일상의 언어 속에도 확인된다. 일상에서 사용하는 언어는 근본적으로 은유라는 관점으로 접근하는 인지언어학자 레이코프(G. Lakoff)는 "어떤 개념이 은유적이라는 것이라는 것과 그러한 개념이 일상적인 활동을 구조화한다는 것"을 잘 보여주는 사례로 "논증은 전쟁이다.(Argument is war)"를 들고 있다.

너의 주장은 **방어**될 수 없다. your claims are **indefensible**.

그는 내 논증의 모든 약점을 **공격**했다. He **attacked** every weak point in my argument.

---

14) 올리비에 르불/박인철 옮김(1999:16~17)의 내용을 요약한 것임.

나는 그와의 논쟁에서 한 번도 **이긴** 적이 없다. I've never **won** an argument with him.

그는 나의 모든 논증을 **격파**했다. He **shot down** all of my arguments.

위와 같은 표현들은 우리가 논쟁할 때 행하는 많은 것은 상당 부분 전쟁이라는 개념에 의해 구조화되었음을 보여준다.[15)] 이러한 관점에서 볼 때, 설득 행위를 할 때 고려해야 할 중요한 점은 상대방의 관점이며, 상대방의 입장에서 나의 약점은 없는지, 그리고 상대방의 논리에 약점은 없는지 분석하고 파악하는 일이 된다.

이러한 설득에 대한 인식은 설득의 방식을 보여주는 논증 원리에서 '반박(rebuttal)'의 형태로 나타난다. 아리스토텔레스의 수사학의 경우 제2권 25장은 '논박에 관하여' 다루고 있다.[16)] 주장하기에 앞서서 상대방이 어떻게 논박을 할 것인지 대비해야 함을 보여주고 있는 것이다. 뿐만 아니라 현대 논증학자 툴민(Toulmin) 역시, 저 유명한 논증도식을 통해 주장과 이를 뒷받침하는 근거를 마련함과 동시에 반박할 수 있는 사례에 대해 대비해야 함을 나타낸 바 있다.

반박을 미리 논증도식에 상정해 두었다는 것은 나의 주장에 상대방이 어떻게 반론을 제시할 것인지 미리 예상해야 한다는 의미를 담고 있다. 스스로 반대편에 서서 자기 주장의 한계가 무엇인지 살핀다면, 자신의 주장이 더욱 견고해진다는 믿음에 바탕을 두고 있다. 이를 더욱 발전시킨 논의를 조셉 윌리엄스·그레고리 콜럼(2008)에서 찾아볼 수 있다. 이 책에서는 '대화에서 찾은 논증 원리'를 표방하며 설득이란 독자의 질문, 특히 반론에 대해 대답할 수 있

---

15) G. 레이코프, M. 존스/노양진·나익주 옮김(2006:22~23), 『삶으로서의 은유』, 박이정.

16) 아리스토텔레스/이종오 역(2007:198~204). 아리스토텔레스는 논박의 예를 다음과 같이 들고 있다. 누군가 '사랑은 좋은 것'이라는 결론을 내리면, '모든 욕구는 나쁜 것'이라든지, '근친상간의 예인 카우노스적 사랑(amour Caunien)'을 예로 들어 반박할 수 있다는 것이다.

도록 해야 함을 강조하고 있다. 아래와 같이 상대가 제기할 반박 내용을 스스로 미리 점검하는 것은 오늘날 설득하는 글의 필수적인 전략이 되었다.

> "이 주장에 대한 대안, 한계, 반대의견에 대해서는 어떻게 생각하는가? '~한 경우에는…'이라고 묻는 사람에게는 무엇이라고 대답할 것인가?"(조셉윌리엄스 · 그레고리 콜럼)(2007:285)

고대 그리스에서 발원한 수사학은 구어적인 상황 속에서 대면한 상대와 경쟁에서 이길 수 있도록 하는 기술로서 '설득'을 받아들여 왔음을 확인했다. 이것이 구체화되어 나타난 것이 논증 도식에서의 '반박'이라 할 수 있다.

이상의 내용을 통해 동서양의 '설득'과 '수사'에 대한 중요한 시각의 차를 확인할 수 있었다. 고대 그리스를 기원으로 삼는 서구의 수사학은 법정이나 의회와 같은 공간에서 구어(口語)를 통해 이루어지는 설득을 다루고 있어서, 상대와의 대결을 기본 전제로 삼고 있다.[17] 곧 설득이란 나와 의견을 달리하는 상대방을 설복시켜서 대결에서 승리하는 것을 목표로 삼고 있다. 반면, 동양의 수사학에서는 '설득의 기술'이 발달하지 않았거나 그리 관심 있는 영역이 아니었다. 그 이유 중 하나는 말을 하거나 글을 쓴다는 의미의 수사(修辭)란 자연스럽게 윤리적 문제와 연관되었기 때문이다. 글을 쓰는 행위는 곧 개인적 사회적 윤리의 진전을 꾀하는 일이므로 '말은 전달되면 된다[辭達而已矣]'거나 '교묘하게 꾸민 말[巧言令色]'을 배격하는

17) 레토릭의 어원을 분석해 보면, 레토(rhetor)란 '공적인 자리에서 공식적인 연설을 하는 사람'이란 뜻으로 서구 수사학의 기원이 구어적인 상황을 배경으로 하고 있음을 알 수 있다. 김헌(2004), 「레토리케는 '수사학'인가」, 『철학과 현실』 61호, 철학문화연구소, 153~168쪽.

사상이 동양의 수사학에 강하게 자리하고 있음을 알 수 있다. 따라서 설득의 행위 속에 상대와의 대결이 아닌 상대와의 일치를 추구한다는 차이가 존재한다. 왜냐하면 덕을 추구하는 가치관 속에는 너와 나의 구분과 대결보다는 조화와 협력이 강조되며, 윤리의 실천은 남에게 강요되기보다는 내가 먼저 모범을 보여야 할 것이라 인식되기 때문이다.[18)]

(2) 설득적 글쓰기의 유형

오늘날 국어교육에서는 글의 유형을 그 글이 지닌 성격이나 목적에 따라 분류한다. 정보전달 · 정서표현 · 사회적 상호작용 · 설득 등이 대표적인 유형이다. 그러나 우리가 일상에서 접할 수 있는 글의 명칭은 이와 다르다. 복잡한 장치들을 조작하는 방법을 서술한 글을 우리는 설명서라고 부르지 설명하는 글이라고 부르지는 않는다. 그러한 점에서 정보전달 · 정서표현 · 사회적 상호작용 · 설득 등의 명명은 교육의 장에서 통용되는 용어들이다.

그렇다면 설득하는 글에는 어떠한 구체적인 양식들이 있으며, 실제 교육의 국면에서는 어떻게 하위분류할 수 있을까? 교육과정상 설득하는 글에는 논설문 · 연설문 · 건의문 · 광고문 등이 있으며 이는 실제 생활 속에서 접할 수 있는 실체로서의 유형들이다. 그러나 이러한 유형들 역시 그 내적 자질을 분석해 보면, 서로가 그렇게 자명하게 구분되지 않는다. 논설문과 연설문은 분명 다른 유형의 글이

---

18) 『중국철학사』를 저술한 풍우란의 다음과 같은 지적도 주목해 볼 만하다. 풍우란(1999)은 '중국철학사'를 저술하면서 중국 철학사 기술의 난점을 지적하였는데 그것은 다름 아닌 중국 철학에는 논증이나 설명의 부분이 서양의 그것에 비해 뒤떨어져 있음이라고 하였다. 그 이유로 중국 사람들은 애초부터 책을 저술하여 주장을 수립하는 일을 중시하지 않았기 때문이며 그들이 중시했던 것은 지식을 위한 지식보다는 덕을 수립하고 실천하는 일이었기 때문이라고 했다.

지만, 그 본질적인 차이라고 한다면 문어와 구어라는 구분이 전부이다. 연설문이 연설문으로서 갖추어야 할 특성이 명확하게 드러나지 않으면, 하위 유형들의 구분은 유명무실해질 우려가 있다.

설득적 글쓰기의 유형을 구분하기 위해 고대 그리스 수사학을 참고해 보고자 한다.[19] 아리스토텔레스는 실제 설득 활동이 이루어지는 공간에 따라 설득 행위를 구분하고 각 유형의 특징을 설명하였다. 법정에서 이루어지는 설득은 과거에 일어났던 일들에 대해 잘못을 가리거나 자신을 변론하는 활동이 주로 이루어진다. 의회에서는 미래에 있을 정책이나 방침을 결정해야 하기 때문에 제안하거나 기각하는 활동이 이루어진다. 한편 제사 의식에서는 신이나 인간에 대한 찬양이나 비난이라는 활동이 벌어진다. 이와 같은 각각의 설득 유형은 다음과 같은 특징들로 변별됨을 볼 수 있다.

설득 양식의 유형	수사의 목적	시간적 특성	설득의 공간
사실 변론	정당함 입증	과거사 판단	법정(法庭)
정책 토론	견해 채택	미래의 일 결정	의회(議會)
가치 칭송	신·인간 찬양	현재의 감동	의식(儀式)

〈표 1〉 아리스토텔레스 『수사학』에 따른 설득 발화의 유형

아리스토텔레스는 재판과 의식(儀式)과 의회에서 통용되는 발화 양식들이 시간적인 특성상 각각 과거와 현재와 미래에 대응된다고 보았다. 즉 분류 기준을 시간으로 보자면 설득 발화의 유형이 명료하게 구분이 되는 강점이 있다. 또한 현대에도 여전히 법정과 의회를 중심으로 대표적인 설득 행위들이 벌어지고 있다는 점을 볼 때,

19) 아리스토텔레스/이종오 옮김(2007), 『수사학 I』, 리젬, 75~80쪽; 배수찬(2009), 「아리스토텔레스 『수사학』의 활용 연구」, 『작문연구』 제9집, 한국작문학회, 192~195쪽 참조.

이러한 구분은 오늘날에도 참고해 볼 가치가 있다.

그리고 이 분류가 가진 또 하나의 특징은 각 설득 유형마다 대표적으로 쓰이는 논증 방식을 제시하고 있다는 점이다. 법정은 과거사를 판정하기 위해 생략삼단논법을, 의회는 미래의 일을 결정하기 위해 예증을, 그리고 의식에서는 칭송을 위해 과장법을 쓴다고 하였다. 이를 오늘날에도 활용하기 위해 좀 더 확장하여 일반화한다면, 과거지사의 시비를 가릴 때에는 생략삼단논법을, 미래의 일을 계획할 때에는 예증을 논증방식으로 택할 수 있을 것이다. 그러나 현실은 이렇게 단순하지 않다는 문제가 있다. 과거의 일이나 미래의 일 구분 없이 예증과 생략삼단논법은 쓰일 수 있기 때문이다. 이러한 점 때문에 비록 아리스토텔레스의 설득 유형 구분이 명쾌하다는 장점을 지니고 있음에도 불구하고 현실적인 적용이 어려운 문제가 있다.

한편, 설득적 글쓰기를 구분하는 기준으로 독자의 태도를 들 수 있다. 설득도 의사소통의 과정에서 이루어지는 활동이므로 의사소통의 기본 구조에 대입하여 살펴보면 수신자의 태도는 발신자와의 관계와 관련하여 크게 3가지로 구분하여 볼 수 있다. 첫째는 동의하고 있는 상태이며, 둘째는 반대하고 있는 상태, 그리고 셋째 무관심 혹은 무지한 상태이다. 이 세 가지 독자의 태도에 따라 설득의 목표도 태도의 강화, 태도의 변화, 태도의 형성으로 구분할 수 있다.

앞서 살펴본 바와 같이 기존의 설득과 관련된 논의는 먼저 구어적인 상황을 토대로 이루어진 경향이 있다. 특히 법정이나 의회에서의 연설이나 토론은 이미 상대방의 태도가 나와 반대일 것이라는 가정을 전제하고 있다. 그렇기 때문에 설득의 목표는 자연스럽게 상대의 태도가 변화되는 것으로 귀결된다.

그러나 실제로 수신자는 발신자와 대립적인 관계에서만 설득이 이루어지는 것은 아니다. 물론 대립적인 상황에서 적극적인 설득이 요구되긴 하지만, 앞에서 가정했듯이 발신자와 수신자의 입장이나 주장이 같은 경우도 있고, 수신자가 미처 자신의 태도를 결정하지 못한 문제와 맞닥뜨릴 수도 있다. 이 두 경우에는 앞선 반대의 입장의 설득 방식과는 다르게 수신자에게 접근해야 할 것이 분명하다.

수신자의 태도	동의	무지, 무관심	반대
설득의 목적	태도의 강화 A → A	태도의 형성 ∅→A	태도의 변화 A → B

〈표 2〉 수신자의 태도에 따른 설득 유형의 구분[20)]

설득의 목적은 발신자가 메시지라는 기호적 자극을 통해 의도했던 반응 또는 효과를 유발하는 데 있다. 이 때 수신자의 반응 또는 수신자에 대한 효과는 태도의 강화, 태도의 형성, 태도의 변화라는 형태로 나타난다. 위와 같이 명확하게 태도와 목적이 구분되는 것은 아니지만, 현실 속에서도 그 소통의 지향점이 다름을 확인할 수 있다.

또한 수용자 태도의 형성은 인지적, 정서적, 행동적 요소로 구분해 볼 수 있다. 몰랐던 사실을 알게 되거나, 감동을 받아서 공감을 하게 된다거나, 혹은 특정한 행동을 유발하게 된다. 이러한 과정에서 태도의 형성은 인지적 요소와 정서적 요소, 그리고 행동적 요소로 나타나게 된다. 설득의 목적도 이에 대응하여 사실을 알려주는 표현, 가치를 판단하도록 하는 표현, 정책을 제안하는 표현으로 구분할 수 있다. 오늘날 설득 표현 교육에서는 이를 사실 명제, 가치 명제, 정책 명제로 명명하고 있다.

그런데 현대의 설득 교육은 수신자의 태도가 '반대' 입장인 경우로 편향된 경향을 보인다. 설득이란 나와 의견을 달리하는 상대를

20) 태도의 유형 구분은 차배근 외(2001:146)를 참조하였다.

내 편으로 끌어들이거나 설복하게 만드는 행위로 인식한다. 학교 교육에서 설득과 관련된 활동을 살펴보면 이를 확인할 수 있다. 학교에서의 설득 표현 활동은 주로 정책 명제에 해당하는 주제를 다루는 경향이 있다. 예를 들어 '교복 자율화'나 '체벌 문제'와 같이 특정한 행위를 지지하거나 반대하는 입장을 표명하게 한다. 그러나 태도의 유형은 변화에서 강화까지 다양하며, 이러한 유형들을 모두 고려할 때 설득에 대한 균형 잡힌 이해를 갖게 할 수 있다.

끝으로 설득적 글쓰기의 유형 분류를 위해 '내용 조직'을 그 기준으로 제안한다. 현대 글쓰기 이론에서 '내용 조직'은 '내용 생성'의 다음 단계에서 이루어지는 글쓰기 단계로 받아들여지고 있다. 이 '내용 조직'을 글쓰기 교육에서 다루어야 할 중요한 기준으로 삼고자 하는 이유는 다음과 같다.

먼저 '내용 생성'보다 '내용 조직'이 글쓰기 지식으로 더 유용하다. '내용 생성'을 위한 전략이나 방법들은 매우 일반적이어서 실제 글쓰기에 유용한 도구로 활용되지 못한다. 예를 들어 대표적인 내용 생성 전략인 브레인스토밍은 글쓰기를 위한 전략보다는 소집단에서 아이디어를 추출할 때 많이 활용되는 전략이다. 그러나 '내용 조직'의 경우, 특정 양식의 글쓰기에서 일정한 경향성을 가지므로 이를 추출하여 유형화한다면 글쓰기 지식으로 활용할 수 있다. 아울러 '내용 조직'은 '내용 생성'의 다음 단계로 이루어지는 활동이 아니라 동시에 혹은 먼저 이루어질 수 있는 활동이다. 경험상 비추어 보아도 우리가 어떤 사안에 대해 글을 쓸 때 내용을 어떻게 조직할 것인지 생각하면서 각 부분에 필요한 내용을 채워 넣는 방식을 택하기도 한다.

그런데 설득적 글쓰기의 내용 조직 유형에 대한 연구는 미흡한 상황이다. 그 이유는 설득적 글쓰기라 하면 주장과 뒷받침하는 근거라는 단일한 구조로 인식되어 왔기 때문이다. 상대적으로 화법 분야에서는 내용 조직에 대한 연구가 활발하게 이루어졌다. 특히 연설 분야에서 이러한 유형 분류 연구가 이루어졌는데, 이를 참조해 볼 필요가 있다. 물론 말하기와 글쓰기는 매체의 성격상 다른 부분이 존재하지만, 실제 글쓰기에 적용하는 부분에서 큰 무리가 없다. 다시 말하면, 현대 연설문과 논설문의 본질적인 차이에 대해 명확하게 구분할 수 있는 지점을 찾기란 어렵다.[21]

설득 표현의 '내용 조직 유형'에 대한 선행 연구로 박재현(2006)을 들 수 있다. 이 연구에서는 각종 화법 이론서들을 망라하여 대표적인 내용 조직 유형을 정리하였다.[22] 이 논문에서는 아래 표와 같이 10가지의 대표적인 유형을 제시하였는데, 이들 유형은 다시 크게 3가지 유형으로 정리해 볼 수 있다.

내용 조직 유형	구조	특징
유추형 조직	비유(본론)+주장	
대안 제시형 조직	문제+문제의 본질+대안 제시	'문제 해결 조직'의 변형
동기화 단계 조직	주의 끌기+문제 제기+해결책 제시	'문제 해결 조직'의 변형
논박형 조직	논박 사안 설명+논박 증거 제시+주장	
대안 제거식 조직	대안 제시+대안 폐기+주장	'논박형 조직'과 유사
반성적 사고 조직	문제+평가+선택	'대안 제거식'과 유사
요구 충족식 조직	요구(문제)+해결	'문제 해결 조직'과 유사
문제 해결 조직	문제+해결	
문제 원인 해결 조직	문제+원인+해결	'문제 해결 조직'의 변형
해결책의 장단점 비교 조직	해결책 비교+해결책 선택	'논박형'과 유사

〈표 3〉 설득 담화의 대표적 내용 조직 유형 분석

21) 오늘날 공식석상의 연설은 사전에 미리 대본을 준비한다는 점에서 구술성과 문자성 표현이 혼합된 형태로 나타난다.

22) 이 논문에서 참조한 이론서들은 다음과 같다. Osborn & Osborn(1994), *Public Speaking*, Houghton Mifflin Company; Lucas, S. E.(1995), *The art of public speaking*, McGraw-Hill; 임영환 외(1996), 『화법의 이론과 실제』, 집문당; 임태섭(2005), 『스피치 커뮤니케이션』, 커뮤니케이션북스.

먼저 '대안 제시형'이나 '요구 충족식'의 경우 '문제 해결 조직'과 하나로 묶을 수 있다. 이들은 모두 '문제(혹은 요구)'에 대해 진단하고 이를 해결할 수 있는 방안을 제시하는 구조로 도식화되어 있음을 알 수 있다. 한편, '논박형'이나 '대안 제거형' '해결책의 장단점 비교 조직'의 경우는 이미 존재하는 어떤 주장에 대해 이를 부정하고 새로운 대안이나 해결책을 내놓는다는 점에서 하나로 묶일 수 있다. 이렇게 비슷한 유형끼리 묶다보면 '유추형 조직' '문제 해결형 조직' '논박형 조직' 등을 대표적인 내용 조직 유형으로 분류할 수 있다. 정리하자면, 설득 담화의 조직 유형은 문제를 제기하고 원인을 찾고 그 해결책을 논의하는 '문제 해결형'과 기존 견해를 소개하고 그 견해의 문제점을 지적하며 새로운 주장을 제시하는 '논박형'이 있고, 그리고 또 하나의 유형으로 '유추형'이 있다는 것이다.

그런데 여기에서 '유추형'은 다른 유형에 비해 매우 독특한 구조를 띠고 있다. '유추형'의 본론은 주장을 지지할 수 있는 비유로 되어 있다고 한다.(박재현, 2006:95) 이러한 구조의 유형은 다른 구성이 3단 구성의 형태를 취하고 있는 것과 달리 '비유'와 '주장'이라는 2단 구조를 취하고 있다는 점에서 차이가 난다. 이렇게 글을 두 부분으로 나눌 수 있다는 것은 내용이나 성격이 다른 두 부분이 하나로 결합되어 있음을 보여준다.

그러한 점에서 위에서 언급되지 않았지만 화제식 유형이라는 내용 조직을 생각해 볼 수 있다.[23] 화제식 유형 역시 글을 크게 두 부분으로 나누고 있는데, 각 부분은 '화제'와 '의미'로 불린다. 앞서 유추형에서 두 부분을 '비유'와 '주장'으로 설명했던 점과 연결될 수 있다. 곧 화제를 빗대어서 의미를 발견하고 이를 주장하는 유형

23) 이 유형은 일상적인 삶의 이야기를 끄집어내어 글로 옮긴 것으로 사보나 신문 등에서 짧은 칼럼으로 확인할 수 있다. 정희모(2005), 『글쓰기의 전략』, 들녘, 144~159쪽.

의 글이라 할 수 있다. 화제형 유형은 유추형 조직이 실제 글쓰기의 한 유형으로 존재할 수 있음을 보여준 사례라고 할 수 있다.

지금까지 고대 그리스 수사학에서의 설득 담화의 구분, 청자의 태도에 따른 설득 담화의 구분, 그리고 내용 조직에 따른 유형 구분을 실시해 보았다. 이러한 유형들을 바탕으로 하여, 현재 학교 교육에서는 설득적 글쓰기가 어떻게 이루어지고 있는지 살펴보고자 한다.

2. 설득적 글쓰기 교육의 반성적 검토

(1) 설득적 글쓰기 교육의 현황

설득적 글쓰기 교육의 현황을 3가지 방향에서 검토해 보고자 한다. 첫째, 설득적 글쓰기에 대한 인식이다. 설득적 글쓰기를 어떻게 정의하고 있으며 다른 글쓰기와 어떻게 차별화하고 있는지 살펴보고자 한다. 둘째, 설득적 글쓰기의 하위 양식이다. 설득 목적을 지닌 글을 하위 양식으로 구분함에 따라 글쓰기 교육이 다양화될 수 있고, 더욱 구체화될 수 있을 것이다. 지금까지 설득적 글쓰기 교육은 어떠한 하위 양식들을 교육 대상으로 삼았으며, 어떻게 위계화 했는지 살펴보고자 한다. 셋째, 쓰기 지식이다. 교육은 지식을 전수하며 이루어진다. 우리가 설득적 글쓰기를 하기 위해서 습득해야 할 지식이란 무엇이며, 그러한 지식은 어떻게 만들어졌는지 살펴보고자 한다. 이상의 현황을 파악해 보기 위해 교육과정과 교과서를 주 분석 대상으로 삼았다.

① 교육과정 분석

교육과정은 정규 교육에서 다루어야할 교육 목표와 내용, 방법,

평가에 대해 명시적으로 서술하고 있기 때문에 교육의 실천 측면에서 이 분야의 연구 성과가 집적된 산물이라 할 수 있다. 아울러 교육과정에서 다루고 있는 내용 체계나 분류들은 보편적이며 가장 안정된 형태를 띠고 있기 때문에 일반적인 경향을 살피기에는 가장 적합하다. 본고는 이러한 관점에서 설득적 글쓰기의 교육이 어떻게 실천되고 있는지 파악하기 위해 먼저 교육과정을 살펴보도록 하겠다.

현재와 같이 언어활동을 설득, 설명, 정서표현 등으로 구분하여 교육과정의 틀을 짠 것은 6차 교육과정(1992~1997)부터이다. 그 이전 교육과정에도 쓰기에서 글의 다양한 형식에 대해 언급하고는 있지만, 언어활동의 실제를 '설득하는 글쓰기'로 구분하여 명명하지 않았기 때문에 다루기가 어렵다. 따라서 설득적 글쓰기 교육의 실태는 6차 교육과정 이후부터 살펴볼 수 있겠다.

학년	교육과정 세부 내용
초 5학년	(2) 주장을 뒷받침하기에 알맞은 이유나 근거를 들어, 주장하는 글을 쓴다. (4) 하나의 문제에 대한 찬성과 반대의 의견을 듣고, 의견의 차이가 잘 드러나게 내용을 조직하여 글을 쓴다.
초 6학년	(3) 조사하거나 관찰한 내용 중에서, 읽는 이에게 알맞은 내용을 선정하여 설득하는 글을 쓴다.
중 1학년	(5) 하나의 문제에 대하여 토론해 보고, 의견의 차이점이나 공통점이 잘 드러나게 내용을 조직하여 글을 쓴다.
중 2학년	(2) 주장이 잘 나타난 글을 읽어 보고, 주장을 뒷받침하거나 논박할 수 있는 구체적인 예를 찾아 주장하는 글을 쓴다. (3) 자기의 생각을 나타내는 데 필요한 여러 가지 자료를 모으고, 적절한 것과 그렇지 않은 것을 가려 글을 쓴다.
고등학교 작문	논증 및 설득을 위한 글쓰기 설득을 위주로 하는 다양한 형식의 글을 쓴다. 논증을 위주로 하는 다양한 형식의 글을 쓴다.

〈표 4〉 6차 교육과정상 설득하는 글쓰기 교육 내용

학년	교육과정 세부 내용
6학년	(3) 주장을 뒷받침하기에 알맞은 근거를 제시하며 글을 쓴다. 〈기본〉 주장하는 글을 쓰는 방법을 알고, 알맞은 근거를 들어 가며 주장하는 글을 쓴다. 〈심화〉 타당하고 설득력 있는 근거를 제시하며 주어진 글의 주장을 반박하는 글을 쓴다.
8학년	(2) 토론을 통하여 내용을 생성해 글을 쓴다. 〈기본〉 논쟁이 될 만한 사회 문제에 대해 토론하고, 그 결과를 바탕으로 글을 쓴다. 〈심화〉 논쟁이 될 만한 철학적 문제에 대해 토론하고, 그 결과를 바탕으로 글을 쓴다.
고등학교 작문	설득을 위한 글쓰기 작문의 원리와 전략에 관한 지식을 활용하여 설득을 위한 글을 쓴다. 다양한 작문 과제에 대하여 논설문, 연설문, 건의문, 광고문 등 여러 가지 종류의 글을 쓴다.

〈표 5〉 7차 교육과정상 설득하는 글쓰기 교육 내용

표에서 먼저 파악해 볼 수 있는 것은 공통과목으로서의 '국어'와 선택과목으로서의 '작문'의 교육 내용이 달라진다는 점이다. 공통과목으로서의 '국어'에서는 글쓰기 일반 차원에서 설득적 글쓰기를 다루었지만, 선택과목으로서의 '작문'은 설득적 글쓰기의 하위 양식들을 다루고 있다. 이는 6, 7차 교육과정의 틀이 일반적인 글쓰기의 지식과 원리를 다룬 후 글쓰기의 실제에서 세부 양식의 글을 다루고 있기 때문에 이를 따른 것으로 보인다.

위 내용을 보면, 설득적 글쓰기를 주장하는 글로 정의하고 있음을 알 수 있다. 그리고 설득하는 글의 기본 구조를 '주장+뒷받침하는 근거(이유)'라는 관점으로 보고, 어떻게 근거를 생성할 것인가에 초점을 두어 교육하고 있음을 살필 수 있다. 근거를 생성해 내는 방법으로 조사나 관찰, 토론 등을 제시하고 있다. 특히 '토론'은 6, 7차 교육과정에 공통으로 포함되어 있는 설득의 내용 생성 방식인데, 이는 설득적인 글이란 토론의 산물이라는 시각이 반영된 것으로 보인다.

둘째, 교육과정에서는 설득적 글쓰기의 하위 양식을 예시하고 있다. 6차의 경우 설득과 논증으로 구분하였고, 7차의 경우 논설문, 연설문, 건의문, 광고문으로 구분하여 예시하였다. 배우는 순서는 ① 글쓰기 일반의 원리와 지식 ② 설득적 글쓰기의 원리와 지식 ③ 설득적 글쓰기의 하위 양식 쓰기로 되어 있다. 하위 양식, 즉 논설문이나 연설문을 쓰는 활동은 심화과정인 작문 교과에서 다루고 있음을 알 수 있다. 여기에서 한 가지 특이한 점은 6차 교육과정에서 설득하는 글쓰기의 하위 양식을 논증적 글과 설득적 글로 구분하고 있다는 것인데, 이러한 용어 구분은 현재 작문교육의 관점에서는 조금 생소하다. 왜냐하면 논증과 설득이 별개라고 생각하지 않기 때문이다. 이 부분에 대해서는 설득적 글쓰기의 하위 양식을 다룰 때, 다시 다루기로 하겠다.

셋째로, '쓰기 지식'과 관련해서 교육 과정에서는 매우 추상적인 차원에서 언급되고 있다. 예를 들면, 7차 고등학교 작문의 경우 '작문의 원리와 전략에 관한 지식을 활용할 수 있어야 한다.'고 했는데, 그 원리와 전략이 무엇인지 그리고 실제 설득적 글쓰기에 어떻게 활용될 수 있을지에 대해서는 상세하게 설명하고 있지 않다. 이 부분에 대해서는 교육과정을 구체화한 교과서를 살펴보는 방법으로 해결해 보도록 하겠다.

한편, 2007 개정교육과정에서는 학습 순서가 바뀌게 된다. 쓰기 일반의 지식과 원리를 습득하고 개별 양식을 익혔던 과거와 달리, 각 학년마다 배워야할 글쓰기의 수준과 범위가 지정되고, 실제 개별 양식을 쓰는 활동이 각 학년마다 이루어질 수 있도록 설계하였다.

학년	교육과정 세부 내용
1	주변에서 일어난 일에 대하여 자신의 생각을 글로 쓴다. ○생각과 까닭이 잘 드러나게 쓰기 등
2	자신의 주장을 뒷받침하는 적절한 이유를 제시하면서 요청하는 글을 쓴다. ○요청하는 글의 특성 이해하기 등 어떤 일을 함께 하자고 제안하는 쪽지를 쓴다. ○제안하는 글의 특성 이해하기 등
3	어떤 사실에 대한 자신의 의견이 잘 드러나게 글을 쓴다. ○사실과 의견 구분하기 등
4	다른 사람의 생각이나 행동을 변화시킬 목적으로 제안하는 글을 쓴다. ○제안하는 글의 특성 이해하기 등
5	다른 사람의 입장과 관점에 대하여 찬성하거나 반대하는 글을 쓴다. ○다른 사람의 입장과 관점 파악하기 등
6	문제에 대한 자신의 관점과 해결 방안이 잘 드러나게 연설문을 쓴다. ○연설문의 특성 이해하기
7	문제 해결 방안이나 요구 사항을 담아 건의하는 글을 쓴다. ○건의하는 글의 특성 이해하기
8	사회적 쟁점에 대한 자신의 의견을 응집성 있게 쓴다. ○독자 투고문 등 의견을 제시하는 글의 기능과 특성 이해하기
9	의견의 차이가 드러나는 문제에 대하여 적절한 근거를 들어 논증하는 글을 쓴다. ○논증하는 글의 특성 이해하기 등
10	시사 문제에 대하여 자신의 관점을 명료하게 드러내는 시평을 쓴다. ○시평의 기능과 특성 이해하기
심화과정	설득을 위한 글 쓰기 ① 작문의 원리와 전략에 관한 지식을 활용하여 설득을 위한 글을 쓴다. ② 다양한 작문 과제에 대하여 논설문, 비평문, 선언문, 연설문 등 여러 가지 종류의 글을 쓴다.

〈표 6〉 2007 개정 교육과정에 나타난 설득하는 글쓰기의 수준과 범위[24)]

2007 개정 교육과정에서는 '설득'의 의미를 '자신의 생각·의

24) 표에 제시된 글의 종류들이 설득하는 글쓰기에 해당한다고 교육과정에 명시되어 있지는 않다. 다만, 글쓰기의 실제를 '정보전달, 설득, 사회적 상호작용, 정서표현' 등 4가지로 나누고 각 학년별로 이에 맞게 한두 가지씩 글의 범위와 수준을 정하는 틀을 사용하고 있음을 보고, 그 가운데 설득하는 글쓰기에 해당되는 내용을 추출해 보았다.

견・주장을 제시・제안・건의・논증하는 행위'로 파악하고 있음을 알 수 있다. 여기에서 나타나는 설득하는 글의 하위 양식을 보면, 1~10학년까지 공통교육 과정에서는 요청서・제안서・찬반 토론문・연설문・건의문・시평 등이, 심화 과정에서는 '논설문・비평문・선언문・연설문' 등이 예시되고 있다. 이전 교육과정에 비해 다양한 양식들이 설득적 글쓰기의 교육 대상으로 열거되고 있음을 알 수 있다.

또 한 가지 알 수 있는 특징은 설득하는 글쓰기에서 다루는 글감이 자신이 속한 생활 주변에서 일어나는 사적인 영역에서 고학년으로 올라갈수록 학교나 지역 사회와 같은 공적인 영역으로 확대되어 가고 있다는 점이다. 저학년일 때는 가족이나 이웃 간의 문제들을 대상으로 자신의 주장을 개진한다면, 고학년으로 올라갈수록 학교나 지역 사회와 같이 공공적인 장소의 문제들을 다루게 하였다. 이는 학년에 따른 위계화를 고려한 것으로 학습자 자신이 속한 가까운 영역에서부터 점점 더 먼 영역까지 그 범위를 넓혀서 한 개인이 점차 사회화되는 과정 속에 설득하는 글쓰기가 이루어짐을 보여주고 있다. 즉 설득하는 글쓰기는 필자 자신이 지닌 생각을 다른 사람에게 알리기 위해서 공적인 장을 활용하는 활동이라는 관점이 담겨 있다.

2009 개정 교육과정에서는 10학년까지 4개의 학년군으로 묶어서 성취기준을 제시하였는데, 각 성취기준마다 그 기준에 대한 해설이 병기되어 있다. 각 학년군별로 설득하는 글쓰기와 관련된 세부 내용은 다음과 같다.

학년	교육과정 세부 내용
1~2	(4) 자신의 주변에서 일어난 일에 대한 생각을 글로 쓴다. … (전략(前略)) … 학년이 올라감에 따라 자신의 생각을 글로 쓸 때는 다

	른 사람들이 받아들일 수 있도록 생각을 구체화하거나 생각을 뒷받침하는 까닭을 써야 함을 이해시키도록 한다.
3~4	(4) 알맞은 이유를 들어 자신의 의견이 드러나게 글을 쓴다. … (전략(前略)) … 1~2학년군에서 자신과 자신의 주변에서 일어난 일에 대한 자신의 생각을 내용과 형식에 제한 없이 자유롭게 썼다면, 3~4학년군에서는 자신의 생각을 좀 더 구체적으로 정리해 의견으로 제시하는 글을 쓰도록 한다. … (후략(後略)) ….
5~6	(4) 적절한 이유나 근거를 들어 주장하는 글을 쓴다. … (전략(前略)) … 3~4학년군의 성취 기준이 좀 더 심화되어 제시된 것으로서 일상생활이나 자신의 주변뿐 아니라 학교나 사회 문제에 대해서도 자신이 생각하는 바를 주장으로 내세우고 그에 따라 적절한 이유나 근거를 들어 글을 쓰도록 한다. … (후략(後略)) ….
7~9	(4) 의견의 차이가 드러나는 문제에 대해 타당한 근거를 들어 주장하는 글을 쓴다. 사회적 쟁점에 대해서 문제를 분석하고, 구체적이고 타당한 근거를 들어 설득력 있게 자신의 주장을 펼칠 수 있는 글쓰기 능력은 오늘날 민주 시민으로 꼭 갖추어야 할 능력이다. … (후략(後略)) …. (5) 학교나 지역 사회에서 일어난 일에 대해 문제해결 방안이나 요구 사항을 담은 글을 쓴다. 건의하는 글쓰기를 통해 공동체의 크고 작은 문제들을 합리적으로 해결하고 공동체의 의사 결정에 기여할 수 있다. … (후략(後略)) ….
선택과목 국어II	(8) 작문 맥락에 대한 분석을 바탕으로 여러 가지 타당한 근거를 제시하여 주장하는 글을 쓴다. 설득하는 글을 쓸 때 작문 맥락에 대한 분석을 바탕으로 적절한 근거를 제시할 필요가 있다. 작문 맥락에 따라 제시해야 할 근거가 다르기 때문이다. … (후략(後略)) ….
선택과목 화법과 작문	- 설득을 위한 작문 (22) 주장하는 내용과 관점이 명료하게 글을 쓰며 글의 영향과 사회적 책임을 인식한다. (23) 언어 공동체의 쓰기 관습을 고려하여 적합하고 타당한 논거를 들어 글을 쓴다. (24) 독자나 글의 유형에 적합하고 설득력 있는 표현 전략을 활용하여 주장하는 글을 쓴다. (25) 논거의 타당성, 조직의 효과성, 표현의 적절성을 점검하여 고쳐 쓴다.

〈표 7〉 2009 개정 교육과정에 나타난 설득하는 글쓰기의 성취 기준 및 해설[25)]

25) 교육과정 개정 시기 명칭은 교육과정평가원 국가교육과정 정보센터(http://ncic.re.kr)의 기준을 따른다. 위 2009 개정 교육과정은 교육과학기술부 고시 제2012-11호에 따른 것이다.

2009 개정 교육과정에서는 2007 개정 교육과정과 같이 자기 자신의 사적인 문제로부터 학교나 지역 사회 문제로 공간이 확대되면서 위계화를 추구하고 있다는 점이 공통점이다. 그러나 2007 개정에서 나타난 설득적 글쓰기의 개별 양식들이 2009 개정 교육과정에서는 직접적으로 노출되어 있지 않다는 점이 차이가 있다. 제안하는 글이나 찬반의 글은 나타나 있지만, 연설문・독자 투고・시평 등은 나타나 있지 않다.

이상의 교육과정 속에 나타난 설득적 글쓰기 교육 내용은 '설득하는 글쓰기' 교육을 '주장하기'와 '뒷받침하는 근거 만들기'라는 관점에서 접근하고 있으며, 설득하는 글쓰기의 대표적인 하위 양식으로 논설문, 연설문 등을 비롯한 다양한 양식들이 제시되어 있음을 살필 수 있었다. 그러나 이러한 교육과정상에서의 쓰기 지식은 그 추상적인 정도가 큰 개념의 나열로 되어 있다. 교육과정의 개념들을 구체화한 교과서를 통해 실제 설득적 글쓰기 지식을 확인할 필요가 있다.

② 교과서 분석

교과서 역시 공통 과목으로서의 '국어' 교과서와 선택 과목으로서의 '작문' 교과서가 있다. 그런데 국어 교과서의 경우, 국어교육의 6영역이 통합되어 교육 내용으로 교재에 반영되어 있기 때문에 각 영역의 개별적 특성을 추출하기가 쉽지 않다. 반면 선택 과목의 경우 말하기, 듣기, 읽기, 쓰기, 문학, 문법이 각각의 독립된 교과서로 구성되어 있기 때문에, 교육과정이 교과서를 통해 실제 어떻게 구현되었는지 살펴보기가 용이하다. 게다가 거듭 지적되는 내용이지만, 국어교육 중 언어활동 영역의 경우 위계화가 뚜렷하게 나타나지 않기 때문에 심화 영역을 통해서도 쓰기 관련 교육 내용 전반이 어떻게 교재를 통해 실현되고 있는지 파악할 수 있다.[26] 이러한 점을 고려하면 선택과목 작문 교과서는 교육과정 중 쓰기 관련 내용이 집대성된 산물이라 할 수 있다.

7차 교육과정에 따른 고등학교 교과서는 총 13종이다.27) 작문교과서를 살펴보니, 공통적으로 7차 교육과정의 기본 구조에 맞추어 쓰기의 지식과 원리를 전반부에서 설명하고 후반부에서는 글쓰기의 실제를 다루고 있는데, 설득적 글쓰기는 실제에 해당되므로 후반부의 한 영역을 차지하고 있다. 대체로 설득적 글쓰기의 정의와 일반적인 성격, 특징을 설명한 후, 설득적 글쓰기의 하위 양식들을 쓰는 활동으로 구성되어 있다. 설득적 글쓰기의 하위 양식은 대체적으로 논설문, 연설문, 건의문, 광고문 등 4종류의 글쓰기 양식이 제시되어 있다.

그리고 교과서에는 설득적 글쓰기에 필요한 쓰기 지식이 담겨 있다. 앞서 교육 과정에서는 설득적 글쓰기와 관련된 쓰기 지식이 추상적으로 개념만 나열되어 있었는데, 교과서에서는 이를 구체화하

---

26) 김대행(2007ㄱ:7～43)은 국어교육의 위계화 문제를 제기하면서 교육과정이 교육내용을 반복하거나 임의 분산하고 있음을 지적하였다.

27) 권두환・김선굉・우창호(2003), 『고등학교 작문』, (주)아침나라
권영민(2003), 『고등학교 작문』, (주)지학사
김대행・이성영・염은열(2003), 『고등학교 작문』, (주)천재교육
박경현・민현식・서혁・김봉군・이석주・이주행・이경복・윤희원・최영환(2003), 『고등학교 작문』, (주)금성출판사
박영목・김상호・허익(2003), 『고등학교 작문』, (주)교학사
성낙수・박영민(2003), 『고등학교 작문』, (주)신원문화사
우한용・김상욱・조우열・김성진(2003), 『고등학교 작문』, 민중서림
이삼형・이근표・권순각・남상기(2003), 『고등학교 작문』, (주)대학교과서
이상태(2003), 『고등학교 작문』 형설출판사
이익섭・이은경(2003), 『고등학교 작문』, 학연사
임홍빈・서정목・한재영・이석록・최미숙・최지현(2003), 『고등학교 작문』, (주)두산
최웅・유태수・김용구・이대범(2003), 『고등학교 작문』, 청문각
한계전・이수성・장윤희・하희정(2003), 『고등학교 작문』, (주)중앙교육진흥연구소

여 기술하였다. 특히 교육 과정상에서 설득적 글쓰기와 관련된 항목에서 "작문의 원리와 전략에 관한 지식을 활용하여 설득을 위한 글을 쓴다."라고 하였는데, 그 작문의 원리와 전략에 해당되는 지식이란 과연 무엇인지 살펴볼 수 있다. 즉, 각 교과서에서 설득적 글쓰기를 실천하기 위한 지식으로 담고 있는 내용은 무엇일지에 대해 찾아보았다. 설득적 글쓰기와 동의어로 쓰일 만큼 비중 있게 다루어지고 있는 양식인 '논설문' 쓰기에 대해 교과서에서는 다음과 같은 지식들을 꼭 알아야 할 지식으로 제시하였다.

교과서	논설문 쓰기를 위한 지식
이삼형 외	논거, 논제, 명제, 추론 / 서론·본론·결론 구성
우한용 외	객관적 근거, 내용이 분명·논리 정연, 짜임새(처음, 중간, 끝)
박경현 외	논제, 논거 수집, 주장+근거, 처음과 중간 끝의 구성
박영목 외	주장, 근거(사실, 소견), 추론(연역, 귀납)
임홍빈 외	주장(사실명제, 정책명제, 가치명제) 논거 제시 방법(연역, 귀납, 유추, 예시, 인용)
김대행 외	주장, 근거, 서론·본론·결론 구성

〈표 8〉 작문 교과서에서 '논설문' 관련 주요 교육 내용[28)]

위 표에서 개략적으로 제시한 논설문 쓰기의 지식은 크게 두 부분으로 나누어진다. 첫째는 논설문을 이루고 있는 요소이다. 위 내용을 종합해 보면, 논설문은 '주장(명제)'과 '근거(논거)', 그리고 이 둘의 관계를 나타내는 '추론'으로 이루어져 있다는 것이다. 이를 더 세분화하여 설명하기도 하는데, '주장'은 그 성격상 사실 명제, 정책 명제, 가치 명제로 구분되며, 논거로부터 주장을 도출해내는 추론 방법으로는 연역법과 귀납법, 유비추리 등이 있다고 기술하였다.

쓰기 지식과 관련하여 중요하게 다루어지는 또 한 부분은 논설문

28) 나머지 교과서의 경우 중복되는 내용이므로 생략함.

의 구성이다. 논설문은 서론 · 본론 · 결론(처음 · 중간 · 끝)의 구성으로 이루어져 있으며 각 부분마다 필수적으로 들어가야 할 내용에 대해 안내해 주고 있다. 예를 들면, 서론에서는 중심 논제를 제시하고 집필 동기와 앞으로서의 서술 방법 등이, 결론에서는 논지의 요약 · 정리, 앞으로의 전망 등이 포함되어야 한다는 식이다. 학습자들은 이러한 지식을 활용하여 한 편의 논설문을 쓰게 된다.

아울러 논설문 이외 다른 설득적 글쓰기 양식에 대해서 쓰기 지식과 방법을 전달하고 있다. 설득적 글쓰기 양식 중 대표적인 양식은 논설문 외에 연설문, 건의문, 광고문이 있다고 하였다. 먼저 연설문에 대해서는 구어로 이루어지며 시간을 조절하고 청중을 고려해야 한다는 점을 강조하고 있지만 논설문과 뚜렷하게 구분되는 특성을 설명하고 있지 않다. 논설문을 발표회장에서 읽는다면 곧 연설문이 될 수 있다는 것이다. 그러한 점에서 일부 교과서에서는 연설문을 논설문과 다를 바 없다고 설명하기도 한다.(임홍빈 외, 2003:167; 이익섭 외, 2003:171)

건의문도 사정은 마찬가지이다. 수신자와 발신자의 특수성 즉, 한 개인이 기관이나 단체에 보내는 글이라는 점을 제외하고는 논설문과 큰 차이가 없다. 다시 말하면 특별한 장소와 상황에서 이루어지는 주장과 근거로 구성되는 또 하나의 글일 뿐이다. 반면에 광고문의 경우는 좀 다르다. 시각적 이미지를 이용하고 정서적인 표현을 활용한다고 하였는데, 다른 양식과 같은 층위에서 논의하기에 어려운 점이 있다.

(2) 설득적 글쓰기 교육의 과제

① 글쓰기 산물을 기반으로 한 설득 이론 구안

앞서 교육과정에서는 설득하는 글을 쓰기 위해서 "작문 원리와 전략에 관한 지식을 활용"한다고 하였고, 교과서를 통해 확인한 글쓰기 지식이란 다음과 같은 사항이었다.

가. 설득적 글쓰기란 주장(명제)과 뒷받침하는 근거로 이루어져 있다.
나. 명제는 사실 명제, 가치 명제, 정책 명제로 나뉜다.
다. 근거는 사실 논거(과학적 사실, 역사적 사건, 경험), 소견 논거(권위자의 말)로 나뉜다.
라. 추론은 연역, 귀납, 유비추리의 방법을 사용한다.
마. 서론 · 본론 · 결론으로 나누어 쓴다.

이상의 내용 중 핵심어를 가려내면, '명제', '논거', '추론' 등이 이에 해당하겠다. 설득적인 글이란 명제로 이루어진 주장을 입증하기 위해 논거를 만들며, 논거와 명제를 이어주는 일이 추론에 해당한다. 여기에서 이러한 용어와 설명들은 논리학에서 취한 것임을 알 수 있다. 논리학 이론서를 살펴보면, 논리학의 기본 개념으로 명제, 전제와 결론, 연역과 귀납, 논증 등이 설명되고 있음을 확인할 수 있다.[29] 논리학은 올바른 사유의 법칙 등을 연구하며, 추론이 옳게 되었는지 검사하고 평가하는 방법을 다루는 학문이다. 그렇기 때문에 명제는 참과 거짓을 판별할 수 있도록 진술되어야 하며, 전제에서부터 결론에 이르기까지의 과정인 논증의 방법에 대해 주로 연구한다.

그렇다면 논리학에서 추출한 지식들이 어떻게 설득적인 글쓰기의 주요 내용으로 자리 잡게 되었을까? 그것은 논설문과 같이 설득적인 글은 '논리'를 갖추어야 한다는 점, 이 '논리'는 감성이 배제된 이성의 세계에서 이루어진다는 점, 진실 혹은 거짓, 옳은 것과 그른

29) 논리학 개론서들은 대부분 비슷한 내용을 담고 있다. 본고는 "어빙 코피 · 칼 코헨 지음/박만준 외 옮김(2000), 『제10판 논리학 입문』, 경문사"를 참조하였다.

것을 판별하는 행위가 중요하다는 점 등이 논리학의 학문적 성격과 연결이 되었으리라 본다. 설득적인 글의 핵심은 '주장하기'에 있으며 이 주장을 담고 있는 글이 논리적이어야 한다는 것을 논리학의 추론 방법, 즉 논증이 잘 보여주고 있다고 여겼기 때문이다.

그런데 앞서 밝혔듯이 논리학이 추구하는 바는 "추론이 옳게 되었는지 검사하고 평가하는 것"이다.(어빙 코피 외, 2000:4) 다시 말하면, 논리학은 추론이 제대로 되었는지 판단하거나 증명하는 일을 다룬다. 특히 현대 논리학과 같이 '기호논리학'의 성격이 강한 논리학은 논리 추론을 흡사 수학의 문제 풀이로 대체하였다. 이는 옳고 그름을 판별하는 일이 수학의 세계만큼 확실하고 분명한 영역이 없기 때문이다. 논리의 세계란 온전히 감정이 배제된 이성만이 활동할 수 있는 영역인 것이다. 그러나 이러한 경향은 곧 논리학이 일상에서 벌어지는 실제 세계와는 멀어져 있다는 반증이기도 하다.[30)]

논리학에서는 자연 상태의 언어가 아닌 사고의 형식으로서의 논리를 형식 논리라고 명명하고 있다. 그리고 이러한 형식 논리가 실제 세계의 사실 내용을 설명하지 못한다는 점에서 비형식 논리, 즉 일상생활에서 이루어지는 자연스러운 논증에 나타나는 논리에 대해 새롭게 관심을 보여 왔다. 그러나 현재 설득적 글쓰기에서 이루어지고 있는 교육 내용은 형식 논리와 관련된 내용으로 채워져 있다.

이를테면, 설득적 글쓰기에서 근거를 이용하여 자기 주장이 타당함을 입증하는 실제 작업인 추론 방식으로 연역법, 귀납법, 유비추리 등을 소개하고 있다. 그 중 대표적인 추론 방식인 연역법의 경우 '일반적인 원리나 법칙을 내세운 다음 구체적인 특수 사실을 들어 증명하는 방법'이라고 정의하면서 다음과 같은 예를 제시하고 있다.

30) 이에 대한 반성으로 논리학이 사회생활에 유용한 도구로 쓰여야 한다는 관점에서 "김광수(1990), 『논리와 비판적 사고』, 철학과 현실사", "하병학(2000), 『토론과 설득을 위한 우리들의 논리』, 철학과 현실사" 등의 책들이 출간되기도 하였다.

나쁜 사람은 벌을 받는다.
놀부는 나쁜 사람이다.
그러므로 놀부는 벌을 받을 것이다. (임홍빈, 2003:177)

잘 알려진 대로, 위 내용은 '모든 인간은 죽는다'로 시작되어 '소크라테스는 죽는다'로 끝나는 삼단논법의 형태를 띠고 있다. 이러한 삼단논법의 논리적 추론 과정은 논리학의 핵심적인 부분으로 다루어진다. 두 개의 전제에서 하나의 결론을 추리해 내는데, 누구나 동의할 수 있는 대전제에서 결론이 이끌어져 나온다. 이는 연역법을 설명하는 대표적인 사례라고 할 수 있다.

그런데 문제는 과연 이러한 내용이 설득적 글쓰기로 이어지는가 이다. 경험상 특정 주제를 가지고 글을 쓸 때, 내가 쓰는 글이 귀납법에 의한 추론인지 연역법에 의한 추론인지 의식하며 글을 쓰지 않는다는 점이다. 위와 같은 삼단 논법이 글쓰기의 틀을 제공한다거나 내용을 생성하는 데 어떠한 역할을 감당하는지 밝혀진 바 없다. 여전히 삼단논법의 논의는 추상적인 논리의 차원에서 다루어질 내용이지 실제 글을 써 나가는 데에는 직접적인 작용을 하지 못한다. 그렇기 때문에 비록 논리학이 설득적 글쓰기 현상을 설명할 수 있는 유용한 용어와 틀을 제공했다 하더라도 실제 글을 생성하고 조직하는 데에는 결정적인 역할을 하지 못한다. 이렇게 설득적 글쓰기의 교육 내용이 글쓰기와 동떨어져서 지식을 위한 지식 차원에 머물러 있게 되는 한계를 살펴볼 수 있다.

반면, 쓰기교육에서 요구하는 지식은 실제 글을 쓸 수 있게 만드는 지식이라 할 수 있다. 이때, 지식이란 알고 이해하고 암기할 수 있는 차원에 머물러 있는 것이 아니라 그 지식이 목적으로 삼고 있는 행위를 수행할 수 있도록 하는 수행적 지식을 말한다. 앞서 살핀 명제의 종류나 논거의 종류, 추론의 방법 등 논리학에서 연역적으로 주어진 지식만으로는 글쓰기를 수행할 수 없다.

우리가 일상에서 이루어지는 글쓰기를 관찰해 보면, 쓰기 지식은 필자가 쓰고 싶은 글에 대한 정보를 귀납적으로 수집하여 그 가운데 원리와 방법을 추출함으로써 만들어짐을 알 수 있다. 보고서를 작성하기 위해 해당 보고서의 선행 사례들을 찾아보고 그 형식과 문체를 습득하여 글을 쓰는 경우가 그러하다. 그렇기 때문에 수행적 쓰기 지식은 실제 설득적 글쓰기 자료를 분석함으로써 이들 사이의 관계라든지 작용의 기제 등을 밝히고 이를 체계화하는 작업이 요구된다. 그래야만이 실제 글쓰기에 활용할 수 있는 지식이 될 수 있다.

실제 글쓰기 자료 중에서도 전통적 글쓰기 양식은 접근의 어려움과 시간적·공간적 격차로 인해 그간 관심 밖으로 밀려나 있었다. 그러나 그 형태가 비교적 고정되어 보존되어 있고, 해당 글쓰기의 원형을 보여줄 수 있다는 점 등을 통해 볼 때, 연구 자료의 가치와 연구 수행의 수월성을 확보할 수 있다.(김대행, 1995:250~253) 이러한 점에서 전통 산물로서의 글쓰기 자료에 대한 관심과 연구가 필요하다고 하겠다.

② 설득적 글쓰기에 적합한 내용 생성 전략 개발

글쓰기에서는 내용 생성의 문제가 일차적으로 중요하다. 무엇을 써야 할지의 문제가 해결되지 않으면 내용 조직이나 내용 표현의 과정이 있을 수 없기 때문이다.[31] 아리스토텔레스가 언급한 이래로 사람들은 어떻게 내용을 생성할 것인가라는 '창안'의 문제를 중요하게 다루어 왔다. 복잡한 주제에 대해 체계적으로 사고하고 주제를 다양한 각도에서 살필 수 있게 하며, 생각을 적절한 방향으로 나갈

31) 이러한 문제의식을 잘 보여준 연구가 "염은열(1999), 「대상 인식과 내용 생성의 관계에 대한 표현교육론적 연구」, 서울대 박사논문"이다.

수 있도록 하는 강력하면서도 체계적인 절차를 창안의 기술이라 일컬었다.[32)]

교육과정상에서도 내용 생성은 창의적이고 체계적인 사고 활동을 통해 이루어진다고 보고, 그 구체적인 전략들을 제시하고 있는데, 대표적인 방법들이 브레인스토밍, 자유연상, 자유롭게 쓰기 등이다. (교육과학기술부, 2009:44) 그런데 이렇게 열거된 방법들은 본질적으로는 자유로운 발상 속에서 많은 아이디어들이 자연스럽게 글쓰기로 연결될 것이라는 가정을 담고 있다. 뿐만 아니라 이러한 전략들은 모든 표현 활동에 공통적으로 적용될 수 있는 보편적인 방법들이어서 개별적인 쓰기 갈래에 맞는 특성화된 전략이라 보기 어렵다. 특히 브레인스토밍은 글쓰기뿐 아니라 대부분 아이디어를 생성해 내는 활동에서 쓰이는 일반적인 방법이므로 이를 모든 활동에 천편일률적으로 적용하는 것은 주도면밀한 교육적 기획으로 보기 어렵다.

이러한 점에서 개정 교육과정에서는 쓰기 갈래에 맞는 내용 생성 전략을 개발하여 이를 교육 내용에 반영한 바 있다. 설득적 글쓰기의 경우 설득적인 글을 쓰기 위해서 동원할 수 있는 내용 생성 전략이란, 친구・부모님・선생님에게 바라는 내용 떠올리기, 다른 사람의 입장과 관점에 대하여 의견 제시하기, 친구와 토론하기 등이다. 개별 쓰기 갈래에 맞는 내용 생성 전략을 지적했다는 점에서 이전 교육과정보다 진일보한 점은 있지만, 특정 개별 갈래의 특성에 잘 부합하는 내용 생성 전략인가에 대해서는 의문이 든다. 뿐만 아니라 이러한 전략 자체가 단지 개념의 지적에 그치고 있어서 실제 생성 활동을 하는 데에 학습자가 채워야 할 부분이 너무 많은 어려움이 있다. 교육의 장에서 내용 생성 전략으로 쓰이기 위해서는 추상적인

---

32) '창안의 기술'이라는 용어는 교육인적자원부(2001:245)에서도 쓰였다.

정도를 낮추고, 학습자의 수준에 맞게 실천할 수 있는 창안의 절차와 내용들이 제공되어야 할 것이다.

이러한 관점에서 갈래의 특성에 맞추어 내용 생성 전략을 개발한 사례를 제시해 본 연구가 있다.[33] 아리스토텔레스의 『수사학』을 배경으로 하여 내용 생성 전략을 개발하였는데, 『수사학』에 담겨진 내용이 일종의 내용 생성 전략의 보고(寶庫)로서 특정 문제에 대해 설득하는 글을 쓰려고 할 때 체계적인 절차를 제공해 주는 역할을 한다고 보았다. 예를 들어 어떤 미래의 일에 대해 결정해야 할 때, 다음과 같은 3가지 질문에 답함으로써 내용을 생성해 낼 수 있다는 것이다. "그 일이 행복을 가져다 주는가?", "그 일을 할 때의 이익이 하지 않을 때의 이익보다 큰가?", "그 일은 국가 체제를 위협하는가 하지 않는가?"이다.

시대와 상황에 따라 질문의 종류는 달라지겠지만, 미래의 일을 결정하는 글을 쓰고자 할 때 참조해 볼 수 있는 질문들을 절차화했다는 데 의의가 있다. 이러한 각각의 물음에 차례로 답하면서 한 편의 글을 쓸 내용을 마련할 수 있을 것이라 기대할 수 있기 때문이다. 물론 오늘날 아리스토텔레스가 제공한 내용 생성 전략을 그대로 받아들일 수 없는 시대적 문화적 격차가 존재하긴 하지만, 구체적이면서도 실천 가능한 쓰기의 절차를 통해 내용을 생성할 수 있게 했다는 점은 주목해 볼 필요가 있다.

요컨대, 글쓰기 교육에서 개별 쓰기 갈래의 특성에 맞추어 구체적인 절차를 담고 있는 창안의 기술이 전략으로 제공될 때 내용 생성이 활발하게 이루어질 수 있다. 특히 학습자의 수준에 맞게 실천 가능한 내용 생성 전략이 마련되어야 할 것이다. 이를 위해서는 실제 설득적 글쓰기 자료를 바탕으로 어떠한 전략에 의해 필자의 아이디

33) 배수찬(2009), 「아리스토텔레스 『수사학』의 활용 방안 연구」, 『작문연구』 제9집, 한국작문학회, 217쪽.

어가 생겨나며 이러한 생각들이 어떠한 기제에 의해 진전되어 구체화되는지 밝혀낼 필요가 있다.

③ 설득적 글쓰기 유형에 따른 내용 조직 방법 개발

설득적 글쓰기의 하위 유형들은 교육과정 속에서 다음과 같이 변모해 왔다.

	6차	7차	2007 개정	2009 개정
하위 유형	설득을 위주로 한 다양한 형식의 글 논증을 위주로 한 다양한 형식의 글	논설문 연설문 건의문 광고문	요청하는 글 제안하는 글 찬반토론문 연설문 건의문 독자투고 시평 논설문 비평문 선언문	의견이 드러나는 글 주장하는 글 건의하는 글

〈표 9〉 교육과정에 나타난 설득적 글쓰기의 하위 유형

위 표를 보면 2009 개정 시기를 제외하고 해를 거듭할수록 설득적 글쓰기의 하위 유형들이 증가하고 있음을 확인할 수 있다. 이러한 양상만으로 보면, 설득적 글쓰기의 다양성에 대한 고려가 지나치다 싶을 정도로 하위 유형들이 열거되어 있다. 그러나 자세히 살펴보면 그 실상은 그리 다양하지 않다. 그 까닭을 살펴보자.

현재 교육과정에서는 두 가지 방식으로 설득적 글쓰기의 하위 유형에 대한 이름을 붙이고 있다. 한 가지는 문화적 관습으로서의 양식명이고, 다른 한 가지는 행위로서의 양식명이다. 전자는 논설문, 연설문 등이며, 후자는 요청하는 글, 제안하는 글 등이다. 그러다 보니 동일한 글이 두 가지 명칭으로 불리게 되는 경우가 생긴다. 예를 들어 독자 투고는 문화적 양식으로도 존재하지만, 교육과정상 요청하는 글, 제안하는 글에도 속하게 된다. 이처럼 설득적 글쓰기를 나

누는 기준이 여러 개가 존재함으로써 중복되거나 경계가 모호한 경향을 갖는다.

또 한 가지는 위계화의 문제이다. 2007 개정 교육과정부터 설득의 영역을 가정에서 이웃, 사회와 국가로 확대해가면서 위계화를 고려하고 있음을 확인할 수 있었다. 그러나 왜 찬반 토론문을 연설문보다 먼저 배워야 하는지, 6학년에서 배웠던 연설문을 심화과정에서 다시 배워야 하는지에 대해서는 일정한 기준을 제시하지 못하고 있다. 이는 아직까지 설득적 글쓰기의 다양한 유형에 대한 교육적인 기준이 마련되어 있지 못하고 있음을 보여준다.

설득적 글쓰기의 다양성 문제에 대해 다시 논의해 보도록 하겠다. 다양성 논의의 출발은 앞의 표에서 보는 바와 같이 6차 교육과정에서 시작된다. 6차 교육과정에서는 논증과 설득을 별개인 것처럼 서술하고 있는데, 이러한 구분의 기원은 4차 교육과정(1981～1987) 고등학교 국어교과서에서 시작된다. 그 전문을 인용해 본다.

> 논설문을 살펴보면 두 가지 큰 경향을 발견하게 된다. 하나는 논증적인 경향이고, 다른 하나는 설득적인 경향이다. 논증적인 경향의 논설문은 독자의 지적인 면(논리)에 호소함으로써 목적을 달성하려고 한다. 따라서, 의미가 불확실한 표현이나 함축적인 언어 사용은 배제된다. 우리는 이런 면을 학술 논문에서 흔히 찾아볼 수 있다. 설득적인 경향의 논설문은 독자의 지적인 면만이 아니라 감정에도 호소하려 한다. 따라서, 일상적인 언어도 많이 사용되며, 때로는 함축적인 언어도 동원된다. 우리는 이런 면을 신문의 사설에서 많이 볼 수 있다. (밑줄은 필자, 4차 고등학교 국어1)

위 내용을 보면 논증적 글과 설득적 글이 어떻게 다른지 그 단초를 찾을 수 있다. 두 글의 차이는 사람의 이성과 감성 중 어디에 작용하여 설득을 하는가에 따라 구분된다. 논증적인 글은 이성에 치중한 반면, 설득적인 글은 이성과 감정 둘 다 작용한다고 본 것이다. 그러면서 예로 든 양식이 전자는 학술 논문이요, 후자는 신문 사설이었다. 이러한 구분은 인간이 이성과 감정이라는 두 측면이 있다는 점에서 접근한 방법이라 하겠다.

이러한 구분법은 4차 교육과정 교과서에 언급되었다가 6차 교육과정에서 다시 등장하였다. 그리고 7차 교육과정 작문 교과서 중 이상태(2003)에도 그대로 이어지고 있다. 이 작문 교과서에서 밝힌 논증하기와 설득하기의 차이는 다음과 같다. 논증은 '독자에게 명제의 참됨을 밝히는 진술 방식'으로 필자가 판단한 의견이나 신념을 객관적으로 증명할 목적으로 쓴 글이다. 한편, 설득하기란 '독자를 내 편으로 만들고 싶다'는 표현 의도를 달성하기 위해 쓴 글이라고 하였다.(이상태, 2003:238~251) 설득하기는 필자와 독자의 공감 가능성에 기초하여 정서적 호소를 주로 하는 반면, 논증은 이성의 작용이라는 단 한 가지 방식으로 이루어진다는 설명은 앞선 4차 교육과정 국어 교과서 인용 부분과 동일하다.

그런데 이러한 구분법은 일단 용어 자체가 일반적으로 통용되는 의미와 달라서 혼란을 준다. 논증이란 글의 진술 방식이지만, 설득은 글이 주는 효과나 성격을 의미한다. 뿐만 아니라 논증을 통해 설득이 이루어지기 때문에 논증이 곧 설득하기로 연결된다. 그렇기에 이 용어 사용은 적절해 보이지 않는다. 그러한 점에서 7차 교육과정 이후로는 이러한 구분법은 등장하지 않는다고 볼 수 있다.

그렇다고 7차 교육과정에서의 설득적 글쓰기 유형 구분을 그대로 받아들일 수도 없다. 설득적 글쓰기의 다양한 양식, 즉 논설문과 연설문, 건의문이나 제안서 등의 양식간 본질적인 차이가 설명되지 못하고 있기 때문이다. 모든 설득적 글쓰기는 대체로 논설문 쓰기와 동일한 의미로 간주되기도 하고, 연설문의 경우 화법에서 다루고 있기 때문에 중복되는 경향을 띠기도 한다. 논설문을 제외한 다른 양식들은 설득적 글쓰기에서 선택되거나 배제되어도 큰 문제가 없는 양식처럼 여겨지고 있다. 이러한 현상은 설득적 글쓰기의 다양성에 대한 고려가 이루어지고 있지 않기 때문에 나타난다고 볼 수 있다.

그럼에도 불구하고 설득적 글쓰기의 하위 유형들의 특성을 부각시키려는 시도도 있었다. 논설문과 연설문이 단지 글이나 말과 같이 전달 매체의 차이만 존재하는 것이 아니라 그 내용상에서도 구별되는 특징이 있다는 것이다. 7차 교육과정에 따른 작문 교과서 중 박경현 외(2003)에서 다음과 같이 하위 유형을 구분하고 있다.

> 논설문은 논리적이어야 한다. 추론방법을 활용하고, 합리적이고 객관적인 증거를 제시해야 한다.
>
> 연설문은 주제 유도, 연설의 지루함을 막기 위해 실화, 예화, 체험담, 고사 등을 활용한다.

논설문과 연설문 모두 설득적 글쓰기에 포함되어 있다. 그리고 많은 작문 교과서에서 "연설문과 논설문이 본질적으로 다르지 않다." 고 기술함으로써 이 둘 사이의 구분을 포기하였다. 그런데 위 인용문과 같은 언급은 둘 사이를 구분하려는 시도로서 의미가 있다. 연설문이 갖는 현장성이나 일회성을 고려한다면, 연설문 나름대로의 특성이 있어야 한다는 것인데, 그것은 논설문이 갖는 논리성보다는 예화나 고사 등을 통해 정서적으로 호소하는 작용이 연설문에 잘 나타난다는 것이다. 그러한 점에서 6차 교육과정상의 용어를 빌자면, 논설문은 '논증하기'에, 연설문은 '설득하기'에 해당한다고 하겠다.[34)]

34) 이러한 구분에 대해 설득력을 더하는 주장이 있다. 배수찬(2006:135)은 논(論)과 설(說)을 구분해 볼 때, 논은 특정한 주제에 대한 자신의 생각과 주장을 이치에

이상 살펴본 바와 같이 설득적 글쓰기의 하위 유형들을 다양화하고자 한 시도들을 확인해 보았다. 그러나 교육적인 목적을 달성하기에 적합한 유형 분류는 아직 제시되어 있지 못한 상태이다. 따라서 설득적 글쓰기를 실천할 수 있는 하위 유형들이 제시되고 이에 맞는 내용 조직의 방법들이 개발될 때 글쓰기가 실천 가능해진다.

④ 담화 차원의 점검하기 활동 지침 제시

글쓰기의 과정은 계획하기에서부터 내용 생성, 조직, 표현하기 단계에 이르기까지 일련의 과정으로 이루어지며 점검하기(reviewing)는 글을 쓰는 전(全) 과정에 걸쳐서 이루어진다고 본다. 특히 능숙한 필자들은 계획하기 단계 못지않게 점검하기 단계에 많은 시간을 할애한다는 연구를 볼 때, 점검하기는 간과할 수 없는 글쓰기의 중요한 과정임을 알 수 있다.[35] 그렇기 때문에 교육과정 및 모든 작문 교과서에서는 쓰기 과정 중에서 점검하기를 독립된 한 과정으로 다루고 있다.

그런데 문제는 점검하기에 대한 중요성만큼 교육내용이 충분히 마련되어 있지 못하다는 것이다. 점검하기는 곧 문장이나 어휘 수준의 고쳐 쓰기로 인식이 되고 있으며, 개별 양식에 맞게 특성화된 교육 내용은 제공되고 있지 못하는 상황이다. 다음은 설득적 글쓰기의 점검하기 활동에 해당하는 교육 요목이다.

제안할 내용을 검토하고 적절하게 고쳐 쓰기(4학년)

맞게 구성하는 글이며, 설은 상대방에게 이야기하는 형식으로 구성되는 글이라는 것이다. 전자에는 평론이, 후자에는 사설이나 연설이 대표적인 양식이라고 하였다.

35) 원진숙(1999), 「대학생들의 글쓰기 실태와 지도방안」, 『새국어생활』 9, 국립국어연구원, 42쪽.

위 요목은 점검하기가 단순히 맞춤법 오류나 문장의 호응 수준에 머물러 있지 않고, 더 거시적인 차원에서 접근해야 함을 보여준다. 그러나 '적절하게'라는 부사어를 통해 보여주듯이 어떻게 해야 적절한 고쳐 쓰기가 되는지에 대해서는 여전히 교사나 학습자의 몫으로 남겨 놓고 있다. 그렇기에 점검하기가 이루어지는 장면에서는 대체로 단어나 문장 수준을 살피는 데에 그치고 있는 것이 실정이다.

그러나 점검하기는 단어, 문장 수준뿐 아니라 글 전체 수준에서도 이루어져야 한다.[36] 이를 위해서는 문법적인 정확성 차원을 넘어선 새로운 차원인 담화 층위의 점검하기 내용이 제시되어야 한다. 이러한 내용이 교육과정에서 전혀 언급되고 있지 않는 것은 아니다. 다음과 같은 항목을 살펴보자.

> 건의하는 글이 소통되는 일반적인 맥락 이해하기(7학년)
> 독자의 사고, 가치를 형성한 사회·문화적 맥락 이해하기(8학년)
> 논증하는 글의 문화적 관습 고려하기(9학년)
> 시사 문제와 관련된 사회·문화적 맥락에 대해 이해하기(10학년)

위와 같은 교육내용은 글이란 단지 표준적인 용법에 따라 단어나 문장을 배치하고 조정하는 데에서 그치는 것이 아니라는 점을 보여주고 있다. 사회·문화적 맥락이나 문화적 관습을 고려하지 않은 진공 상태의 글은 존재하지 않기 때문이다. 이와 같은 사회문화적 맥락이나 문화적 관습에 대한 강조는 현대의 작문이론의 흐름과 깊은 연관을 갖는다고 볼 수 있다. 현대의 작문이론은 텍스트에서 필자 개인으로, 그리고 필자 개인에서 필자가 속한 언어 공동체로 그 관

---

36) 박영목(2008:129~130)에서는 글 전체 수준에서 이루어질 수 있는 점검하기 내용으로 예상 독자의 요구에 대한 적합성, 글을 쓰는 구체적인 목적에 대한 적합성 등을 언급하고 있다.

심의 대상이 달라져 왔다. 이 가운데 언어 공동체에 대해 관심을 갖고 언어 공동체가 유지 발전시키고 있는 역동적인 담화 관습(discourse convention)을 연구 대상으로 삼는 이론이 사회구성주의 작문이론이다.

그런데 현대 사회구성주의 작문이론은 담화 관습이 지닌 이데올로기적인 속성에 더욱 강조점이 있다는 점을 주의할 필요가 있다. 장르의 형식적인 면을 무비판적으로 습득하는 것은 옳지 않으며 장르에 수반되어 있는 이데올로기를 이해해야 한다는 것이다. 앞에서 형식주의 작문이론이 좋은 글・모범적인 글을 따르고 모방해야 한다는 점을 내세웠다면, 사회구성주의 작문이론은 무엇이 좋은 글이며, 과연 모범이라고 할 만한 것인가에 대한 물음에 답해야 한다고 지적한다.[37)]

설득적인 글쓰기는 설득적인 글쓰기에 맞는 특성화된 점검하기 교육 내용이 마련되어야 하고, 그 때 활용할 수 있는 방법도 구체적으로 제시되어야 한다. 이 때 살펴보아야 할 요소가 바로 맥락에 대한 고려이다. 맥락에 맞도록 글을 썼는지 살필 수 있는 교육 내용이 마련될 때, 점검하기의 과정에 활용될 수 있을 것이다. 설득적 글쓰기의 경우, 자신의 주장은 개인의 창의적인 생각에서 나타나는 것이 아니라 사회문화적 맥락에서 생성된 것임을 알고 그러한 맥락의 실체를 파악하고 평가할 수 있는 활동들이 구안되어야 한다.

---

37) 최인자(2000)에서는 '어떻게 쓸 것인가'에서 '왜 그렇게 써야 하는가'라는 질문이 최근의 쓰기 이론에 적합한 질문이라고 보았는데, 이러한 관점이 바로 사회구성주의 작문이론을 반영한 것이다. 최인자(2000), 「장르의 역동성과 쓰기 교육의 방향성」, 『문학교육학』 5호, 문학교육학회, 29쪽.

III

설득적 글쓰기와 고전 '설' 양식의 관계

1. 설득적 글쓰기로서의 '설' 양식

(1) '설' 양식의 설득적 성격

수많은 한문 양식 중에서 '설' 양식에 대한 연구자들의 관심은 적은 편은 아니지만, 또 그렇게 활발한 편도 아니다. 그나마 이루어진 기존 연구들은 '설' 양식의 장르적 특성과 관련된 연구로서, 대부분 문학과의 연관성을 밝히려는 방향으로 진행되었다. 이 연구들은 국문학의 관점에서 '설' 양식이 지닌 문학성이라는 요소를 중요한 가치로 보고, 그 요소가 어떻게 이 양식 속에 나타나 있는지 살폈다.

그런데 본고에서는 문학과 비문학의 경계가 중요하지 않다. 대신 '설' 양식을 글쓰기 자료 중 하나로서 살펴볼 목적을 띠고 있기 때문에 글쓰기 자료로서 어떠한 가치를 지니는지가 중요하다 하겠다. 이를 위해 '설' 양식의 정체를 파악하는 일이 중요한데, 현재 문집 소재 우리나라의 '설' 작품은 3,500편[1]이 넘을 정도로 방대하다. 그래서 본고에서는 세 가지 경로를 통해 '설' 양식의 정체성을 파악하고자 한다. 첫째는 한문 문체론에서 설명하고 있는 '설' 양식의 특성을 파악하는 것이고, 둘째는 실제 작품상에서 직접적으로 언급되어 있는 특성을, 그리고 끝으로 대표적인 작품을 분석해 봄으로써 특성을 파악해 보는 것이다. 여기에서 한문 문체론은 『문심조룡』, 『문체명변』, 『고문사류찬』 등이며, 대표적인 작품이란 근대 이전의 선집(選集)에 공통적으로 수록된 한유와 유종원의 작품을 말한다.[2]

---

1) 임종욱 편(2000), 『한국문집소재 '설' 작품집』, 역락 참조. 임종욱 편(2000)에는 약 1,000여 편의 작품을 수록하고 있다.

2) 한유가 <사설(師說)>과 <잡설(雜說)>을 짓고 유종원이 <포사자설(捕蛇者說)>을 짓자 '설'의 문체가 흥성하였다. 진필상/심경호 역(2001), 앞의 책, 183쪽.

① 수신자의 태도 변용을 기획한 글

고대 산문의 문체 분류를 설명하고 있는 이론서 가운데 비조(鼻祖)라고 할 수 있는 『문심조룡』은 문(文)의 기원과 발전과정을 기술하고 각종 문학 장르의 기원과 창작 규범을 밝힌 글로 알려져 있는데, 그 가운데에 '설' 양식에 대해서도 상세하게 설명하고 있다. 내용을 간추려 보면 다음과 같다.

> '설'은 사람의 마음을 시원케 하는 말이다.[說者說語]
>
> '설(說)'은 '열(悅)'이다. '태(兌)'는 구(口)와 설(舌)을 나타내므로, 말로 사람들을 희열(喜悅)케 하는 것이 된다.[說者悅也. 兌爲口舌 故言咨悅懌]
>
> '설'은 후려친 칼날의 일섬(一閃)이며, 숨통에 맺히는 설득력이다.[說爾飛鉗 呼吸沮勸][3]

보통 내용을 기준으로 양식을 정의한 것[4]과 달리 '설'에 대한 설명은 이 양식이 갖는 실제 효용성에 초점이 놓여 있다. 즉 상대방의 마음을 시원케 하거나 기쁘게 하는 말로서 이 양식의 특징을 삼을 수 있다는 것이다. 물론 『문심조룡』 자체가 매우 압축적이며 간결한 표현들로 기록되어 있기 때문에 해석해야 할 빈 공간이 많긴 하지만, 위 번역을 참조해 보면, '설'이란 의사소통의 결과가 상대로 하여금 마음을 흡족케 하도록 하는 데 있음을 알 수 있다.

유협은 '설' 양식을 '논(論)'에서 갈라져 나온 한 양식으로 보았으며, 정치에 대해 설명한 논문 중 하나로 간주했다.[5] 논(論)은 원래

---

3) 유협/최신호 역(1975)의 번역에 따른 것이며, 졸고(2007)에서 가져옴.

4) 예를 들어 경(經)은 성인의 불변의 가르침이고, 논(論)은 경의 철학적 이치를 조술(祖述) 전개한 것이라고 정의하고 있다.

5) 논의 형식을 상세히 검토해 보건대, 거기에는 많은 종류의 계통이 분화되어 있음을 알 수 있다. 정치에 대해 설명한 논문은 의(議)와 설(說)이 일치한다.("詳觀論體 條流多品. 陳政, 則與議說合契.") 『文心雕龍』 제18장 論說.

시비를 판별하는 것, 현상을 궁구하는 것, 무형(無形)한 것을 추구하는 것 등을 특징으로 한다. '설' 양식도 이러한 특징을 공유하고 있으리라 추정할 수 있다.

아울러 유협은 『문심조룡』에서 '설' 양식에 해당하는 구체적인 사례들을 들고 있다. "이윤이 맛에 대해 설명을 함으로써 탕(湯)임금의 신임을 얻고 결국 은(殷)대의 융성이 시작되었던 사례, 강태공은 낚시 이야기를 통해 주 나라를 홍왕시켰던 사례, 자공이 제나라로 가서 제나라로 하여금 공격 목표를 노(魯)나라가 아닌 정(鄭)나라로 돌리게 함으로써 노나라를 구한 사례" 등이다.[6] 이러한 사례들을 훌륭한 설의 본보기라 하였다. 이러한 사례들은 모두 춘추전국시대라는 배경 속에서 주군들을 대상으로 하는 변설을 설(說)로 간주하고 있음을 보여준다.

이러한 사례들은 모두 구어로 이루어진 유세(遊說)에 해당한다. 그렇다고 설(說)을 말하기의 양식으로 국한할 필요는 없다. 문서로 이루어진 경우도 있기 때문이다.[不專緩頰, 亦在刀筆] 그러나 『문심조룡』에서는 실제 글로 된 설 작품은 언급하고 있지 않기 때문에 말로 이루어진 유세(遊說)와 글로 이루어진 설(說) 사이의 연속성에 대해서는 신중한 추론이 필요하다 하겠다. 다만 여기에서는 설(說)이 소통되는 상황과 발화의 목적들을 통해 설 양식이 고유하게 가지고 있었던 기능을 추론해 보았다.

다음은 실제 설 작품에서 양식상의 특징을 살펴 볼 수 있는 부분들을 인용해 보고자 한다.

---

6) 이윤은 미각을 논하여 은(殷)을 융성케 했고, 태공망 여상은 낚시의 이야기를 변설하여 주(周)를 홍륭시켰으며, 촉지무는 사자로 진(秦)에 가서 정(鄭)의 포위를 풀었고, 자공은 제(齊)에 가서 노(魯)를 망국에서 구해 냈다. 伊尹以論味隆殷, 太公以辨釣興周, 及燭武行而紓鄭, 端木出而存魯, 亦其美也. 유협/최신호 역(1975:78～79)

(ㄱ) 천하의 효를 권할 수 없을까 두려운 까닭에 이것을 써서 주고 또 나라의 풍속과 인정을 살피는 자에게 들려주고 싶다. 恐無以勸天下之孝, 故書此以贈之, 且欲使觀風者聞焉. 정경세 <단지자설>[7]

(ㄴ) 자식을 훈계하는 다섯 가지 설은 무위자(無爲子)가 그의 아들 강귀손(姜龜孫)을 위해 지은 것이다. 訓子五說者, 無爲子爲其子龜孫作也. 강희맹 <훈자오설>

(ㄷ) 담양 사람 전정부는 나와 과거급제 동기이다. (…) 정부가 왕을 따라 고국에 돌아갈 때, 나에게 글을 써 달라 해서 준 글이다. 潭陽田正夫 同年士也…正夫之從王而之國也 責予贈言 이곡 <사설>

위 인용 대목들은 직접적으로 예상 독자가 언급되어 있다. (ㄱ)에서는 '나라의 풍속과 인정을 살피는 자'가, (ㄴ)에서는 '아들'이, (ㄷ)에서는 '과거 급제 동기'가 직접적인 예상 독자로 나타나 있다. 먼저 (ㄱ) <단지자설>에서는 '손가락을 자른 아이[斷指者]'의 이야기를 통해 효를 권장하기 어렵다고 여겨지는 세태 속에서 그렇지 않은 사례로서 상대방의 태도를 변화시키려는 의도를 보이고 있다. (ㄴ) <훈자오설>은 제목에서 보여주는 바와 같이 공부를 하도록 교훈하고자 하는 아버지가 아들을 훈계하는 글임을 보여준다. (ㄷ) <사설>은 임금의 스승으로서 어떻게 처신해야 하는지에 대해서 친구로서 친구에게 경계하는 내용을 담고 있다.

이처럼 설 작품은 특정한 수신자를 염두에 두고 지어진 글이라는 특성을 지닌다. 담화의 유형을 그 목적에 따라 분류하면, 표현적(expressive)・설득적(persuasive)・지시적(referential)・문학적(literary)

7) 이하 설 작품에 대한 번역은 신해진 편(2001)과 양현승 편(2004), 한국고전번역원(http://db.itkc.or.kr)을 참조하였다.

담화로 나뉜다. 이때 담화의 목적을 청자에 두는가 발화자 자신에게 두는가에 따라 설득적 담화와 표현적 담화로 구분된다.[8] 앞서 살펴본 설 작품의 사례를 보면, 담화의 목적이 수신자의 태도를 향해 있음을 알 수 있고 이를 통해 설 양식의 설득적 성격을 확인해 볼 수 있다.

그렇다고 저자들이 위 인용문에 밝힌 바와 같이 특정인에 한정하여 글을 쓴 것은 아니다. 언급된 독자 외에 불특정한 다수를 독자로서 생각하고 있다고 보는 편이 옳다. 직접적으로 예상 독자를 언급하지 않았다 하더라도 설 작품은 누군가의 태도를 변화시키고자 하는 의도를 담고 있기 때문이다. 실제 작품을 분석해 봄으로써 확인해 보자.

> (ㄹ) 세상에 백락이 있은 후에야 천리마가 있게 된다. 천리마는 항상 있지만 백락은 늘 있지 않다. 그래서 비록 명마가 있을지라도 다만 노예의 손에서 욕이나 당하며 마구간에서 범마들과 나란히 죽게 되어 천리마로 불리어지지 못한다. 천리마는 한 끼에 간혹 곡식 한 섬을 먹어치운다. 말을 먹이는 자는 그 말이 천리를 달릴 수 있는지도 모르고 먹인다.
>
> 이 말이 비록 천리를 달릴 능력이 있다 하더라도 먹는 것이 배부르지 않아 힘이 부족하여 재능의 훌륭함이 밖으로 드러나지 않고, 또한 보통 말과 같아지려 해도 될 수 없으니 어찌 그 말이 천리를 달릴 수 있기를 바라겠는가?
>
> 채찍질을 하는데 도리로써 하지 않고, 먹여주지만 재능을 다 발휘

8) 의사소통의 구조를 이루는 요소를 보면, 발신자(encoder), 수신자(decoder), 실재대상(reality), 결과물(product)로 분석할 수 있는데, 이들 각각에 초점을 두면 표현적, 설득적, 지시적, 문학적 담화로 유형 구분이 가능하다. 키너비(Kinneavy, 1971), *A Theory of Discourse: The Aims of Discourse*, Englewood Cliffs, pp.38～39.

> 하게 하지 못하고, 울어도 그 뜻을 알아주지 못하면서 채찍을 쥐고 다가서서 말하기를 "천하에 말이 없다."고 한다. 아! 정말로 없는가? 정말로 말을 알아보지 못하는 것인가? 한유(韓愈)의 <잡설(雜說)> 사수(四首) 전문

(ㄹ) 한유의 <잡설>은 하나의 제재나 주제로 묶을 수 없는 다양한 내용을 다루고 있다. 첫 편은 용(龍)에 대해, 둘째는 의(醫), 셋째는 외모에 대해 적었고, 네 번째에 위 내용, 즉 백락과 천리마 이야기가 담겨 있다. 백락(伯樂)의 고사는 『전국책(戰國策)』 연책(燕策)에 실려 있는 유명한 이야기로 천리마보다 백락의 가치가 더 소중함을 보여준다. 한유는 이렇게 이미 잘 알려진 이야기를 전제로 백락과 천리마의 관계를 새롭게 풀이하였다.[9]

원래 백락 고사는 준마를 아무리 팔려고 내놓아도 팔리지 않다가도 백락이 한 번 돌아보기만 하면 그 말 값이 열 배나 뛰어올라 말이 팔렸다는 내용으로 된 일화이다. 즉 백락이 말을 분별하는 능력이 뛰어남을 보여주는데, 한유의 <잡설>에서는 백락을 만나지 못한 천리마로 초점이 옮겨졌다. 물론 원래 이야기와 주제가 크게 달라진 것은 아니지만, 이야기 자체를 새롭게 풀이한 것은 사실이다. 천리마와 백락의 관계를 통해 인간 세상에 대해 하고 싶은 말을 전하고자 하였다.

한유는 이 작품을 통해 누구에게 어떤 메시지를 전달하고자 했는지 명시하진 않았다. 그럼에도 불구하고 분명한 것은 이 작품이 말 장수나 말이 필요한 사람들을 대상으로 쓰진 않았다는 점이다. 이미 잘 알려진 바대로 천리마와 같은 인재를 알아볼 수 있는 식견이 중

---

9) <사설>과 <잡설>에 대한 해설과 번역문은 황견(黃堅) 편/김학주 역(2005), 『고문진보 후집』, 명문당; 김창룡(2004), 「중국의 산문 명작 (2)-한유의 「사설(師說)」, 「잡설(雜說)」, 『한성어문학』 23호, 한성어문학회 15～20쪽 참조.

요함을 보여준 작품이라 하겠다. 인재를 발굴하고 정당하게 대우해 줄 때 진정으로 능력을 발휘할 수 있음을 천리마의 사례를 통해 보여줌으로써 백락 고사를 새롭게 풀이하고 있다.

이상 살펴본 바와 같이 설 양식은 춘추전국시대처럼 백가쟁명(百家爭鳴)하던 시대적 배경 속에서 상대방의 태도를 변용시키려는 강한 목적성을 띠고 출현했다. 훗날 실제 작품들을 살펴보아도 예상 독자를 언급하면서 그들의 태도를 변용시키려는 작품뿐 아니라 직접적으로 예상 독자가 언급되지 않은 작품들 속에서도 수신자의 태도를 변용시키려는 강한 의도를 확인해 볼 수 있었다.

② 대상을 풀이하거나 서술하는 글

명나라 때 서사증(徐師曾)이 편찬한 『문체명변(文體明辨)』은 문체 이론서이면서도 일종의 선집(選集)의 성격을 띤 책으로서 한문 양식을 127가지로 나누어 설명하고 해당 작품 몇 편을 예로 보여주고 있다. '설' 양식에 대해서도 마찬가지로 개괄적인 소개를 전반부에 제시하고 이어서 대표적인 작품을 수록하고 있는데, '설' 양식에 대해서는 다음과 같이 정의하고 있다.

> 자서(字書)를 살펴보면 '설'은 풀이하다, 서술하다는 의미로 의리(義理)를 해석함으로써 자기 뜻을 서술한 것이다.[10]

『문체명변』에서는 '설'을 풀이하고 서술하는 글이라고 정의하였다. 그러면서 오랫동안 이 양식의 작품들이 나타나지 않다가 당나라 이후에 비로소 하나의 양식을 이루었다고 설명하고 있다. 또한 여기에서 최초의 설 작품이라 할 수 있는 위나라 조식(曹植, 192~232)

10) 按字書, 說, 解也, 述也. 解釋義理, 而以己意述之也. 원문은 서사증(1591/1984) 『문체명변』 三, 昨晟社, 166쪽.

의 작품에 대해 언급하였다. 그리고 이후에는 특별히 눈에 띄는 작품이 없어서 『문선(文選)』에는 '설' 양식이 실리지 않았다고 덧붙이고 있다.[11] 서사증에 의하면 본격적인 '설' 양식은 당나라 때부터 시작되었으며, 그 대표적인 작가는 당나라 때의 인물인 한유(韓愈)와 유종원(柳宗元)이라고 보았다.

설 양식에 대한 개괄적인 설명 이후에 이 양식을 대표하는 7편의 설을 수록하고 있는데 주제별로 1～2개의 작품을 열거하였다.

주제	작가와 작품
이학(理學)	송(宋) 왕안석(王安石)의 '성설(性說)', 당(唐) 한유(韓愈)의 '사설(師說)'
정치(政治)	당(唐) 한유(韓愈)의 '잡설(雜說)', 당(唐) 유종원(柳宗元)의 '포사자설(捕蛇者說)'
제의(祭義)	당(唐) 유종원(柳宗元)의 '사조일설(祀朝日說)', '자설(禇說)'
생사(生死)	위(魏)나라 조식(曹植)의 '촉루설(髑髏說)'

〈표 10〉『문체명변』에 수록된 설 목록

앞서 『문심조룡』에서는 '설'의 저술 목적이나 효용을 밝힌 반면, 서사증의 『문체명변』에서는 그 저술 방식에 대해 설명하고 있다. 구체적인 작품 사례를 살펴보면, 성(性)・사(師)・사조일(祀朝日)・자(禇)와 같이 추상적인 개념을 화제로 하여 이루어진 작품, 일관된 주제를 담고 있지 않은 잡스러운 이야기나 포사자의 이야기, 해골과 나눈 이야기 등 서사성을 띤 작품 등 일견 다채로워 보이는 작품군들 속에 등장하는 다양한 대상을 풀이하거나 서술하고 있음을 보여주고 있다.

또 하나의 대표적인 문체 이론서로서 청나라 요내(姚鼐)의 『고문사류찬(古文辭類纂)』을 살펴보도록 하자. 요내는 한문 산문을 논변류

11) 魏晉以來 作者絶少 獨曹植集中有二首 而文選不載 故其體闕焉. 서사증(1984), 앞의 책.

(論辨類), 서발류(序跋類), 주의류(奏議類), 서세류(書說類), 증서류(贈序類), 조령류(詔令類), 전장류(傳狀類), 비지류(碑誌類), 잡기류(雜記類), 잠명류(箴銘類), 송찬류(頌贊類), 사부류(辭賦類), 애제류(哀祭類) 등 13가지로 구분하였다.[12] 그는 문체를 분류한 후 각 문체마다 간략한 설명을 덧붙이고 대표적인 작품들을 열거하는 방식으로 책을 구성하였다.

이 분류에 따르면 설(說) 양식은 논변류에 속해 있다.[13] 이 책에서는 대표적인 설 양식으로 한유의 <사설(師說)>과 <잡설(雜說)>을 들고 있다. '설' 양식에 대해서만 별도의 설명이 없기 때문에 상위 양식인 논변류에 대한 설명을 참고해 볼 수밖에 없는데 그 내용은 다음과 같다.

> 논변류는 대개 옛 제자(諸子)에서부터 기원하여 각각 저서를 학습함으로써 후세에 알려졌다. 공맹(孔孟)의 도와 문이 지극하였으나, 노장(老莊) 이후로 도에 시비(是非)가 생기고, 문에 공졸(工拙)이 나타났다. 지금 제자(諸子)들의 글이 모두 기록되어 남아있지 않으나, 가생(賈生) 이후로부터 기록되기 시작했다. 대개 퇴지(退之)는 『육경』과 『맹자』에서 취하여 논(論)을 저술하였고, 유자후는 한비자와 가생에서 취하였다. 명윤(明允)은 소진(蘇秦)과 장의(張儀)의 무리를 섞었으며, 소자첨은 『장자』에 도달하였다. 학문의 지극히 선함은 신(神)과 합일하는 것이며, 선하지만 이르지 못하면 모양만 존재한다. 애석하다! 유자후의 재주가 이

12) 후대의 문체 분류는 『고문사류찬』을 기준으로 가감하여 만들어진 것들이 대부분이라고 한다. 즉 『고문사류찬』은 현대의 한문 문체 분류의 기준을 세웠다고 해고 과언이 아니다. 진필상/ 심경호 역(2001), 『한문문체론』, 이회, 40~51쪽.

13) 『고문사류찬』의 경우, 논변류 외에 書說類가 존재함을 볼 수 있다. 그런데 이 書說類에서 '說'는 '군주에게 유세(遊說)하는 편지글'의 속성을 띠기 때문에 '서설류' 보다는 '서세류'로 읽는 게 타당해 보인다. 이러한 설명은 오수형 편역(2000), "『당송팔대가의 산문세계』, 서울대 출판부, 81쪽"과 김학주(1993), "『중국문학의 이해』, 신아사"를 따른 것이다.

> 를 수는 있으나 이르지 못한 것은 해[年]가 그렇게 한 것이다.[14)]

위 내용을 보면, 논변류가 언제 출현했는지, 어떠한 대표적인 저자들이 있으며, 그들의 영향 관계는 어떠한지에 대해서 간략하게 언급되어 있음을 알 수 있다. 이렇게 언급이 대표적인 저자 중심으로 되어 있는 것은 문(文)을 문예(文藝)의 일종으로 보는 관점이 투영되어 있기 때문이라고 판단된다. 문학 작품을 모아놓은 앤솔러지에 각 양식이 지닌 특징이나 하위 양식들을 구구절절 언급하지 않는 것이 오히려 자연스럽다. 그러나 본고는 의사소통이라는 관점에서 설 양식을 접근하고자 하기 때문에 설 양식이 어떠한 특성이나 기능을 가지고 있는지에 대해서는 실제적인 작품 자료들을 통해 확인해 볼 필요가 있다.

한유의 <잡설>과 함께 대표적인 설 작품으로 거론될 수 있는 작품은 한유의 <사설(師說)>이다. 본문의 길이가 길기 때문에 내용을 정리해 보면 다음과 같다.

> 스승이란 도를 전하고 학업을 시키며 의혹을 해소해 주는 자이다.
> 의혹이 없는 사람이 없기 때문에 누구든지 스승이 필요하다.
> 스승이 연소하거나 비천하기 때문에 스승을 두지 않으려 한다.
> 옛날 성인은 학식이 뛰어나도 배우려 했으나 지금은 그렇지 않다.
> 무당, 의원, 악공은 스승을 두고 배우려 하나 사대부는 그렇지 않다.
> 공자는 자기보다 현명하지 않은 사람도 스승으로 삼았다.
> 이씨(李氏)의 아들이 나에게 배우기를 청하기에 이 글을 짓는다.

14) 論辨類者, 蓋原于古之諸子, 各以所學著書詔後世. 孔孟之道與文至矣. 自老莊以降, 道有是非, 文有工拙. 今悉以子家不錄, 錄自賈生始. 蓋退之著論, 取于六經孟子, 子厚取于韓非賈生, 明允雜以蘇張之類, 子瞻兼及于莊子. 學之至善者, 神合焉, 善而不至者, 貌存焉. 惜乎子厚之才, 可以爲其至而不及至者, 年爲之也. 姚鼐纂集/胡士明 · 李祚唐 標校(1998), 『古文辭類纂』, 上海古籍出版社, 1쪽.

스승이란 어떤 존재인가를 풀이하면서 글이 전개되고 있다. 그리고 스승을 두지 않으려는 세태를 분석하고 그 원인이 무엇인지 밝힘으로써 모든 사람에게 스승이 필요함을 역설하고 있다. 여기에서 주목해 볼 점은 이 글의 초점이 스승을 두어야 한다는 데에 있다기보다는 스승이란 어떤 존재이고 왜 스승이 필요한가에 놓여 있다는 것이다. 즉 스승에 대한 정의와 필요성에 대해 언급하면서 자연스럽게 모든 사람이 스승을 두어야겠다고 다짐하도록 유도하고 있는 글이다.

이처럼 설 양식은 특정한 대상이나 사건에 대해 풀이하거나 서술하는 방식으로 내용이 이루어져 있다. 그러면서 상대방을 설득하는 목적을 띠고 있음을 알 수 있다. 사실 이 때 풀이하거나 서술하는 글이란 오늘날 말하는 정보전달적(informative) 기능보다는 설득을 위한 논증으로서의 설명적(expository) 글로 보아야 할 것이다.[15] 사용설명서나 백과사전식의 설명은 정보전달이 강한 반면, 설 양식에 나타난 서술하고 풀이하는 성격은 설득적인 경향이 강하다. 설 양식은 있는 사실을 그대로 전달하는 일지나 보고서와 같은 글이 아니라 저자 나름의 관점이 투영되어 새롭게 풀이하고 서술한 글로서 성격을 지닌다.

③ 교훈하거나 깨우치기 위한 글

설을 지은 저자가 인식하고 있는 '설' 양식의 특성은 다른 한문 양식과의 대비를 통해 더 선명하게 드러날 수 있다. 우리나라 설 작품 중에서 그러한 언급을 찾아볼 수 있는 자료는 많지 않은데, 다음과 같은 자료를 참고해 볼 수 있다.

---

15) 김대행(1995), 『국어교과학의 지평』, 서울대 출판부, 271쪽.

(a) 다만 그 일은 전해 들은 것이요, 그 사실 여부는 알지 못한다. 그러나 그것을 전하는 자가 많고 오래 되었을 뿐 아니라 그들의 이야기가 다르지 않다. 어찌 허구로 지어낸 이야기겠는가? 오직 그 성명을 알지 못하고, 의지할 수 있는 기록도 없이 믿는 것이니, 차례를 갖춘 전을 지을 수 없다. 但其事出於傳聞, 不知其是與否, 而傳之者愈多愈久而無異口. 豈虛也哉? 惟不知其姓與名, 無文字可据而信者, 不得序次爲傳. 이광정 <복수설(復讎說)>

(a)는 '설' 양식이 다루고 있는 내용이 지닌 성격이 어떠한지 직접적으로 언급하고 있는 대목이다. 이광정의 <복수설> 끝부분으로서, 이 작품의 주 내용은 "아버지의 원수를 찾아 복수하는 한 남자의 이야기"이다. (a)에서 한문 양식 중 하나인 '전(傳)'으로 기록할 수 없기 때문에 '설(說)'로 적는다고 했는데, 여기에서 저자가 인식하고 있는 양식상의 특징을 살펴볼 수 있다.

위 인용문에 따르면, 일단 '전'과 '설'은 양식면에서 유사한 점을 지니고 있음을 알 수 있다. 그것은 특정한 사건을 내용으로 삼을 수 있다는 점이다. 그러나 차이점은 '전'은 양식상 갖추어서 적어야 할 여러 항목들이 있는데 비해, '설'은 비교적 자유롭다는 것이다. 전 양식의 본령은 '실제 사실의 전달'이기에 저자는 입전 인물의 가계나 신분, 성명, 거주지 등을 구체적으로 확인해야 한다.[16] 그러나 그 사실 여부를 파악할 수 있는 실제적인 증거가 없을 때, 대체할 수 있는 양식이 곧 '설'임을 알 수 있다. 다시 말하면, 실제 있었던 사실을 입증할 수 없을 때, '설'로 기록하는 일은 가능하다는 것이다. 이는 결국 '설' 양식이 "실제 있었던 일인가?"라는 사실성의 문제에서 상대적으로 자유로운 양식임을 보여준다. 나아가 사실성에서 상

16) 전의 양식적 특징에 대해서는 "박희병(1993), 『조선후기 전의 소설적 성향 연구』, 성균관대 출판부, 19~40쪽" 참조.

대적으로 자유롭기 때문에 더 다양한 내용과 의도 등을 담을 수 있다는 것이다.

> (b) 마음을 수고롭게 하는 군자가 도리어 몸을 수고롭게 하는 소인을 알지 못하는 까닭에 이 설을 지어 그들을 깨우치고자 한다. 勞心之君子, 反不知勞力之小人, 故作斯說以喩之. 성현 <타농설(惰農說)>

(b)는 성현의 <타농설>의 끝부분으로서, 이 작품은 "부지런한 농부와 게으른 농부가 봄 가뭄에 대처하는 자세와 그 결과를 서술한 이야기"이다. 위 인용문을 통해 설 양식이 강한 목적성을 띠고 있다는 점을 볼 수 있다. 성현의 <타농설>은 '부지런한 농부와 게으른 농부가 수확하는 시기에 어떤 대조적인 결과를 얻게 되는가'를 보여주는 교훈적인 작품이다. 그리고 그 속에 담겨져 있는 이야기는 가공의 이야기다. 우열(優劣), 유무(有無), 대소(大小) 등 극단적으로 대립되는 두 인물을 설정하고 이들의 행적을 비교하는 방식은 가공의 이야기에서 많이 등장하는 수법이다. 특히 <타농설>의 저자 성현은 『부휴자담론(浮休子談論)』과 같은 작품집에서 보여주었듯이 깨우침을 주기 위한 단형 서사인 우언(寓言)을 많이 창작하였는데, <타농설>도 이와 유사한 성격을 보인다.

위 두 인용문의 내용을 종합해 보면, 설 양식은 내용상의 진위(眞僞) 여부가 양식의 정체성을 결정하지 않는다는 점을 확인할 수 있다. 사실임직한 내용이거나 꾸며낸 이야기 모두 '설' 양식에 통용된다는 점은 이 양식이 담고 있는 이야기 자체의 특성을 보여준다. 즉 이야기는 사실의 전달을 궁극적인 목적으로 하지 않고 다른 특정한 의도, 즉 목적성을 띠게 된다는 점이다. 다음과 같은 언급들을 참고해 보면 '설' 양식의 저작 동기를 더 분명하게 살펴볼 수 있다.

(c) 스스로 경계를 삼고 또 중요한 지위에 있는 사람들에게 바치고자 한다. 退而記之以自警, 且欲以獻于當路者. 안정복 <아기설(啞器說)>

(c)는 <아기설>을 지은 동기가 스스로를 경계할 뿐 아니라 중요한 지위에 있는 사람들에게도 경계, 즉 타일러서 주의하도록 함에 있음을 보여준다. 텍스트언어학에서 텍스트의 기능을 판단하는 한 방법으로 텍스트에 담긴 수행동사를 살피는 방법이 있다. 수행동사는 화자의 의도를 더 명확하게 표현할 수 있는 명시적인 표지라는 것이다.[17] 설 양식에서 사용되는 수행동사를 살펴보면, '경계(警戒)하다'를 비롯하여 '권(勸)하다', '훈계(訓戒)하다' 등이 빈번하게 나타나는 것을 확인할 수 있다. 이처럼 '권고'나 '훈계' 등의 수행동사는 다시 상위 분류로 보면 '지시화행'에 해당한다.

설 양식에 등장하는 수행 동사는 '강요'나 '명령'과 같이 강압적이고 직접적인 지시에는 해당하지 않고 '추천'이나 '충고'와 같이 완곡한 지시 화행에 묶일 수 있는 특성을 지닌다. 아버지로서 아들에게, 친구 사이, 관리로서 다른 관리에게 권면하거나[勸], 교훈하며[訓], 깨우치기 위해[喩] '설'을 짓고 있음을 확인해 볼 수 있다. 이처럼 '설' 양식은 상대방에게 교훈하거나 깨우침을 전달하기 위한 목적을 지니고 있음을 알 수 있다.

(d) 밤중에 뜰을 거닐면서 그물을 만들고 있는 거미, 달빛이 흐름과 별이 차례로 옮겨가는 것, 적막한 하늘을 우러러 보았다. 눈에 닿으며 심중에 느껴지는 것이 평소와 다르지 않았다. 나의 기(氣)는 맑고 마음은 모였다. 기가 맑은즉, 이치의 역(易)을 보고, 마음에 모임이 있은즉 말을 하지 않을 수 없어서 잡설을 짓는다. 夜行中庭, 見蜘蛛

---

17) 텍스트에 나타나 있는 '부탁하다'는 동사는 '부탁' 화행을, '사과하다'는 동사는 '사과' 화행을 보여준다. 한국텍스트언어학회(2004:144~145)

結網, 月流輝星移次. 頫仰空寂. 觸于目而感于中, 非其見之異乎常也. 吾之氣淸而其心有會也. 氣淸則見理易, 心有會則不能無言, 作雜說. 서명응 <잡설(雜說)>

그런데 (e)의 경우를 보면 앞의 사례와 다른 저작 동기를 보이고 있다. 밤중에 뜰을 거닐면서 만나게 되는 거미, 달, 별 등을 관찰한 후, 표현하지 않을 수 없어서 표현한다는 글 쓴 동기를 기록하고 있다. 즉 누군가의 태도를 고치려 들거나 무지를 깨우쳐 주려는 지시 목적이 아닌 자신의 심중에 담겨 있는 무엇인가를 표현하겠다는 의도이다. 담화 유형 구분에 따른다면 앞의 (c)는 설득적 담화에 해당하고 (d)는 표현적 담화에 해당한다고 하겠다.

그런데, (d)의 작품을 실제로 살펴보면 자연 경물을 보고 느낀 감정, 즉 좋다 아름답다 등을 단순히 드러내기 위해 설을 지은 것이 아니라는 점을 알 수 있다. 일례로 낮에는 해가 빛나고 밤에는 달이 빛나는 자연현상을 두고 해와 달 사이에 사사로움이 없음을 깨닫게 되었다고 적었다.[18] 이는 자연을 보고 느낀 소회라기보다는 자연 현상을 설명하고 그 이치를 궁구한 결과 얻게 된 깨달음인 것이다. 이를 혼자만 알기에 안타깝기에 널리 알리고자 글로 남기고 있음을 알 수 있다. 이러한 점에서 단순한 현상 설명이나 감정의 발로와는 구별되는 '설' 양식만의 특징이 보인다고 할 수 있다.

설 양식의 유형에 대해 일찍이 민병수(1996:349)는 '직서(直敍)의 설'과 '우언(寓言)의 설'로 구분한 바 있고, 이에 대한 이견이 별로 없는 듯하다.[19] 전자는 하나의 주제를 가지고 정치한 논리를 펼쳐나

18) 日與月以光而不自有其光, 朔晦, 惟月之行, 吾於是知日月之無私也. 서명응, <잡설 사수>, 『보만재집』 9권.

19) 양현승(2001)은 민병수(1996, 『한국한문학개론』, 태학사)의 논의를 그대로 따르고 있다.

가는 설이며, 후자는 허구적인 상황을 설정하고 그 상황으로부터 새로운 뜻을 반영하는 설이다. 이 분류에 따르면 한유의 <잡설>은 '우언의 설'에, <사설>은 '직서의 설'에 해당함을 알 수 있다.

그런데 두 설은 공통적으로 한 가지 주제를 가지고 있다. 한 작품은 직접적으로 표현하지 않고 고사의 배경을 들고 있다는 점에 차이가 있긴 하지만, 하나의 주제를 드러내고자 한다는 점에서는 차이가 없다. 그리고 그 주제는 깨달음이나 경계, 교훈의 성격을 지니고 있음을 확인할 수 있다. 다만 그 방법에서는 직설적인가 우회적인가의 차이가 있을 뿐이다. 직설적인 설이라 할지라도 화행이론에서 말하는 지시나 명령과 같이 직접적인 행동을 지시하기보다는 완곡한 방식을 택함으로써 상대의 태도를 변용시키고자 함을 확인해 볼 수 있다.

물론 고전의 글쓰기의 성격을 현대 장르나 담화 유형의 기준으로 설득이다, 설명이다 나누는 것 자체가 무리일 수 있다. 한문 양식은 문화적 관습이고, 설득과 설명은 필자의 표현 행위를 뜻하기 때문이다.[20] 양식은 다양한 행위의 산물이기 때문에 하나로 단정 짓기 어렵게 된다. 그래서 고전 설 양식은 현대의 관점에서 보면 한편으론 주장하는 글쓰기에 속하면서도 한편으로는 설명하는 글쓰기에 속한다고 할 수 있다. 그러나 본고에서는 설 양식이 궁극적으로 지향하는 바가 설득이기 때문에 설득적인 글의 고전적인 형태라고 보았다. 표현 방식은 설명이나 풀이의 형식을 띠고 있지만, 표현 의도는 상대방의 설득이라 할 수 있다.

---

20) 배수찬(2006), 앞의 글, 107쪽.

(2) '설' 양식의 구성

① '설' 양식의 구성 요소

앞서 문체이론서나 작가들의 의식, 그리고 대표적인 작품들을 살펴봄으로써 '설' 양식이 설득적인 성격을 지닌 글임을 파악하였다. 본 절에서는 더 구체적으로 '설' 양식이 어떠한 구성상의 특징으로 설득적인 성질을 갖는지 살펴보고자 한다. 이를 위해서 '설' 양식에 대한 장르 분석이 필요하다. 원래 문학 연구에서 이루어진 장르 분석은 장르의 형식적·내용적 특징을 살펴서 전체 문학 지도에서 해당 장르가 어떠한 위상을 차지하고 있는가를 밝히는 데에 있다.

그러나 본고는 이러한 목적과 달리 쓰기교육을 위한 연구를 수행하고자 하므로 쓰기를 실천할 수 있는 방안을 마련하는 방향을 취해야 한다. 그러한 점에서 한 편의 글이 설득적인 작용을 하기 위해서 어떠한 요소로 구성되었으며, 설 양식에서는 어떻게 그것이 구현되었는지 살펴보아야 할 것이다.

그에 앞서 선행 연구에서는 '설' 양식을 어떠한 구성 요소로 파악하고 있는지 알아 볼 필요가 있다. 한문 양식을 분석하고 살핀 연구들에서 그 분석 도구로 사용하고 있는 틀은 글의 문체적 특징[21]이며, 그에 따라 그 구성 요소를 나누게 되었다. 설의 양식적 특징을 다룬 연구물들을 살펴본 결과[22] 설 양식의 하위 구성 요소들은 '서

---

21) 한문에서 '문체(文體)'는 논(論), 변(辨), 설(說)과 같이 하나의 고정된 양식을 의미하는 경우가 많으나, 여기에서는 설명, 서사, 묘사와 같이 글이 실제 가지고 있는 표현 방식을 의미한다.

22) 이강엽(1994), 「說의 장르 성향과 소설적 변개 가능성」, 『국어국문학』 112호, 국어국문학회.
양승민(1997), 「고려조 의론체 산문의 우언적 성향과 의미-說과 雜著로 분류된 변체 산문의 장르론적 접근」, 『어문논집』 36호, 민족어문학회, 73~110쪽.
양현승(2001), 『한국 설 문학 연구』, 박이정.
홍성욱(2001), 「잡설 연구-설 문체의 장르적 특성과 관련하여」, 『한문학논집』 19

사+교술'(이강엽, 1994), '일화+논술'(양현승, 2001), '기사(紀事)+설리(說理)'(송혁기, 2006) 등, 결합된 두 요소를 상정하고 있다. 이 가운데 '서사, 일화, 기사'를 하나로 묶을 수 있고, '교술, 논술, 설리'를 하나로 볼 수 있다. 전자의 특징은 구체적인 사물이나 인물이 등장함으로써 하나의 이야기라는 형상성을 갖는다는 것이다. 후자는 이야기에 대한 논평, 저자의 생각 등을 서술하여 추상적인 논의가 이루어진다. 본고에서는 이들을 각각 '기사(紀事)'와 '설리(說理)'라는 용어로 통일해 보고자 한다.

'기사(紀事)'라는 용어보다는 '서사'나 '일화'라는 용어가 더 친숙하지만, 설 작품을 살펴보면 딱히 하나의 이야기로 보기 어려운 내용을 담고 있는 작품도 있기 때문에 '서사'나 '일화'라는 용어가 부적절하다. 오히려 현대적인 어휘 개념이 간섭할 우려가 적은 '기사'라는 새로운 용어가 적절해 보인다. 마찬가지로 '교술, 논술, 설리' 중에서 '교술과 논술'은 이미 현대에 통용되는 용어이기 때문에 현대적인 감각으로는 생소한 '설리'라는 용어를 선택하고자 한다.

이상의 논의를 한 마디로 정리하자면, 설 양식은 '기사(紀事)'와 '설리(說理)'로 구성되었다고 할 수 있다. '기사(紀事)'는 구체적인 물건이나 사건에 대한 서사·설명·묘사를 포함하는 용어(송혁기, 2006:236)로서, 작품의 글감이 되는 특정 대상이 다루어진다. 또한 '설리'는 '기사' 부분과 대비적으로 저자의 직접적인 생각이나 가치, 이념 등이 표출되는 추상적이며 보편적인 특성을 부분이다. 한문 산문인 '설' 양식은 구체적인 대상이 드러나는 부분과 그 대상을 통해 주장하고자 하는 바가 논증되거나 해설된 부분이 나타난다는 것이다.

號, 근역한문학회, 237～259쪽.
송혁기(2006), 「한문산문 "설" 체식의 문학성 재고-17, 8세기 작품의 분석을 중심으로-」, 『한국언어문학』 58호, 한국언어문학회, 233～255쪽.

이상의 논의를 우리나라 설 양식의 초기 작품인 이규보의 <이옥설>을 예로 들어 설명해 보겠다.

행랑채 3칸이 비로 인해 손상되었다. 수리하려다 보니까 2칸은 심하게 손상되었고 1칸은 이제 손상되기 시작했다. 심하게 손상된 칸은 수리 비용이 많이 들었고, 약하게 손상된 칸은 적게 들었다.	기사(紀事)
사람의 몸도 마찬가지다. 잘못을 알고 빨리 고치면 그만큼 손해를 줄일 수 있다. 이뿐 아니라 나라의 다스림[國政]도 해를 빨리 다스려야 막대한 피해를 줄일 수 있다.	설리(說理)

이규보는 본인이 겪은 집을 고친 경험을 먼저 서술하여 기사(紀事)를 형성하였다. 그리고 이러한 경험을 통해서 발견한 새로운 이치를 서술하고 있다. 잘못을 알면 거리낌없이 고칠 수 있어야 한다는 의미를 전달하는 설리(說理) 부분이 뒤따르고 있다. 이렇게 한 편의 설 작품은 기사와 설리가 결합되어 나타나는 것이 가장 보편적인 구성이라 하겠다.

그런데 이러한 형태가 설득적인 목적성을 띠려면 설득 발화가 갖추어야 할 요소인 근거와 주장이 나타나 있어야 한다. 사실, '기사'나 '설리'라는 용어는 한문학의 세계에서는 통용될 수 있지만, 설득적인 글쓰기 장면에서는 통용될 수 없는 용어이기 때문에 이에 대한 검토가 필요하다. 이를 위해서 인지언어학에서 사용하는 근거영역(source domain)과 목표영역(target domain)이라는 용어를 차용하고자 한다.

이 용어들은 원래 유추나 비유와 같이 한 영역을 통해 다른 영역을 이해할 때 사용하는 용어이다. 두 영역 사이의 관계나 구조에서 유사성이 발견될 때 한 영역의 지식이 다른 영역의 지식을 이해할 때 이용된다.[23] 이와 마찬가지로 설 양식도 서로 다른 두 영역인

23) Y. Tsuji 편/임지룡 외 옮김(2004), 『인지언어학 키워드 사전』, 한국문화사, 154쪽.

'기사'와 '설리'가 서로를 이해하는 요소로 작용하게 된다. '기사(紀事)'는 하나의 '근거 영역'에 해당하며, '설리(說理)'는 '목표 영역'에 해당한다. 설 양식의 구성은 근거 영역인 '기사'를 통해 목표 영역인 '설리'로 나아감을 알 수 있다.

이규보의 <이옥설>의 경우, '기사'인 본인이 집을 수리했던 경험이 하나의 '근거 영역'을 형성한다. 그리고 이러한 집을 수리했던 경험은 궁극에는 사람의 신체나 국정(國政)에도 동일하게 적용되어 '잘못을 빨리 시정해야 한다.'는 '설리'라는 '목표 영역'을 이해하는 데에 작용하게 된다. 이와 같이 '설' 양식은 '근거 영역'이 설득적 글쓰기의 근거로서, '목표 영역'이 주장으로 대치됨으로써 설득적 글쓰기가 갖추어야 할 필수 요소를 갖춘다고 볼 수 있다.

② '설' 양식의 구성 양상

실제 작품의 양상을 살펴보면, '기사'와 '설리'가 항상 나란히 등장하지 않고 둘 중 하나만 나타나기도 한다. '기사'와 '설리'의 조합에 따라 아래와 같이 3가지 유형이 나타날 수 있다.

(1) 기사(紀事)로만 구성
(2) 설리(說理)로만 구성
(3) 기사(紀事)와 설리(說理)로 구성

설 작품의 가장 초기의 형태이면서 후대에 큰 영향을 준 세 작품, 한유의 <잡설(雜說)>, <사설(師說)>, 유종원의 <포사자설(捕蛇者說)>을 위 유형에 맞추어 분류해 보겠다. 먼저 한유의 <잡설>은 '백락과 천리마'라는 고사를 글의 대상으로 삼고 있다. '백락'이라는 인물과 '천리마'라는 사물이 구체적인 글감으로서 등장하여 하나의 '기사(紀事)'를 형성하고 있다.

그런데 이 <잡설>은 저자의 주장, 즉 '설리'라고 할 수 있는 부분이 직접적으로 드러나지 않은 작품이다. 작품 속에서는 '천리마가 없는가, 백락이 없는가'라는 반문(反問)을 통해 저자의 주장으로 보이는 표현이 나타나 있긴 하지만 직접적인 주장이 명시되어 있지는 않다. 사실 이 작품을 통해 표현하고자 했던 저자의 주장은 좋은 말을 골라 사육하는 차원의 문제가 아니다. 다시 말하면 작품에서 다룬 내용 자체가 일종의 비유라는 것이다. 저자의 주장은 비유를 통해 함축되었고 그 의미는 생략되었다. 그러한 점에서 '(1) 기사(紀事)로만 구성된 유형'에 해당한다고 할 수 있다.

반면, <사설>은 스승에 대한 이치를 다루고 있다. 한유는 스승을 구하지 않는 세태를 개탄하면서 사람을 스승으로 삼는 것이 아니라 도를 스승으로 삼는 것이 참된 스승을 구하는 자세임을 역설하였다. 이 작품에서는 스승과 관련된 일화라든지 대상에 대한 세밀한 설명 없이 추상적인 논의만을 전개하고 있다. 즉 '스승이 필요함'에 대한 작가의 직접적인 생각이 의론 중심으로 형성된 이 작품은 '설리(說理)로만 이루어진 (2) 유형'에 해당한다.

끝으로 <포사자설>의 경우, 저자 유종원과 땅꾼과의 대화가 전면에 나타난다. 땅꾼이 찾아다니는 뱀의 특성을 비롯하여, 땅꾼의 애로사항들이 서술되어 있다. 이들과의 대화가 끝나고 저자는 '가정맹어호(苛政猛於虎)'를 떠올리면서 끝을 맺는데, 이 부분이 이 작품을 통해서 드러내고자 하는 바이다. 바로 세금 수탈의 가혹한 현장을 직접 보고 들은 경험이 가렴주구(苛斂誅求)의 폐해를 주장하는 저자의 생각으로 이어지게 된 것이다. 이로써 이 작품은 하나의 일화를 토대로 저자가 드러내고자 했던 의미를 명시한 (3) 유형의 작품이라 할 수 있다.

특정 대상에 대한 묘사, 설명, 서사를 한 후, 설리(說理)로 넘어가는 장면에서는 내용의 서술이 달라진다는 표지가 나타나기도 한다.

감탄사를 쓴다든지, 그 동안 감추어졌던 일인칭 '내'가 등장한다든지 등의 방법을 통해 두 부분으로 나누어지는 지점을 표시한다.[24] 이러한 구분은 한문 산문의 보편적인 특징으로 사실과 의견을 분리하려는 의도에서 나온 것이라 볼 수 있다.

이렇게 해서 3가지 유형을 모두 살펴보았는데, (3)번째 유형의 경우 한 가지 다른 양상을 찾아 볼 수 있다. 앞서 이규보의 <이옥설>을 예로 들었는데, "잘못이 있을 때 즉각적으로 대처해야 한다"는 주장을 담고 있는 이 작품은 하나의 일화와 더불어 저자가 깨달은 바를 함께 서술하고 있다는 점에서 (3) 유형에 속한다고 볼 수 있다.

그런데 이 작품은 앞에서 설명한 <포사자설>과 조금 다른 전개 방식을 택하고 있다. <포사자설>의 경우, 저자가 겪었던 일은 "가렴주구"가 나타나는 동일한 세계를 다루는 작품이다. 반면, <이옥설>에 나타난 저자의 집을 고친 경험은 '집을 수리하는 문제'에서 머무른 것이 아니라 '나라의 정치' 문제로 변화되었다. 즉 가정에서 집을 고친 경험이 일종의 비유로 작용하여 마치 가정에서 이런 것과 같이 국가 차원에서는 이러해야 한다며 논의의 세계가 확대되고 달라진 것이다.

이 둘 사이의 차이를 보다 명확하게 설명하기 위해 '전환 표현'과 '비전환 표현'이라는 개념을 응용해 보겠다. 원래 장르 연구에서 '전환'이라는 용어는 작품 내 세계가 현실 세계와 동일하지 않고 작가의 상상과 조작에 의해서 변형되었다는 뜻을 의미하는 '미메시스(mimesis)'를 설명하기 위해 조동일(1971)에서 채택한 용어이다. 이

---

24) <포사자설>의 경우, "이야기를 듣고 나니 나는 더욱 슬퍼졌다.(余聞而愈悲)"고 이야기를 정리하는 대목이 나타나며, 오호(嗚呼), 희(噫) 등의 감탄사가 나타나기도 한다. 이러한 사실과 의견을 명확하게 구분하여 기술하는 전통은 전(傳) 양식에서 더 두드러지게 나타난다.

연구에 따르면, 서사 장르는 현실의 '전환'이 일어나야 '작품 내 세계'가 만들어지지만, 교술 장르의 경우는 현실이 작품 내 세계로 그대로 수용되어 '비전환'이 나타난다는 것이다.

조동일(1971)은 이 용어를 '작품'과 '현실'이라는 이분법에서 사용했지만[25], 본고는 이 용어를 작품 내의 두 세계를 구분하는 특징으로 사용하려고 한다. 즉 설 양식에서 '기사'와 '설리'라는 두 영역이 존재하는데, 이 두 영역이 같은 세계를 상정하고 있는지 아니면 다른 두 세계를 상정하고 있는지에 따라 '비전환표현'과 '전환표현'으로 구분해 볼 수 있다.

'전환표현'의 예로 우언(寓言)을 떠올려보면 이해하기 쉽다. 우언은 드러난 내용과 표현 의도가 다른 짧은 서사로 정의된다. <화왕계(花王戒)>와 같이 겉으로 드러난 내용은 식물의 세계이지만, 그 속에서 의미하는 바는 인간 세계의 규칙이자 도리이다. 우언과 비유는 원래 그 뿌리가 같다고 하는데,[26] 원관념이 속한 세계와 보조관념이 속한 세계가 전혀 다르기 때문에 전환이 이루어진 표현이라 할 수 있다.

다시 <포사자설>과 <이옥설>로 돌아가 보면, <포사자설>은 가렴주구하는 세상이라는 동일 세계의 한 부분을 '기사'에서 다루고 있으므로 '설리(說理)'의 세계와 다르지 않다는 점에서 '비전환표현'에 해당된다. 반면 <이옥설>의 경우 '기사'에서는 가정사를 다루고 있지만, 이 일화를 통해서는 국정을 운영하는 이치를 논하고 있으므로 그 세계가 전환되었음을 확인할 수 있다. 같은 맥락으로 한유의 <잡설>은 '말[馬]과 사육자의 세계'를 빗대어 '인간 세계'를 논하고자 했으므로 역시 전환표현에 해당된다고 하겠다. 하지만, <잡

25) 조동일(1971), 「18・19세기 국문학의 장르체계-장르 이론의 새로운 모색을 위한 일시론」, 『고전문학연구』 1호, 한국고전문학회, 75～95쪽.
26) 천푸칭/오수형 옮김(1994), 『중국우언문학사』, 소나무, 15쪽.

설>의 경우 '기사(紀事)'만 제시되어 있지, 그것이 의미하는 바인 '설리(說理)'의 세계는 나타나 있지 않기 때문에 '잠재적 전환표현' 이라 부를 수 있다.

그렇다면 이러한 구분은 종전의 '설' 양식 논의와 어떤 변별점과 교육적 의의가 있는가? '전환표현'과 '비전환표현'의 구분법은 작품에 나타난 표현 전략과 관련하여 이해할 수 있을 뿐 아니라 저자의 사고 과정 또한 엿볼 수 있다는 장점을 지닌다. 표면적인 특징으로 '기사'와 '설리'를 구분하는 것에 머무르는 것이 아니라 '기사'와 '설리'가 관계 맺는 방식을 밝혀냄으로써 이러한 표현 방식에 나타난 사고 과정도 살펴볼 수 있게 된다.

<이옥설>의 경우, 집을 고치는 가사 문제가 국가 차원의 문제로 확대될 수 있기 위해서는 서로 다른 두 세계를 전제하고 이 두 세계상의 유사성을 포착할 수 있어야 한다. 이러한 유사성을 기반으로 해서 한쪽에서 이루어진 일이 다른 쪽에서도 동일하게 일어날 수 있다고 추리하는 일을 유추(類推)라고 할 수 있다. 전환표현이 이루어진 설 양식에서는 이와 같이 '유추'라는 사고 작용이 일어난다. '동물 세계'에서 '인간의 정치 세계', '무생물의 세계'에서 '인간의 도덕 세계' 등, 서로 다른 세계에서 또 다른 세계로 인식의 전환이 나타난다.

한편 <포사자설>의 경우는 세계의 전환이 일어나진 않지만, '전체와 부분', '일반과 개별'이라는 층위의 차가 나타난다. 저자가 경험한 하나의 사실은 전체 속의 일부분이요, 개별적이며 구체적 사건이다. 즉 저자의 경험이 하나의 사례가 되어서 전체적인 주장이나 이치를 강화하는 작용을 하게 된다. 이 과정에서 나타나는 사고 과정은 일반화 혹은 추상화라고 할 수 있다.

2. '설' 양식의 교육적 가치: 설득적 글쓰기에 대한 인식 지평의 확대

그동안 설득적 글쓰기는 서양에서 수입된 이론들을 바탕으로 그 내용이 구성되었다. 특히 우리나라 교육 환경에서는 실제 글쓰기 자료를 통해 귀납적으로 도출한 교육 내용보다는 연역적으로 주어진 내용들이 많았다. 그러다 보니 앞서 지적한 대로 교육 내용이 공소한 경향을 띠게 되었다. 본고는 과거의 글쓰기 자료를 통해 현재 글쓰기 교육이 놓치고 있는 지점이 무엇인지 밝히고, 실제적 자료를 기반으로 한 설득 글쓰기 교육 내용을 설계해 보고자 한다.

이를 위해서 현재에는 더 이상 소통되지 않는 '설' 양식을 교육의 장으로 도입하고, 이 양식을 대상으로 하여 교육 내용을 추출하고자 한다. 본 장에서는 오늘날 설득적 글쓰기에서 '설' 양식이 갖는 교육적 의의를 '설득적 글쓰기에 대한 인식 지평의 확대'라고 보고, 어느 지점에서 그러한가 밝혀보도록 하겠다.

(1) 논제 측면의 확대: 도덕적 정책 명제에 대한 이해

학교 교육에서 쓰이는 작문 교과서를 살펴보면, 설득적 글쓰기는 주장과 근거로 이루어져 있고, 주장은 명제 형식으로 진술된다고 하였다. 이 때 명제는 다시 3가지, 사실 명제와 가치 명제, 정책 명제로 구분해 볼 수 있다. 이러한 명제 구분이 실제 글쓰기에서 어떻게 작용하며, 이러한 명제 구분에 따라 글쓰기를 할 때, '설' 양식은 어떠한 역할을 할 수 있는지 차례대로 살펴보겠다.

첫째, 사실 명제는 진위(眞僞)의 문제를 다루며, 사실에 대한 질문(question of fact)에 대한 답으로 이루어진다. 고대 그리스 수사학의 '법정 장르'에서처럼 판사가 사실 여부를 판단할 수 있는 명제이다.

사실 명제를 포함하는 설득하는 글은 '5년 이내에 백두산 화산은 폭발한다.', '소현세자는 독살되었다.' 등과 같이 그 사실의 진위여부를 입증하는 것을 목적으로 한다. 이러한 글은 과학 실험이나 자료조사 등 객관적 방법을 통한 근거를 요구한다. 그렇기 때문에 해당 분야의 전문적인 식견을 가지지 못한다면 쓰기 어렵다는 한계가 있다.

두 번째로 가치 명제는 가치의 문제(question of value)를 다룬다. 가치의 문제란 옳음과 그름, 좋음과 나쁨, 도덕과 비도덕 등의 가치를 판별한다. '사형 제도는 잘못된 형벌 방식이다.', '우리나라에서 가장 존경할 만한 여성은 신사임당이다.' 등처럼 어떤 대상이나 행동에 대한 가치 판단이 드러난다. 이러한 글을 쓰기 위해서는 가치 판단의 기준이 전제되어야 하고, 그 기준에 따라 선악, 호오, 미추 등의 가치가 판명되는 과정을 거친다. 그리고 이러한 가치 명제는 가치 판단에서 그치지 않고 특정한 행동을 유발한다. 예를 들면, '사형 제도가 나쁘다'는 가치 명제는 '사형 제도를 폐지하자'라는 행위로, '신사임당이 가장 훌륭한 여성이다.'는 가치 명제는 '고액권 도안 인물로 신사임당을 선정하자'는 행위로 연결될 수 있다.

셋째로 정책 명제는 특정한 목적을 달성하기 위한 방법이나 계획 등 정책에 대한 문제(question of policy)를 다룬다. '～해야 한다.'는 형태로 이루어진 명제는 모두 정책 명제에 해당한다. '학교 체벌은 금지해야 한다.', '영어 공용화가 실시되어야 한다.' 등과 같이 특정한 행위를 지지하는 주장을 담은 글쓰기에서 나타난다. 이러한 명제는 고대 그리스 수사학의 분류에 따르면 의회 장르와 관련이 있다. 의회에서는 미래의 일, 즉 정책을 결정하기 때문이다.

그런데 여기에서 정책 명제는 '사실 명제'나 '가치 명제'의 뒷받침이 있어야 가능하다는 점을 알 수 있다. 어떠한 정책을 추진하기 위해서는 그 정책이 사실과 얼마나 부합하며, 어떠한 가치가 있는지 밝혀져야 하기 때문이다. '영어 공용화는 세계화 시대에 효율적이다.'는 가치 명제가 있어야 '영어 공용화를 실시해야 한다.'는 주장이 가능하게 되는 것처럼 말이다.

이러한 분류에 따르자면, '설' 양식이 내포하고 있는 주장의 명제 형식도 궁극적으로는 정책 명제의 형식을 띠고 있다. '스승을 두고 배워야 한다.<사설(師說)>', '위정자는 가혹한 세금의 폐해를 알아야 한다.<포사자설(捕蛇者說)>', '인재가 버려지지 않도록 해야 한다.<잡설(雜說)>' 등의 내용들은 모두 구체적인 행동을 할 것을 요구하고 있다. 그런데 이러한 행동을 촉구하는 데에는 도덕적 가치 판단이 전제되어 있다. 즉 그렇게 행동하는 것이 옳기 때문에 그러한 행동을 해야 한다는 것이다.

한편, 현대의 학교교육에서 설득적 글쓰기 역시 '정책 명제'를 주로 다룬다는 점에서는 큰 차이가 없다. 그러나 그러한 정책 명제를 포함한 논제들을 살펴보면, 매우 실용적인 문제를 다루고 있음을 알 수 있다. 작문 교과서에서 찾아 본 논제들은 '군 가산점 제도 폐지', '환경 문제와 개발', '중고생 두발 규제', '입시 제도의 문제', '우리 학교가 개선해야 할 점' 등은 특정 행위에 대한 지지 혹은 반대의 입장을 중심으로 행동을 촉구하는 정책 명제의 성격을 띠고 있다.[27] 이렇게 현실에 즉한 논제들을 다루는 데에는 현대적인 가치관의 영향이 크게 작용했으리라 볼 수 있다.

조셉 윌리엄스・그레고리 콜럼(2008:105)에서 이를 확인해 볼 수 있다. 이 책은 미국 내에서 논증을 통한 글쓰기를 다룬 베스트셀러로서 우리나라에도 번역되어 소개됐다. 이 책에서는 설득적인 글이 다루는 문제를 두 가지로 구분하였는데, 하나는 실용문제(pragmatic problems)이고 하나는 개념문제(conceptual problems)이다. "현 상황을

---

27) '개성의 진정한 의미'나 '통일의 필요성'과 같이 가치 판단을 다루는 명제를 예시하고 있기는 하지만, 이러한 명제는 소수에 불과하다.

바꾸려면 무엇을 해야 하는가"라는 문제가 실용문제로서, 이에 대한 답은 '정책 명제'의 형태를 띠게 될 것이다. 한편, "이 쟁점에 대해 좀 더 잘 이해하려면 무엇을 알아야 하는가?"라는 문제는 개념문제로서, 이에 대한 답은 '사실 명제'의 형태를 띤다. 그런데 이 책에서 사람들이 실용 문제를 다루는 일에는 관심이 있지만, 개념 문제를 다루는 일에는 관심이 없음을 지적하고 있다. 그러면서 개념 문제를 해결할 수 있을 때, 수많은 실용 문제를 해결할 수 있다는 점을 들어 개념 문제가 필요함을 역설하였다.

여기에서 알 수 있듯이 사람들은 실용 문제를 해결하길 원하고, 이러한 문제의 해결을 담고 있는 정책 명제에 대한 논의를 활발하게 진행하고 있다. 이처럼 현대 사회에서 실용적인 문제에 대한 '정책 명제', 즉 '무엇을 해야 한다.'는 문제를 많이 다루는 이유는 책에서 지적한 것처럼 순수학문보다 응용학문을 더 선호하는 경향 때문이기도 하지만, 현대 사회의 가치관 때문일 가능성이 더 크다. 현대 자본주의 산업 사회는 개인의 이익을 최우선의 가치로 삼고, 이를 극대화할 수 있는 정책을 제시하고 지지하는 활동을 요구한다. 이에 따라 나에게 유익이 되는 정책과 손해가 되는 정책을 구분하고 지지하거나 반박하는 활동이 설득 교육의 핵심적인 과제라고 할 수 있다.

물론 이러한 설득 행위도 필요하겠지만, 설득이란 실용적인 가치에 의해 판단되는 정책 명제만을 다루는 것은 옳지 않다. 어떠한 행위를 하는 데에 판단 기준이 이익이 아닌 정의나 도덕에 의해서 제시될 필요가 있다.[28] 다음과 같은 '설' 양식의 글을 살펴보자.

---

28) 물론 공리주의자들은 이익이 곧 행복을 가져다주는 것이고, 이익을 극대화하는 것이 모두의 행복을 추구하는 길이며 윤리적으로도 정당하다고 본다. 그러나 이익 추구가 도덕으로 연결되지 않는다. 오히려 윤리적이지 않을 수 있다. 예를 들어 '기여입학제'의 경우 공리주의자는 부자나 가난한 사람이나 모두 혜택을 누릴 수 있다는 점에서 찬성하지만 윤리적으로 옳은 제도인가에 대해서는 동의하기 힘들다.

> 옛날 공자는 추나라 사람의 아들로서 성인이 되었고, 안회는 노의 아들로서 현자가 되었다. 공자가 안로의 아들로 하여금 보고 듣는 것을 나와 동일하게 하고 말하고 행동하는 것을 나와 동일하게 하였으니 이 또한 변화이다. 사람이 다른 사람을 변화시키는 것은 오직 공자만 가능했다. 그 이후로 사람이 다른 사람을 변화시키지 못했고 다른 사람에 의해 변화되지도 못했다. 슬프다.[29]

위 글은 자연 생물에서 깨달은 바를 행동 촉구로 나타낸 내용을 담고 있다. 위 글에서 주장하는 바는 '인간은 변화해야 한다.'는 것이다. 그 근거는 자연 생물의 변화였고, 성현(聖賢)이었던 공자와 안회의 변화였다. 변화의 모델로서 공자와 같은 성현이 제시되었다는 점에서 그 인물이 갖추었던 인격과 성품을 존중하는 태도를 반영한 것임을 알 수 있다. 이처럼 어떠한 행위를 촉구할 때의 기준은 그 행위가 유익이 되는가라는 실용적인 기준이 아니라 공자와 같은 성현 모델이 도덕적 가치 판단의 기준임을 보여준다. '무엇이 유익한가'가 아니라 '무엇이 옳은 것인가'에 대한 가치 판단을 전제하고 있는 것이다. 아리스토텔레스의 『수사학』에서 의회 장르는 정책 명제와 연결되는데, 이 장르에서 수사적 논점 역시 '윤리적으로 옳은가?'가 보다는 '행복을 가져다 주는가?'라는 점을 주목할 필요가 있다.[30]

요약하자면, 설득적 글쓰기는 정책 명제의 형태를 띤 주장을 담고 있는 글쓰기가 주를 이룬다. 이 때 정책 명제는 다시 가치 명제를

---

29) 昔仲尼, 鄒人之子而聖者也. 顔回, 路之子而賢者也. 仲尼能使顔路之子視聽類我, 言動類我, 是亦化也. 人能化人者, 唯仲尼能之. 自是以後, 人無能化人者, 人亦無能化於人者. 悲夫. <蝶贏化螟蛉說>, 『기재집(企齋集)』 권1.

30) 아리스토텔레스는 의회 토론의 목표를 행복을 증대하는 일로 보았고 그것은 다른 것보다 더 좋은 결과(이익)를 가져다 주는 것을 선택하는 것이라고 설명하였다. 아리스토텔레스/이종오 옮김(2007), 『수사학 I』, 리젬, 89~130쪽.

근거로 삼게 된다. 가치 명제는 가치 판단을 위해 기준을 제시하는데, 현대 사회의 가치 판단을 한 마디로 말하자면, '이익의 크기'라고 할 수 있다. 어떠한 행위가 가치가 있다는 것은 그만큼의 이익 혹은 유익이 있다는 판단이 전제되어 있는 것이다. 그러나 중세의 설득적 글쓰기인 '설'에서는 그 판단 기준이 달랐음을 확인할 수 있다. 어떤 행위에 당위성을 부여하기 위해서는 그 행동이 옳은가라는 도덕적 가치 판단의 기준에 부합해야 했다. 이러한 차이는 앞서 논의한 대로 '설득'의 행위 자체가 상대방과의 대결이 아닌 '윤리적 진전'과 '인격의 완성'을 지향하고 있기 때문일 것이다.[31)]

(2) 내용 구조 측면의 확대: 비직선형 담화 구조의 이해

논설문을 대표로 하는 설득적 글쓰기를 할 때 알아야 할 '쓰기 지식'으로 '서론-본론-결론' 내용 조직을 제시하고 있다. 서론에서는 문제를 제기하고 논의 대상을 확정하며 서술 방법 등을 서술하고, 본론에서는 논제에 대해 자신의 의견과 논거를 제시하며, 결론에서는 논지를 요약 정리하는 글쓰기가 이루어져야 한다고 배우고 있다. 그런데, 이처럼 분명하고 당연하게 받아들여지고 있는 서론-본론-결론 쓰기는 전통적 글쓰기와는 다른 글쓰기 구성이다.

대신 전통 한문 글쓰기에서는 기승전결(起承轉結)의 4단 구성의 형식을 취했다.[32)] 한시 절구의 구성 방식으로 잘 알려진 기승전결은 전통 한문 글쓰기에도 동일하게 적용된다는 것이다. 심경호(1998:

31) 쓰기가 실용적인 정책 문제로만 치우칠 경우 학생들을 즉물적인 존재로 만들 우려가 있다. "우한용(2009), 「문학적 발상과 작문/교육」, 『한국작문학회 발표자료집』 17호, 14쪽"에서 작문은 학생들의 삶의 과정으로 설계되고 수행되어야 하며 그러자면 실용성의 억압에서 다소 풀려나야 한다는 주장은 이러한 문제의식을 공유하는 것으로 볼 수 있다.

32) 기승전결(起承轉結)은 기승포결(起承鋪結), 기승전합(起承轉合) 등으로 불리기도 한다.

89)에 따르면, 고기(高琦)의 『문장일관(文章一貫)』에 의거하여 한문 구성은 기(起), 승(承), 포(鋪), 서(敍), 과(過), 결(結)로 이루어져 있다고 하였다. 그런데, 래유순(來裕恂)의 『한문전(漢文典)』을 인용하여 그 가운데 '기, 승, 전, 결'의 구성이 일반적임을 밝히고 있다.

우리나라에서 『여한십가문초(麗韓十家文抄)』를 펴낼 정도로 고문에 대해 정통하고 있었던 김택영(金澤榮, 1850～1927)도 역시 글을 쓰는 기본 법도로 '기승전결'을 들고 있다.

> 기승전합은 글 짓는 사람이 만세토록 바꾸지 못하는 정법(定法)이니 이것이 아니고서는 말이 차례가 없고 글이 전달될 수 없어서 이른바 문(文)이랄 게 없다.[33]

김택영은 글을 글답게 만드는 원리[法]가 있는데, 변하지 않고 적용되는 정법(定法)과 상황에 따라 달라질 수 있는 활법(活法)이 있다고 하였다.[34] 이 가운데 기승전결의 글쓰기는 정법에 해당한다고 설명하고 있다. 그만큼 고전 글쓰기에서 기승전결은 규범화되어 정착된 글의 구성 방식임을 보여준다.

또한, 조선 후기 문인이었던 조긍섭(曺兢燮, 1873～1933)의 문집에 <애련설(愛蓮說)>을 비평한 <애련설비(愛蓮說批)>라는 글이 있다. 이 글은 주돈이(周敦頤)가 지은 <애련설>을 설명하면서, "겨우 120글자로 이루어진 이 작품이 기승전결로 되어 있으면서 서로 호응(呼應)하고 돈좌(頓挫)하여 법이 갖추어지지 않음이 없다(此篇文僅百二十字, 而起承轉合, 呼應頓挫, 無法不具)"고 극찬하는 대목이 있다.

---

33) 至於起承轉合, 乃爲文者萬世不易之定法. 非是則言無其序, 辭不得達, 而無所謂文者矣. '답인논고문서(答人論古文書)' 『소호당집(韶濩堂集)』 정본(定本) 권일(卷一)

34) 정법(定法)과 활법(活法)에 대한 자세한 논의는 정민(1999), 「고전문장이론에서 '법'의 문제에 대하여」, 『고전문학연구』 15집, 한국고전문학회, 281～315쪽.

앞뒤가 잘 들어맞는 호응이나, 억눌려 있던 어구가 갑자기 튕겨 오르는 돈좌와 같은 수사법과 더불어 기승전결이 언급되고 있다는 점을 주목해 볼 필요가 있다.

뿐만 아니라 한문 글쓰기와 근대적 국문 글쓰기의 과도적 모습을 보여주는 최재학(1909)의 『실지응용작문법』을 보더라도 글의 구성은 다음과 같이 4단 구성으로 설명되고 있다.

> (起) 自古로 國存國亡이 地에 不在ᄒᆞ고 人에 在ᄒᆞᄂᆞ니 印度는 廣大ᄒᆞᆫ 沃野로ᄃᆡ 宗社가 丘墟ᄒᆞ고 安南은 物産의 天府로ᄃᆡ 民族이 魚肉이 되얏스니 此는 皆其人의 罪라
>
> (承) 現今我韓의 貧弱ᄒᆞᆫ 原因은 地에 在ᄒᆞᆫ가 人에 在ᄒᆞᆫ가 曰地에 不在ᄒᆞ니라
>
> (鋪) 夫我邦은 氣候溫和ᄒᆞ야 生活에 適宜ᄒᆞ고 良港이 羅列ᄒᆞ야 交通에 便利ᄒᆞ고 礦山漁海의 利源이 無窮ᄒᆞ고 農桑森林의 發育이 良好ᄒᆞ니 實로 天然的 優勝國이라
>
> (結) 嗚呼라 地勢가 人類의 發達을 增進ᄒᆞ나 能히 此를 利用ᄒᆞ야 文明에 進ᄒᆞ고 富强을 致ᄒᆞᆷ은 其人에 在ᄒᆞ니 吾輩가 此를 勉勵키 不能ᄒᆞ면 印度 安南의 覆轍을 蹈ᄒᆞᆯ지니 可히 懼치 안으며 可히 念치 안으리오 <韓國地理說>, (최재학, 1909:56~57)

위 글은 나라의 흥망이 땅의 크기나 비옥함에 있지 않고 사람에게 있음을 주장하는 글이다. '기(起)'는 인도와 베트남이 자연환경이 좋음에도 불구하고 나라가 망한 것은 사람의 탓이라고 설명하고 '승(承)'에서는 우리나라의 어려움도 자연환경에 있지 않음을 역설하고 있다. '포(鋪)'에서는 우리나라 자연환경이 얼마나 훌륭한지 설명하였고, '결(結)'에서는 그럼에도 사람이 노력하지 않으면 망하게 됨을 경계하고 있다. 이처럼 『실지응용작문법』은 국한문 혼용체를

따르고 있지만, 글의 형식은 종래의 한문 문체인 '설(說)'을 유지하고 있다.

전통 한문 글쓰기 구성 방식인 '기승전결'의 4단 구성 방식은 이각종(李覺鍾)의 『실용작문법(實用作文法)』(1917)에서 비로소 '기진결(起進結)'의 3단 구성으로 변화하게 된다고 알려져 있다.[35] '기승전결'의 4단 구성은 의미 맥락과 논리 흐름에 따른 구성 방식인 데 반해, '기진결'의 3단 구성은 형식성을 강조한 방식으로서 근대 전환기를 거치면서 글쓰기의 구성 형태 3단 구성의 형태로 달라졌다는 것이다.

그렇다면 3단 구성과 4단 구성의 차이는 무엇인가? 하나의 구성 단위가 더 있다는 것은 어떠한 의미인가? 이 부분에 대해 현대의 한국 학생과 미국 학생의 논증적 글쓰기를 분석한 최연희(Choi, 1988)라는 흥미로운 논문이 있다.[36] 텍스트의 구조 유형을 비교 분석해 본 결과, 미국 학생들은 '주장-정당화-결론(Claim-Justification-Conclusion)'이 지배적으로 나타나는 반면, 한국 학생들에게서는 '도입-발전-전환-결론(Introduction-Development-Transition-Conclusion)'이라는 독특한 구조가 발견되었다. 더불어 이 논문에서 한국 학생과 미국 학생의 논증 방식의 차이를 상향식(bottom-up)과 하향식(top-down)으로 설명하였다. 즉 한국 학생의 경우, 주요한 주장이 결론에 가서야 나타나는 반면, 미국 학생의 경우 서두 부분에 먼저 자신의 의견을 제시하고 이를 입증해 나가는 방향으로 추론한다는 것이다.

이 때, 한국 학생들 사이에서만 나타난 '도입-발전-전환-결론' 구조는 하향식 구조를 취한다는 특징을 갖는다는 것이다. 즉 결론부에

35) 이정찬(2006), 「근대 전환기 작문론 연구」, 서울대 석사논문, 100~101쪽.
36) Yeon Hee Choi(1988), Textual coherence in English and Korean: an analysis of argumentative writing by American and Korean students, Thesis(Ph.D), University of Illinois.

가서야 저자가 이 글을 통해 드러내고자 했던 주장을 확인할 수가 있다. 이 구조가 다른 유형과 차별화되는 지점은 '전환(transition) 부분'이라고 하겠다. 새로운 주제를 소개하거나 쟁점을 부각시키고 이를 발전시켜 논의를 진행한 뒤 세 번째 단계에서 내용의 전환을 갖는다. 이러한 구조는 비유나 암시, 복선 등의 간접적인 표현 방식을 중시하며 중심 주장을 결론부에 두는 특징을 보여준다.

이 논문에서는 이러한 '도입-발전-전환-결론'의 글쓰기가 한국적인 논증 글의 특징이라고 보았다. 한국의 논증적 글쓰기는 중국 고전 한문 글쓰기에 연원을 두고 있으며, 또한 중국 고전 산문들은 한시의 전형적인 수사적 구조인 '기승전결'의 영향을 받았으리라 추정하고 있다. 그리고 비록 근대화가 되면서 서양의 서론-본론-결론 쓰기가 일반적인 논증 글쓰기 방식이 되었지만, 여전히 동아시아 국가들에서는 '기승전결'의 글쓰기가 영향력을 미치고 있음을 보여주었다.

이상의 논의와 같이 동아시아 글쓰기는 글 전체에서 한 번의 전환을 배치해 두었다는 특징이 있다. 다시 말하면, '기-승'과 '전-결'이 각각 하나의 의미단락으로 구분된다는 점이다. 설 양식도 마찬가지여서 일반적으로 '기사(紀事)'와 '설리(說理)'라는 의미상 구분이 나타나 있다. '기승전결'의 구조에 따라 '기-승'을 '기사(紀事)'에, '전-결'을 '설리(說理)'로 묶어볼 수 있다. 이곡의 '차마설'을 예로 들어, 각 단락별 화제를 부여해 보았다.

(a) 말을 빌어 탈 때의 기분
(b) 제 소유일 때의 기분
(c) 세상 모든 일의 본질
(d) 글을 쓴 뜻37)

주지하다시피, '차마설'은 '말을 빌려 탄 경험'과 '이 경험을 통해 얻게 된 인생의 도리'로 크게 구분된다. 화제별 구분에 대입을 해 보자면, (a)와 (b)는 경험의 기술에, (c)와 (d)는 그 경험에서 얻은 의미를 서술하고 있다. 이 글에서는 (c)의 단락에서 큰 전환을 이루고 있다. 작품상에서 보아도 "그러나 사람의 가진 바가 어느 것이 남에게서 빈 것이 아니랴.(然人之所有 孰爲不借者)"라고 하면서 앞서 물건을 빌려 쓸 때와 자기 것일 때의 기분을 비교하던 흐름에서 벗어나 새로운 논의를 전개하고자 함을 알 수 있다.

앞선 논의에서 설득적 글쓰기의 대표적 내용 조직 유형을 문제 해결식 유형과 논박형 유형, 그리고 화제식 유형으로 정리해 보았다. 문제 해결식 유형은 '문제-원인-해결책'의 형식적 패턴을 지니며, 전형적인 논설문 쓰기의 구성인 서론-본론-결론과 조화를 이룬다.[38] 또한 논박형 구조는 '논박할 대상 설명-논박-새로운 대안 제시'의 패턴으로 역시 서론-본론-결론 쓰기에 적합한 구조이다. 반면, 화제식 유형은 '화제-의미'의 단순한 구조로 이루어져 있다. 예화나 경험, 고사와 같이 삶의 이야기가 화제가 되고 여기에서 직접적인 의미를 추출하여 논의를 마무리하는 방식이다.

그런데 여기에서 화제식 유형의 설득적 글쓰기와 설 양식간의 친연성을 생각해 볼 수 있다. 화제식 유형의 글 역시 글 중간에서 일정한 전환을 설정해 두고 있기 때문이다. 화제형 글쓰기의 사례를 보여주는 현대의 좋은 사례로 이규태의 칼럼을 들 수 있다. 그의 글을 설득적 글쓰기라는 관점에서 분석한 선행 연구가 있는데, 이 연구에서 그의 글에 대한 특징을 다음과 같이 4가지로 정리한 바 있다.[39]

37) 김대행(1995:263)을 참조하였다.
38) 배수찬(2006:134)에서는 이러한 문제 해결식 유형을 전통적인 글쓰기 방식과 구별하여 인위적 설득 구조라고 명명하였다.

(1) 구성상으로는 2단 구성을 취하며 마지막 부분에서 자신의 주장을 보인다.
(2) 자신의 주장을 직접적으로 진술하지 않고 간접적인 암시에서만 그친다.
(3) 자신의 주장을 뒷받침할 논거를 사례에서만 찾고 있다.
(4) 그리고 그 사례 제시는 동서고금의 일화(逸話)와 사실(史實)의 발굴을 통해 이루어진다.

'구성상 2단 형식을 취한다'고 했는데, 이는 화제형 글쓰기의 '화제'와 '의미'에 대응된다. 또한 마지막 부분에서 자신의 주장을 보인다든지, 뒷받침할 논거를 사례에서 찾는다는 점 역시 '화제형 구조'를 따르고 있음을 보여준다. 물론 이규태의 글쓰기가 방대한 자료에서 나오는 해박한 배경 지식을 바탕으로 하고 있다는 점은 그의 글쓰기만이 갖는 강점이자 특성이긴 하지만, 구성은 화제형 구조와 일치함을 알 수 있다.

왜 이규태가 이러한 글쓰기 구성을 자신의 글쓰기 틀로 삼았는지는 좀더 정밀한 개인사에 대한 조사가 필요하지만, 이규태 본인의 평소 관심사가 한국적인 의식(意識), 문화 등에 집중되었다는 점을 감안해 볼 때 글쓰기 역시 주체적인 한국 전통의 글쓰기관을 지녔으리라 추정할 수 있다. 일반적으로 설득적인 글쓰기라면 으레 서론-본론-결론이라는 3단 구성을 취하는 반면, 이규태의 글쓰기는 2단 구성이라는 독특한 구성을 취하고 있기 때문이다.

황적륜(1991)은 한국어와 영어의 언어간 담화 구조상의 특징을 비교한 연구사를 검토하면서 영어의 담화 구조를 직선적(linear) 구조라고 정리한 바 있다.[40] 이 때 '직선적'이라는 의미는 글의 어느

39) 정정순(2001), 「설득을 위한 글쓰기 전략-이규태의 글쓰기를 한 사례로-」, 『국어교육학연구』 12, 국어교육학회, 363~382쪽.

부분도 주제에서 이탈됨이 없이 처음부터 끝까지 일관되게 하나의 주제를 다룸을 뜻한다. 대부분 영어 문단은 한 문단에 하나의 주제라는 원칙 아래 두괄식 구조를 취하고 있으며 중심 문장에 뒷받침하는 문장들이 결합되는 구조를 미덕으로 여겼다.

반면 영어 담화 구조와 달리 한국어의 담화 구조는 비직선적(non-linear)이라고 명명하고 있다. 이 때 '비직선적'이라는 명칭은 글쓰기에서 딱히 주제문(topic-sentence)이라고 할 만 한 것이 없고, 구체적인 것에서 일반화로 가는 귀납적 패턴을 보이기에 붙여진 것이다. 특히 이 논문에서는 한국어의 담화 구조는 주제를 전개할 때 서술의 우회성을 보이며 귀납적인 특성을 지닌다고 했다.

이러한 점을 종합해 볼 때, 서론-본론-결론이라는 글의 구조를 띤 문제 해결식 유형이나 논박형 유형의 글은 논리성을 강조하는 성격을 띠는 반면, 화제-의미의 구조로 된 화제형 구조의 경우 그 우회성과 생략으로 말미암아 정서적인 면을 강조하는 특색을 갖는다고 볼 수 있다. 현재 우리의 글쓰기 교실에서는 전자를 주로 다루고 있다면, 우리나라 전통의 글쓰기 방식은 후자에 해당한다고 하겠다. 따라서 '설' 양식을 통해 발굴해 낸 전통적인 글쓰기 유형을 학습하면 보다 다양한 방식의 설득적 글쓰기를 이해하고 실천할 수 있으리라 기대할 수 있다.

(3) 설득 태도 측면의 확대: 포용과 공존을 위한 설득의 이해

설득하는 글쓰기에서 중요한 쓰기 변인 중 하나는 '독자'이다. 일반적으로 담화를 그 목적에 따라 분류할 때, 표현적, 설득적, 문학적, 지시적 기능을 갖는다고 한다. 이러한 분류는 의사소통의 구성

40) 황적륜(1991), 「한국어와 영어의 담화구조 비교 연구」, 『서울대 사대논총』 41집, 서울대 사범대학, 91~114쪽.

요소 가운데 어느 요소에 초점을 두었는가에 따라 달라지는데, 각각 발신자, 수신자, 약호(code), 실재 대상에 대응된다. 이 중 언어의 설득적 기능은 의사소통의 구성 요소 중에서 수신자와 관련을 맺는다.

다양한 장르의 글 중에서 설득하는 글쓰기만큼 독자에 대한 고려가 중요한 장르가 없다.[41] 설득은 상대편이 이편으로 따르도록 일러서 깨우친다는 의미에서 알 수 있듯이 상대편이 누구이며, 어떠한 상태인지에 따라서 설득의 방법이나 전략이 달라져야 한다. 그런 만큼 어떤 독자를 상대하여 글을 쓰는가를 인지하는 일은 설득하는 글쓰기에서 매우 중요하며 이러한 점을 강조하여 교육할 필요가 있다.

본고는 설득적 글쓰기의 유형을 고찰하면서 독자의 유형을 3가지로 구분한 바 있다. 설득이 수신자의 태도를 변용하는 것을 목적으로 한 행위라는 점에서 착안하여, 태도 변용의 양상을 '강화'와 '형성', '변화'라는 세 가지 단계로 구분하였다. 이러한 구분에 따르면, 현대의 설득적 글쓰기는 상대방의 '태도 변화'에 초점을 두고 있는 경향이 있다.

글을 쓸 때, 능숙한 필자는 예상되는 독자를 가정하고 글을 쓴다고 한다. 그런데 이 때 예상되는 독자의 태도가 어떠하느냐에 따라 글의 성격과 전략은 달라진다. 일반적으로 설득적 글쓰기의 경우 필자와 반대편 입장에 서 있는 독자를 가정하고 글을 쓰게 된다는 것이다. 그러한 증거를 교육과정의 요목 중 다음과 같은 데에서 찾아볼 수 있다.

---

41) Berkenkotter(1981)는 능숙한 필자가 글을 쓰는 가운데 얼마나 독자를 의식하는지 사고구술법을 활용하여 빈도수를 조사하였는데, 설득적인(persuasive) 글 > 설명적인(informative) 글 > 자기 서사적(personal narrative) 글의 순서로 빈도수가 높게 나왔다. Berkenkotter, C.(1981), Understanding writer's awareness of audience, *College Composition and Communication* Vol.32 No.4 p.392.

(a) 하나의 문제에 대하여 토론해 보고, 의견의 차이점이나 공통점이 잘 드러나게 내용을 조직하여 글을 쓴다.(6차 교육과정 중1학년)
(b) 토론을 통하여 내용을 생성해 글을 쓴다.(7차 교육과정 8학년)
(c) 의견의 차이가 드러나는 문제에 대하여 적절한 근거를 들어 논증하는 글을 쓴다.(2007 개정 9학년)
(d) 의견의 차이가 드러나는 문제에 대해 타당한 근거를 들어 주장하는 글을 쓴다.(2009 개정 7~9학년군)

(a)와 (b)는 설득적 글쓰기의 내용 생성 전략 중 하나로 '토론'을 제시하고 있다. 토론은 내용 생성 전략으로 기획되어 있는 '매체에서 내용 생성'나 '상황에 따른 내용 생성'과 같이 실천이 모호한 방법보다는 설득적 글쓰기에 알맞은 내용 생성 전략이라 하겠다. 그러나 토론이라는 활동이 갖는 성격은 기본적으로 나와 의견을 달리하는 상대자를 전제하고 있기 때문에 결국 설득적 글쓰기란 그러한 상대를 이해시키고 설복하는 행위라는 인식으로 고착화할 것이다. (c)와 (d)에서도 마찬가지로 의견의 차이가 존재함을 전제로 한 글쓰기가 논증하는 글쓰기의 전형적인 성격으로 드러나 있다.

현대 민주주의 사회는 다양한 가치관과 주장을 지닌 타인과 소통하며 살아야 하고, 토론과 협상은 민주 시민으로서 갖추어야 할 기본 능력이 되었다. 그러나 토론은 의견의 불일치를 전제하고 있으며, 승패의 판정으로 나타난다는 점에서 설득 행위의 가치를 왜곡할 우려가 있다.[42] 설득이란 결코 나와 상반된 입장을 가진 대상과 벌이는 승부도 아니며, 이를 통해 승자와 패자가 나뉠 수 있는 성질은 더더구나 아니다. 이렇게 편향된 설득의 의미를 바로잡기 위해서도 설 양식에 나타난 설득의 의미를 살펴볼 필요가 있다.

42) 이와 관련된 문제의식을 담고 있는 연구로 "유동엽(2004), 「논쟁의 불일치 조정 양상에 관한 연구」, 서울대 박사논문"이 있다.

설 양식의 글에서는 예상독자가 누구인지 직접 문면에 밝힌 작품들이 있다. 독자가 밝혀진 작품들의 대표적 유형은 '아들', '친구', '위정자' 등이다. 그 가운데 아들을 대상으로 쓴 <훈자오설>을 살펴보겠다. 이 글은 글을 쓰게 된 경위와 배경들을 따로 서문(序文) 형식으로 기록해 두었기 때문에 작품 집필의 동기를 파악할 수 있는 장점이 있다.

> 자식을 훈계하는 다섯 가지 설은 무위자(無爲子)가 그의 아들 강귀손(姜龜孫)을 위해 지은 것이다. 무엇을 훈계하려는가? 그의 부족한 점을 훈계하려는 것이다. 왜 자신은 헤아려보지도 않고 분수 넘게 설을 지었는가? 그의 말은 저속하지만 그 뜻은 성현의 뜻과 같기 때문이다. 왜 자식의 미급한 점을 곧바로 지적하지 않고 그 뜻을 은미하게 보였는가? 부자간에 말할 때는 완곡해야 하기 때문이다. 아들 강귀손이 벼슬을 그만두고 공부하는 자리로 돌아오려 할 때 어떤 사람은 "벼슬을 그만두어서는 안 된다"하고 어떤 사람은 "공부는 제 때 해야 한다"하여 그 생각이 동일하지 않아 거취를 망설이게 한다. 이에 큰 뜻으로 타일러 학적(學籍)에 나아가도록 하였으나 여전히 미진한 바가 있지 않을까 염려되어 필담으로 보였다. (후략)[43]

먼저 이 글의 필자는 아버지 강희맹이며, 독자는 아들 강귀손임을 알 수 있다. 또한 전달하려는 메시지는 벼슬을 그만두고 돌아온 아들에게 "공부에 전념하라"는 것이다. 이 작품은 세조 14년(1468년), 강희맹의 나이 45세에 씌어졌으며, 그 당시 장남 강귀손의 나이는

---

43) 訓子五說者, 無爲子爲其子龜孫作也. 曷爲訓之? 訓其所不逮也. 曷不自揆而濫爲之說歟? 其言則俚, 而其意則古昔聖賢之遺意也. 何以不敢直斥, 而微示其意歟? 父子之間, 言猶婉也. 龜兒之解官歸學也. 或云"爵祿不可辭也", 或云"學業當及時也". 所論不同. 使人不能不眩於去就. 於是諭以大義, 令赴學籍, 猶恐有所闕漏, 略示筆談. (후략) <훈자오설(訓子五說)> 병서(幷序)

19세였다. 강귀손은 조상의 공덕으로 관직에 오를 수 있었던 음직(蔭職) 제도를 통해 관직 생활을 하고 있었으며, 계속 벼슬 생활을 해야 할지 아니면 공부를 해야 할지 고민하던 때였다.

강희맹은 아버지로서 아들이 조상의 공로가 아닌 자신의 노력으로 관직에 진출하기를 원했다. 위 글에서 알 수 있는 바와 같이 강희맹이 설을 지은 동기는 그러한 의도가 담겨 있다. 그런데 인용문에서와 같이 강희맹은 설을 짓기 전에 이미 말로써 '공부를 하라'는 권유를 했던 것으로 보인다. 그러나 '여전히 미진한 바가 있어서(有所闕漏)' 직접 글로써 당부한다고 쓰고 있다.

강귀순은 이미 아버지의 뜻을 따라 관직 생활을 포기하고 공부하는 쪽으로 마음을 먹고 있었고, 아버지는 그러한 아들에게 다시 아버지의 뜻을 전달하고 있는 것이다. 이러한 설득의 담화는 이미 결정된 아들의 태도를 강화하기 위함임을 알 수 있다. 물론 아들의 심리 내면까지 정확하게 파악할 수 없지만, 아들 강귀손이 <훈자오설>이 지어진 해로부터 11년 후인 성종 10년(1479년)에 과거시험을 통해 관직에 나갔다는 사실로 보았을 때, 진심으로 아버지의 뜻을 따랐음을 알 수 있다.[44)]

아버지와 아들, 친구와 친구 사이에 주고받는 설득의 담화들은 대립적인 성격을 띠기보다는 상대를 격려하고 확신을 심어주는 방향으로 이루어진다. 마찬가지로 설득적 글쓰기의 예상 독자도 나와 적대적인 관계에 놓여 있는 상대만 존재하는 것이 아니라 태도가 확실하지 않거나 우호적인 독자들로도 존재한다. 이렇게 다양하게 존재하는 독자들을 일방적인 설득의 전략과 방법에 따라 교육하는 것은 설득의 의미를 왜곡하게 한다. 설득의 '설(說)'이라는 한자어가

---

44) "장자는 귀손이며 기해년 과거에 합격하여 사복시 정(司僕寺正)이 되었다. 長曰龜孫, 中己亥科, 爲司僕寺正." 서거정(徐居正), <贈謚文良姜公神道碑銘>, 『사숙재집』 권11. <훈자오설>이 쓰여진 때는 1468년이며, 기해년은 1479년이다.

'상대를 기쁘게 한다'는 의미의 '열(悅)'에서 기원했다는 사실을 염두에 둔다면 설득의 의미는 독자의 유형과 함께 확대되어야 할 것이다. 이를 위해 '설' 양식에 담긴 설득 태도에 대한 전제를 교육할 필요가 있다.

IV

설득적 글쓰기 교육을 위한 '설' 양식 분석

1. 설득적 글쓰기 교육 내용의 틀

앞서 '설'을 설득적 성격을 지닌 한문 산문 양식이라고 정의했다. 상대방의 태도를 변용시키고자 하는 의도를 지녔다는 점에서 '설득'이라는 성격을 확인했고, 상대방과의 대결과 승부를 목적으로 하는 대립적 설득이 아닌 윤리적 진전을 꾀하기 위한 의도를 지닌 포용적 성격의 설득으로, 동아시아의 전통의 글쓰기에 대한 인식을 따르고 있음을 살펴보았다. '설' 양식은 서구 수사학의 영향으로 편향되어 토론과 논쟁을 통해 양산되는 글쓰기에서 벗어나 내면으로부터의 성찰과 공동체 의식에서 비롯된 글쓰기를 실천했던 자료로서 가치가 있다.

그러나 현대에 다시 '설' 양식을 복원하는 것이 본 연구의 목적이 아니기 때문에 '설' 양식을 쓰기교육의 관점으로 재조명할 필요가 있다. 다시 말하면, 고전 한문 글쓰기를 현대의 글쓰기에 맞게 전환하기 위해서 '설' 양식에 담겨진 설득의 방법과 원리들을 추출하고 이를 현대적 용어로 설명해야 할 것이다. 이를 위해서 첫째 설득이라는 행위를 설명할 수 있는 이론을 마련하고, 다음으로 글쓰기에 필요한 지식을 결합하는 방법을 취하고자 한다. 다시 말하면, 설득에 관한 이론과 쓰기에 대한 이론을 결합시켜 설득적 글쓰기의 내용 틀을 마련하고자 하는 것이다.

먼저 설득 행위를 이루는 요소들을 파악하기 위해 툴민(Toulmin)의 이론을 참고하고자 한다. 현대 논증에서 쓰이는 논증 모델은 툴민이 만들었다고 해도 과언이 아닐 정도로 논증에서 쓰이는 요소들을 체계적으로 설명하였다.[1)] 설득하는 과정의 기본 요소는 주장(claim, conclusion)과 근거(data), 그리고 전제(warrant)이다.[2)] 주장이란

1) 반 데이크(2000:236)의 『텍스트학』에서도 논증적인 글의 초구조를 설명하기 위해 툴민의 이론을 이용하였다.

독자가 받아들이길 바라는 가치관이나 지식을 의미하며, 근거란 주장을 뒷받침하기 위해 제시할 수 있는 증거 자료이다. 그리고 전제란 제시된 근거가 주장을 뒷받침하도록 만들어주는 기준이라고 할 수 있다.

툴민의 논증 모델에는 이외에도 한정(qualifier)이나 반박(rebuttal)이라는 요소도 있다. 한정은 '아마도~', '대부분~'과 같이 주장의 강도를 나타내는 요소이다. 그렇기 때문에 주장이라는 요소에 포함시켜도 무방하다. 반박은 저자의 주장에 대해 제시되는 반대 의견을 말한다. 이러한 반박의 요소가 주장을 더욱 설득력 있게 만들기는 하지만, 상대방과의 포용적인 태도를 취하며 한 방향으로 설득이 이루어지는 설의 양식적 성격과는 잘 맞지 않는다. 따라서 이 두 요소를 제외한 주장, 근거, 전제라는 요소를 가지고 설득적인 글쓰기를 설명해도 무방하리라 본다.

글쓰기 이론을 살펴보면, 현대의 글쓰기 교육에서 가장 영향력을 미치고 있는 이론 중 하나는 인지주의 쓰기이론이라 할 수 있다. 인지주의 쓰기이론은 사고구술법과 같은 프로토콜 기법을 활용하여 쓰기에 관여하는 요소와 일련의 과정을 밝혀냈다는 점에서 의의를 지닌다. 뿐만 아니라 글쓰기 각 단계마다 이루어지고 있는 글쓰기 전략들을 개발해 냄으로써 학교 현장에서 실제적인 지도를 가능케 했다. 현재 국어교육에서 널리 통용되는 '계획하기-내용 생성하기-내용 조직하기-표현하기-고쳐 쓰기'의 틀도 인지주의 쓰기이론의 영향에서 얻어진 성과물이라 할 수 있다.

---

2) warrant에 대한 번역은 책마다 다르다. "스티븐 E. 툴민/고현범 · 임건태 옮김(2006), 『논변의 사용』, 고대 출판부, 163~164쪽"에서는 warrant를 '정당한 이유'로, "임태섭(2005), 『스피치 커뮤니케이션』, 커뮤니케이션북스, 135쪽."에서는 '보장'으로, "조셉 윌리엄스 · 그레고리 콜럼/윤영삼 옮김(2008), 『논증의 탄생』, 홍문관, 255쪽"에서는 '전제'로 번역하였다. 여기에서는 일반적인 용어라고 할 수 있는 '전제'라는 번역을 따르기로 한다.

그런데 인지주의 쓰기이론의 기틀을 마련한 헤이즈(Hayes)와 플라워(Flower)는 쓰기의 과정을 위와 같은 5단계로 구분하지 않았다. 헤이즈와 플라워는 쓰기의 과정을 계획하기(planning), 표현하기(translating), 점검하기(reviewing)의 3단계로 밝힌 바 있다.[3)] 물론 글쓰기의 과정을 몇 단계로 나누는가가 그렇게 중요하지 않다. 어차피 각 과정은 다시 하위 단계를 가지고 있고, 또 단계마다 중첩되는 부분이 있기 때문에 단계 설정은 임의적일 수 있다. 그럼에도 불구하고 플라워의 3단계 모형을 언급하는 것은 이를 통해 실제 글을 쓸 때 중점을 두어야 할 부분을 확인해 볼 수 있기 때문이다. 일차적으로 그것은 바로 '계획하기' 단계에서 이루어지는 활동들이다. 계획하기 단계에서는 내용을 생성하고(generating), 조직하여(organizing)하여 글 전체를 하나의 통일성을 갖도록 하는 작업이 이루어지며, 이러한 작업이 이루어질 때 비로소 글로 표현하는 작업이 가능하게 된다.

고대 그리스 수사학에서도 이미 연설가의 다섯 가지 과제를 '발상', '배치', '표현', '기억', '연기'로 제시한 바 있는데, 이 중에서 연설이라는 구어적 특성을 배제하면 '발상', '배치', '표현'의 세 요소만 남는다. 이 세 요소는 쓰기의 과정 중 '내용 생성하기', '내용 조직하기', '표현하기'에 대응된다고 볼 수 있다. 그런데 이 중 '표현하기'는 오늘날 글쓰기 과정에서도 '정확한 문장쓰기'나 '글 다듬기' 등과 같은 활동으로 다루어지고 있으므로 다른 차원에서 논의가 될 수 있을 것이다. 따라서 글쓰기에서 일차적으로 중요한 과제이자 과정은 '내용 생성'과 '내용 조직'이라고 할 수 있다.

먼저 '내용 생성하기'를 살펴보자. 현대 쓰기 교육에서 가장 지도하기 힘든 부분이 '무엇을 쓸 것인가'의 문제이다. 인지주의 쓰기이

---

3) Hayes & Flower(1980) Identifying the organization of writing processes, Gregg & Steinberg edited, *Cognitive processes in writing*, LEA, p.11.

론의 경우 '내용 생성하기'의 문제를 몇 가지 전략을 제시함으로 돌파하고자 하였다. 잘 알려진 바대로 브레인스토밍이나 생각 그물 만들기 등이 내용을 생성해 내는 대표적 방법으로 제시되어 있다. 이러한 방법은 보편적이면서 무리 없이 적용될 수 있다는 점에서 활용도가 높은 활동이다. 그러나 모든 글쓰기 양식에 동일하게 통용되는 이와 같은 방법들이 글쓰기 각 양식의 특성에 맞게 전략을 제공하지는 못 한다.

설득적 글쓰기의 내용 생성 전략이 전혀 제시되지 않은 것은 아니다. 앞서 살펴본 교육 과정이나 교과서에서는 '매체'나 '조사', 그리고 '토론' 등을 내용 생성 전략으로 제시하고 있다. 그러나 이러한 용어들은 추상적인 개념어로 되어 있어서 학습자가 메워야할 부분이 상당히 많은 문제점이 있다.

무엇보다도 '무엇을 쓸까'의 문제를 결정하는 데에는 선행되어야 할 것이 있다. 바로 필자 자신이 평소에 가지고 있는 문제의식이다. 학습자들이 글쓰기에서 어려움을 겪는 이유 중 하나가 평소에 전혀 고민해 보지 않았던 문제를 다루어야 한다는 점이다. 그 분야에 대한 문제의식도 없고 배경지식조차 없다면, 단 한 줄의 문장도 쓸 수 없게 된다. 그런 만큼 설득적 글쓰기에서는 그 분야에 대한 평소의 관심이 중요하다고 하겠다.

인지주의 쓰기이론에서는 내용 생성하기에서 중요한 문제는 수사적 상황에 대한 분석이라 하였다. 수사적 상황을 분석함으로써 필자가 왜 글을 써야 하고 무엇에 대해 써야 하는지 정리할 수 있게 된다. 그래서 필자가 어떠한 수사적 상황에 놓여 있는지 면밀히 분석하는 가운데 글의 주제라든지 예상독자에 대한 고려, 글쓰기의 동기 등을 분명하게 해 나간다.

그런데 인지주의 쓰기이론에서 수사적 상황을 강조하는 까닭은 글쓰기를 하나의 문제 해결 과정으로 보는 데에 있다. 글쓰기는 과제(task)를 해결하면서 이루어진다고 보았고, 이때 과제는 외부에서 주어지는 경우가 일반적이다. 이를테면, 장학금을 받기 위해 자기소개서를 써야 한다거나 학교에서 과제로 부과된 글을 쓰는 경우이다. 이러한 글쓰기에서 강조되는 요소는 '독자가 무엇을 원하는가' 라는 수사적 상황에 대한 분석이라 하겠다.

본고에서 살피고자 하는 설 양식은 외부에서 강제되는 글쓰기라기보다는 자발적인 글쓰기이다. 그렇기 때문에 독자가 무엇을 원하는가보다 필자가 무엇을 말하고자 하는가가 중요한 문제가 된다. 특히 설 양식은 특정한 대상에서 촉발된 사고가 진전되어 하나의 주제를 형성하는 글이 된다는 점에서 표현 대상의 문제가 부각된다. 이는 표현 주체인 필자가 대상을 통해 무엇을 말하고자 하는가라는 글쓰기의 동기와 연결된다. 그러한 점에서 자발적으로 이루어지는 글쓰기로서 '설' 양식에서는 표현 대상과 글쓰기의 동기는 중요한 연관성을 갖는다.

또한, 계획하기 단계에서 내용 생성과 함께 한 축을 담당하고 있는 부분이 내용 조직이다. 내용 조직의 방법 역시 쓰기 교육에서 더 많은 연구가 필요한 부분이라 하겠다. 모든 글쓰기에 보편적으로 적용되는 방법으로 다발짓기, 생각 그물 만들기, 얼개짜기, 개념구조도 만들기 등이 제시되어 있는 상황이다.[4] 이러한 방법들은 모든 글쓰기에 보편적으로 적용할 수 있다는 장점이 있으나 그런 만큼 개별적인 글쓰기에 전적으로 활용하기에는 한계가 있다.

물론 설득적 글쓰기의 내용 조직이 전혀 제시되어 있지 않은 것은 아니다. 쓰기 교육에서 설득적 글쓰기의 내용 조직은 서론-본론-결론 쓰기로 합의된 상태이다. 그러나 이 역시 실제 학습자가 글쓰

4) 린다 플라워/원진숙・황정현 역(1998), 『글쓰기의 문제해결전략』, 동문선, 252～269쪽; 이재승(2002), 『글쓰기 교육의 원리와 방법』, 교육과학사, 285～305쪽 참조.

기를 실행할 때 채워야 할 공간이 너무 많다. 이는 글쓰기란 겉으로 구별되는 서론 본론 결론이라는 외적인 단위 조직보다는 내용의 구성을 이루고 있는 내적인 조직이 갖추어져야 함을 보여준다. 마치 시조가 초장, 중장, 종장의 3장으로 이루어졌다는 지식을 아는 것만으로는 시조를 지을 수 없는 것과 마찬가지다.

따라서 글쓰기 교육은 각 양식별로 양식의 내적인 특성에 맞게 내용 조직들이 교육 내용으로 제시돼야 하며, 설득적 글쓰기는 설득이라는 특성에 맞는 내용 조직을 갖추고 있어야 한다. 본고는 설득적 글쓰기가 주장과 근거의 관계 맺기에 따라 내용 조직이 달라질 수 있다는 점에서 '설' 양식에 나타난 주장과 근거의 추론 방식들을 살펴 이를 내용 조직의 내적인 자질로 유형화할 것이다.

이상 살펴본 인지주의 쓰기이론은 글을 쓰는 과정에 따라 필요한 교육용 지식을 제공하여 쓰기교육의 틀을 제공했다는 데에 의의가 있지만, 그 한계 역시 존재한다. 주지하다시피 인지주의 쓰기이론의 한계를 지적하고 등장한 사회구성주의 쓰기이론은 글쓰기가 이루어지는 사회문화적 맥락을 강조한다. 인지주의 쓰기이론에서 주장하는 것처럼 한 편의 글은 마치 컴퓨터 저장 장치에서 정보를 뽑아내서 조직하여 완성되는 것이 아니라는 것이다. 한 개인은 담화공동체의 일원으로 존재하며, 한 개인의 글쓰기 역시 담화공동체가 지닌 담화 관습으로부터 자유로울 수 없다.[5)]

중세의 글쓰기 역시 담화공동체의 관습으로부터 자유로울 수 없었다. 오늘날 개성을 강조하는 글쓰기 경향을 생각해 보면 중세에는 오히려 그 관습의 구속력이 더 강했으리라 본다. 이러한 담화 관습은 글을 쓸 때 외적인 규범으로도 작용하지만, 내적인 질서를 마련

---

5) 쓰기 이론의 흐름은 Nystrand et al.(1993), Where did composition studies come from? An intellectual history, *Written Communication*, Vol. 10 No.3 July, pp.267~333 참조.

하기도 하였다. 이 가운데 외형적으로 드러나지 않은 내적인 질서는 당시 설득 행위를 가능케 하는 사회문화적 맥락을 형성했을 것으로 추정할 수 있다. 본고에서는 이를 주장과 근거를 이어주는 전제를 통해 파악하고, 이러한 전제들을 분석하고 종합함으로써 당대의 맥락을 확인해 볼 수 있으리라 판단하였다.

이러한 작업은 설(說)이라는 양식을 하나의 문화적 관습이라 보고, 이러한 양식이 소통되는 상황을 재구성해 봄으로써 오늘날 설득적 글쓰기를 바라볼 수 있는 시각을 제공하게 될 것이다. 또한 오늘날 설득적 글쓰기에서는 어떠한 전제들이 잠재되어 있고, 이러한 전제들이 과연 합리적이고 타당한지 비판함으로써 쓰기 교육에서 설득적 글쓰기를 점검해 볼 수 있도록 교육 내용을 마련할 수 있을 것이다.

본고는 설득적 글쓰기를 설득 행위로 보고 설득이 이루어질 때 필수적으로 나타나는 요소를 '주장'과 '근거', '전제'라고 보았다. 이를 설득적 글쓰기에 적용해 보면, 무엇을 쓸 것인가의 문제인 내용 생성에서 '주장'은 글쓴이의 동기와 연계되며, 내용 조직은 주장과 근거를 관계 맺게 하는 추론 방식이 내적인 질서를 결정한다고 보았다. 이를 통해 설 양식이 지니고 있는 내용 생성 전략과 조직의 방법들을 살펴볼 수 있겠다. 그리고 이렇게 근거가 주장을 뒷받침하도록 하기 위해서는 전제가 마련되어야 하는데, 이는 사회문화적 맥락을 통해 파악해 볼 수 있을 것이다.

2. 글쓰기의 동기와 내용 생성의 기제

설 양식은 각 작품이 내세운 제목에서 알 수 있듯이 단일한 대상을 글감으로 삼는 경우가 대부분이다. 예를 들어 '○○설'에서 '○

○’가 이 작품에서 대상으로 삼고 있는 글감이 된다. 그리고 설 양식이 글감으로 삼고 있고, 삼을 수 있는 대상은 우주 안에 있는 모든 사물과 현상, 즉 삼라만상(森羅萬象)이라고 해도 과언이 아니다. 이렇게 다양한 설 양식의 글감들을 양현승(2004)에서는 물리적인 특성에 따라 동물설, 식물설, 사물설, 인사설로 구분한 바 있다. 이러한 분류는 설 양식이 주로 어떠한 대상을 다루고 있는지 보여 준다는 점에서 의의가 있으나 글쓰기에 적용하기에는 너무 단순한 점이 없지 않다. 그래서 본고에서는 글쓰기의 동기와 관련하여 글감을 유형화해보고자 한다. 글감이란 글을 쓰는 동기에서 찾아지는 것인 만큼 글감과 동기와의 관계는 밀접하다고 볼 수 있다.

글감과 관련하여 먼저 눈여겨 볼 것은 바로 ‘사물(事物)’이라는 단어이다. 현대의 언중(言衆)에게는 ‘사물’이라는 단어가 대체로 무생물과 같은 ‘물질’이라는 의미로 받아들여지고 있다.[6] 물질세계에 있는 구체적이고 개별적인 존재를 ‘사물’이라고 부르고 있는 것이다. 그런데, 원래 ‘사물(事物)’이라는 말은 글자 그대로 ‘사(事)’와 ‘물(物)’의 결합으로 이루어진 단어이다. ‘사물’에 관해 언급하고 있는 『대학(大學)』의 설명을 살펴보자.

> 물건[物]에는 본(本)과 말(末)이 있고 일[事]에는 종(終)과 시(始)가 있으니, 먼저 하고 뒤에 할 것을 알면 도에 가까울 것이다.[7]

‘사(事)’는 고왕금래(古往今來)에 있는 크고 작은 일, 즉 사건(事件)이며, ‘물(物)’은 상하사방(上下四方)에 있는 크고 작은 물건(物件)이

6) 양현승(2004)에서도 ‘사물설’로 유형 분류한 작품들을 살펴보면, 거울, 지팡이, 옥 등 인공물이나 자연물을 소재로 다룬 설들이다. 현대인의 ‘사물’이라는 단어에 대한 인식을 보여준다고 하겠다. 양현승(2004), 『한국 ‘설’ 문학선』, 월인.

7) 物有本末, 事有終始, 知所先後, 則近道矣. 성백효 역주(2006), 개정증보판 『대학・중용 역주』, 전통문화연구회, 33쪽.

라고 풀이할 수 있다.[8] 즉 현대적 어휘로 풀이하면, '사'는 시작과 끝이 있는 시간 속에서 벌어진 사건을 뜻하며, '물'은 공간을 점유하고 있는 존재인 물건을 뜻한다. 이와 같이 '사물'은 특정한 대상인 물건과 시간의 흐름 속에서 발생하는 사건을 모두 아울러야 온전한 의미로서의 '사물'이 된다.

삼라만상을 '사건'과 '물건'으로 구분하는 인식은 설 양식에도 그대로 나타난다. 설 양식이 다루고 있는 글쓰기의 대상은 동물・식물・무생물을 비롯한 물건에 해당하는 것들이 한 부류이며, 글쓴이 자신이나 제3자가 겪은 특정한 사건을 다룬 것이 다른 한 부류이다. 실제 설 작품을 살펴보면, 죽설(竹說)・묘설(猫說)과 같이 대나무, 고양이라는 자연물 하나를 대상으로 하고 있는 설이 있으며, 이옥설(理屋說)・차마설(借馬說) 등과 같이 집을 고친 사건이나 말을 빌린 사건을 다루고 있는 설도 있다.

그런데 설 작품 중에는 동일한 제목의 다른 작가가 쓴 작품이 있다. 이러한 작품들 중에는 그 대상을 하나의 물건으로 보고 이를 다룬 작품도 있고, 그 물건과 얽힌 경험을 다룬 작품도 있다. 예를 들어 이첨의 <밀봉설(蜜蜂說)>은 밀양의 어떤 사람이 꿀벌을 기르다가 겪은 일을 기록하였고, 하수일의 <밀봉설>은 자기 집에 살고 있던 꿀벌들을 관찰한 내용을 기록하였다. 이러한 점에서 제목만으로는 자연 사물에 대한 관찰의 기록인지, 그 대상과 관련된 경험을 다루고 있는지 알 수 없다. 실제 작품을 읽어야만 그 대상을 어떠한 측면에서 접근하고 있는지 알 수 있다. 따라서 본고는 제목이 아닌 실제 내용상에서 특정 물건(物件)에 대한 관찰을 다루고 있는지 특

8) 장현광은 '물'은 '있어야 하는 것', '사'는 '해야 하는 것'으로 구분했다. 凡爲物於上下四方之宇者, 無巨無細無貴無賤, 皆所當必有, 而不容不有也. 凡爲事於古往今來之宙者, 無大無小無精無粗, 皆所當必爲, 而不容不爲也. 장현광(張顯光), <사물론(事物論)>, 『여헌선생문집』 6권 잡저.

정 사건(事件)의 경험을 다루고 있는지 구분해 볼 것이다.

한편, 특정 물건을 대상으로 하여 그 대상을 관찰하여 쓴 설 작품은 중세 성리학의 학문 방법과 맥이 닿아있다. 성리학에서 학문 방법으로 내세우고 있는 대표적 방법은 격물치지(格物致知)인데, 이는 사물을 연구하여 정확한 앎에 도달할 것을 추구하는 방법이다. 이러한 성리학적 학문 방법이 당대 문인들의 글쓰기 문화에도 반영되었을 것임은 짐작할 수 있다.

주자(朱子)는 『대학(大學)』에서 언급한 격물치지(格物致知)에 대해 "천하의 모든 사물은 이치가 없는 것이 없으니 사물에 나아가면 그 이치를 궁할 수 있다(天下之物 莫不有理. 卽物而窮其理)"[9]고 주석하고 있다. 즉 모든 만물은 이치를 궁구할 수 있는 재료라는 것이다. 이렇게 만물 속에 내재한 이치를 궁구하기 위해 자연 물건을 탐구하는 태도가 설 양식에도 나타나 있으리라 가정할 수 있다.[10]

그런데 자연물에 대한 관찰이 인간의 인식 지평을 넓혀서 모든 사물을 꿰뚫을 수 있는 통찰력을 얻기 위함만은 아니다. 자연물에 대한 관찰을 통해 자신을 돌아보고 인간 사회를 반성할 수 있는 계기로 삼기도 한다. 결함을 지닌 인간 존재가 자연물을 만날 때, 자연은 인간 사회의 어두운 부분을 비추는 거울과도 같은 역할을 하게 된다.

또한 특별한 경험을 글감으로 삼는 경우가 있다. 경험에 '특별하다'는 수식어를 붙이는 이유는 그 경험이 작가 본인의 삶에 영향을

---

9) 번역은 '성백효(2006), 앞의 책, 44쪽.'을 따랐다.

10) '격물치지(格物致知)'에 대한 해석은 분분하지만, 대표적인 견해는 주희(朱熹)와 왕양명(王陽明)의 것이다. 주희는 사물의 이치에 궁지(窮至)하여 지식이 이르지 않는 곳이 없게 한다는 의미로 풀이했고, 왕양명은 사물을 바르게 함으로 양지(良知)를 극진하게 하는 것이라는 뜻으로 풀이했다. 우리나라에서는 주희의 풀이를 지지하였고, 본고에서도 그 뜻으로 사용하고자 한다. "'격물치지'에 대한 해석은 '이동환 역해(譯解)(1965), 『대학·중용』, 현암사, 31~38쪽'" 참조.

주었기 때문이다. 작가 자신의 가치관이나 생활 태도의 변화를 가져온 경험은 작가에게 특별한 의미를 남긴다. 저자가 예기치 못했거나 본인의 인식을 흔들어 놓을 만한 일을 겪게 되면 이러한 경험을 통해 얻게 되는 의미가 발생한다는 것이다. 그렇기 때문에 경험된 사건은 가치관에 영향을 준다는 점을 알 수 있다. 그런데 그 영향의 방향은 기존의 가치관을 강화하거나 기존의 가치관을 부정하는 방향을 취한다. 그래서 이 부분도 두 유형으로 나누어 살필 수 있다. 이상의 설명을 도식화해 보면 아래와 같이 네 가지 유형화가 가능하다.

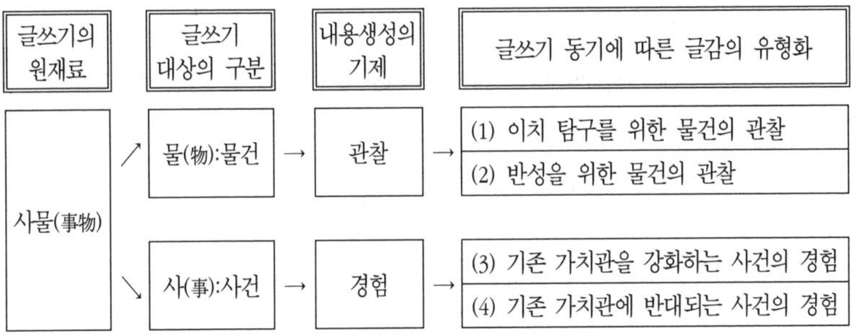

〈그림 1〉 설 양식에 나타난 글쓰기 동기에 따른 글감의 유형화

설 양식의 글감은 물건의 관찰과 사건의 경험으로 크게 나누어 볼 수 있고, 이들은 각각 글쓰기의 동기에 따라 이치 탐구를 위한 물건의 관찰, 반성을 위한 물건의 관찰, 기존 가치관을 강화하는 사건의 경험, 기존 가치관에 반대되는 사건의 경험으로 나눌 수 있다.

(1) 이치 탐구를 위한 물건의 관찰

설 양식의 한 부분을 차지하고 있는 기사(紀事)의 글감을 마련하는 방법 중 하나인 '물건의 관찰'을 먼저 살펴보겠다. 물건을 관찰할 때에는 저마다의 목적이 있기 마련이다. 중세의 유학자들은 자연을 탐구 대상으로 삼아 그 현상이 어떠한지 밝히고 이치를 궁구하고자 하였다. 중세의 유학자들이 탐구한 이치를 두 가지로 정리를 하면, 소이연(所以然)과 소당연(所當然)으로 구분해 볼 수 있다. 소이연은 사물의 존재론적 의미로서 사물의 보편적인 본질이자 규율을 의미하고, 소당연은 가치론적 의미로서 사회의 윤리원칙과 도덕규범을 뜻한다. 그래서 유학자들은 중세의 보편적인 이치를 인식하여 인간의 도덕적 완성을 모색하는 것을 목적으로 두었다.[11)]

'사물을 관찰하고 궁리함'으로 풀이해 볼 수 있는 '격물(格物)'은 중세 학문하는 자세와 연관되어 있다. '격물치지'는 내 마음에 본구(本具)된 이치를 알기 위해서는 외물의 이치를 궁하여야 한다는 의미로 풀이될 수 있는데,[12)] 모든 사물은 각각 하나의 보편적인 이치를 가지고 있으며 사람은 '격물'의 방법으로 하늘의 이치에 다가갈 수 있다고 생각했다. 하늘의 이치[천리(天理)]는 사람의 마음과 사물 속에 모두 존재하기 때문에 사람의 마음은 사물의 이치에 공명(共鳴)할 수 있다고 본 것이다.[13)]

그런데 만물 속에 개별적으로 내재해 있는 이치와 인간의 마음속에 있는 이치가 하나로 공명할 수 있으려면, 먼저 개개의 사물에 궁구하여 그 속에 내재된 이치를 발견하는 과정이 선결되어야 한다. 그리고 개개의 사물에 대한 탐구 결과가 축적됨에 따라 어느 순간 나도 모르게 활연관통(豁然貫通)하는 경지에 이른다고 설명하고 있다. 이를 보여주는 설 작품 하나를 인용해 본다.

---

11) 변원종(2005), 「주자의 격물치지에 관한 연구」, 『동서철학연구』 37호, 한국동서철학회, 251～273쪽.

12) 김낙진(1998), 「조선 유학자들의 격물치지론」, 한국사상연구회 편, 『조선 유학의 자연철학』, 예문서원, 71쪽.

13) 김영식(2005), 『주희의 자연철학』, 예문서원, 50～51쪽.

> 밤중에 뜰을 거닐면서 거미가 거미줄을 만드는 것, 달빛이 흐르고 별이 차례로 옮겨가는 것, 적막한 하늘을 우러러 보았다. 눈에 닿으며 심중에 느껴지는 것이 평소와 다르지 않았다. 나의 기는 맑고 마음은 모였다. 기가 맑은즉, 이치의 변화를 보고, 마음에 모임이 있은즉 말을 하지 않을 수 없어서 잡설을 짓는다. 夜行中庭, 見蜘蛛結網, 月流輝星移次. 頫仰空寂. 觸于目而感于中, 非其見之異乎常也. 吾之氣淸而其心有會也. 氣淸則見理易, 心有會則不能無言, 作雜說.(서명응, 잡설병서, 『보만재집』)

위 내용은 조선 후기 문신 서명응(徐命膺, 1716~1787)의 <잡설> 병서(幷序)이다. 이 부분에서 저자는 작품을 쓰게 된 동기와 배경을 밝히고 있어서 주목해 볼 필요가 있다. 저자는 밤중에 뜰을 거닐며 눈에 들어오는 자연물 하나하나에서 예전과 달리 그 의미와 이치가 발견되니 글을 쓰지 않을 수 없다고 적었다. 그 자연물이란 '거미'와 '달', '별' 등 일상에서 흔히 볼 수 있는 친숙한 물건들이다. 이렇게 일상에서 쉽게 볼 수 있는 자연물들에서 자연의 이치를 발견하고 저자는 주체할 수 없는 감격에 휩싸여 글을 쓰게 되었다고 하였다.

그런데 이때의 이치란 오늘날의 자연 과학의 법칙과는 거리가 있다. 이 글에서 궁극적으로 밝히고 있는 바는 '사사로움이 없을 때 공(功)이 이루어진다.(吾於是知日月之無私也, 是以功成而化行)'든지 '고요함은 움직임의 근본이다.(靜者動之本)'와 같이 윤리적 가치를 내재한 자연 법칙임을 알 수 있다.

위 병서(幷序)는 구양수(歐陽脩)의 <잡설>과 매우 흡사한 구조와 내용을 담고 있는데, 이는 설 양식이 자연물을 관찰하고 그 이치를 탐구한 결과를 기록해 놓는 하나의 양식적 관습을 지니고 있음을 보여주는 증거라고 할 수 있다.[14] 인간은 자연 속에서 살아가면서 자연물들과 접촉을 함으로써 이치를 탐구하고 이를 하나의 관통된 논리로 풀어내고자 하였다. 그리고 개별 사물에서 발견하는 하나하나의 이치는 결국에는 인간세계의 보편 진리로 귀결되었다.

자연 사물에서 발견한 자연 법칙을 단순한 지식 차원에서 아는 것에서 그치지 않고 인간의 삶에 적용하려는 태도를 보였다. 그러한 사례를 잘 보여주는 작품을 살펴보자. 노진(盧禛, 1518～1578)은 <장횡거양초설(張橫渠養蕉說)>이라는 작품을 통해 자연 사물을 통해 삶의 이치를 탐구하는 것이 당시에 보편적인 자연을 대하는 태도였음을 보여주고 있다. 자연물에 대한 탐구의 태도가 잘 드러나 있기에 전문을 인용해 보겠다.

> 하늘은 만물을 낳고 변화시켜 수많은 것들이 무궁하다. 비록 풀 한 포기, 나무 한 그루의 조그마함도 그 사이에 지극한 이치가 없음이 없다. 보통 사람이 관찰하면 하나의 사물에 불과하지만, 군자가 그것을 보게 되면, 곧 그 사이에 나고 자람을 발견한다. 누가 덕에 나아가는 자질을 가까이에서 취하겠는가? 대저 정원의 풀과 오동나무가 모두 사물이다. 주렴계(周濂溪)는 자연물과 뜻이 일반임을 알았으며, 소옹(邵翁)의 기상은 스스로 얻음이니 반드시 그 취한 바가 있다. 이제 장횡거의 파초를 기름도 거의 이와 같다.
>
> 무릇 파초는 식물 중 쉽게 자라는 것이다. 조석간에 내리는 비와 이슬의 습기를 통해 새로운 가지가 점점 펼쳐지고 새로운 심이 모르는 사이에 나온다. 싹이 나와 울창하게 우거지고 이파리가 비취색으로 진해진다. 파초가 그 살아갈 뜻을 스스로 얻은 것이 무엇과 같은가? 장횡

14) 구양수는 자신이 지은 '잡설'의 서문을 다음과 같이 적었다. "유월 여름 한바탕의 비가 그치자, 구양수는 나무들 사이에 앉아 하늘을 우러러 달과 별이 다니는 것과 별똥별이 떨어지는 것을 보았다. 밤이 더욱 깊어지자 이슬이 내리고 풀 사이로 지렁이 소리가 더욱 빠르게 들렸다. 귀와 눈에 느낌이 있고 마음에 감동된 바가 있어 잡설을 짓는다." 夏六月, 暑雨旣止, 歐陽子坐于樹間, 仰視天與月星行度, 見星有隕者, 夜旣久, 露下, 聞草間蚯蚓之聲益急. 有感于耳目者, 有動乎其中, 作雜說. 구양수, <잡설 삼수 병서>, 『거사집(居士集)』 16권.

> 거는 이에 "매일 밤마다 조용히 상대하니 파초가 심을 새롭게 함을 보고 나의 덕성을 기른다. 파초가 새롭게 포개지는 것으로 인하여 나의 새로운 앎을 일으킨다. 생의가 무궁하고 의리가 다함이 없다. 그 파초에게서 얻음이 이와 같은데 어찌 창(窓)과 추녀, 방석 사이에 가까이 두지 않고 스스로 유익에 나아갈 수 있겠는가?"하였다.
>
> 오호라! 천하의 사물이 나를 덕에 나아가지 못하게 함이 없거든, 세상 사람들이 모두 물(物)로써 물(物)을 보니 어둡고 아득하다. 자기와 물(物) 사이가 멀고 아무 것도 없으니 누가 물(物)에 이치가 있음을 알고 능히 스스로 취하여 선(善)에 나아가겠는가? 그러한즉 훗날 장횡거의 파초 시를 읽으면 세 번 감탄한 후 그 느낀 바를 발하지 않겠는가?[15] (밑줄은 인용자)

이 글에서는 모든 자연물을 있는 그대로 볼 것이 아니라 그 가운데 숨겨진 지극한 이치, 곧 덕에 나아갈 수 있도록 하는 그 무엇을 발견해야 함을 전제하고 있다. 저자는 만물 속에 이치가 존재한다는 대전제 속에서 '파초'라는 개체물로 관심을 좁혀서 자신이 파초를 관찰했던 사실과 장횡거의 시를 대비하고 있다. 이를 통해 저자가 발견한 사실은 파초가 가지고 있는 끊임없는 생동(生動)함이라 할 수 있다. 파초가 끊임없이 새 싹을 내고, 새 싹이 자라서 비취색 잎

15) 天之化生萬物, 林林不躬. 雖一艸一木之微, 莫不有至理存乎其間. 自常人觀之, 則不過爲一物. 而自君子視之, 則凡其生育於兩間者, 孰非近取進德之資哉? 夫庭草也梧桐也, 皆物也. 而濂溪之意思一般, 邵翁之氣像自得, 其必有所取之. 今張子之養蕉, 其殆在是乎? 夫蕉者, 實植物之易生者也. 其雨露之滋, 朝夕之養, 新枝漸展, 新心暗抽, 萌茁罾茂, 蔥蒨濃翠, 蕉之自得其生意, 爲如何哉? 張子於是, 日 "夕於斯, 澹然相對, 觀蕉之新心而養吾之德性. 因蕉之新兼而起吾之新知. 生意無窮, 義理無盡, 其有得於蕉者, 如此. 安得不使近於軒牕几席之間, 以自進益哉?" 嗚呼! 天下之物, 無非可以起余進德者, 而世之人皆以物視物, 冥然茫然. 邈乎其無與於己孰知理之在物而能自取以進善哉. 然則後之讀張子芭蕉之詩者, 其不詠嘆三後而有所感發也夫. 노진, <장횡거파초설>, 『옥계집(玉溪集)』 卷之三.

이 됨을 보고 이를 인간의 삶에도 적용코자 한 것이다. 즉 인간도 이와 같이 쉼 없이 생의(生意)를 추구해야 함을 강조하였다.

또한 인간에게 깨달음을 주고 삶의 변화를 주는 가르침은 심성 내부의 작용으로 이루어지는 것이 아니라 외부 사물을 가까이에서 관찰하고 주의 깊게 살핌으로써 가능함을 보여준다. 파초를 기름도 마찬가지여서 창문이나 처마 밑에 두고 늘 관찰해야만 그 의미를 새록새록 발견할 수 있다. 그러나 누구나 자연물에서 삶의 도덕으로 나아가는 이치를 발견할 수 있는 것은 아니라고 하였다. 작품 속에서는 군자와 소인을 구분하였는데, 군자만이 그 사물 속에서 생육하는 이치를 발견할 수 있다고 하였다.

이상의 내용에서 알 수 있듯이 자연물에 대한 관찰은 설 양식의 글감으로서 활용되고 있다. 그런데 이러한 자연물의 관찰이 객관적인 사실 파악이나 정보 전달에 그치는 것이 아니라 인간 삶의 보편적인 이치를 탐구 발견하여 나아가도록 한다는 데에서 특징을 지닌다. 그렇기 때문에 모든 자연물이 글감의 대상이 될 수 있지만, 한편으로는 그 속에서 인간 삶의 이치를 밝혀낼 수 있는 것만이 글감으로 활용될 수 있다.

(2) 반성을 위한 물건의 관찰

한편 자연물은 인간 사회의 모순과 문제점을 비춰 보는 명경(明鏡)과 같은 존재이기도 하다. 자연물을 궁구함으로써 이치를 탐구할 수 있다는 앞의 유형과 마찬가지로 인간을 포함한 모든 만물이 하늘로부터 품부(稟賦)된 하나의 이치를 내재하고 있다는 전제를 기반으로 하고 있다. 그런데 자연물에 대한 관찰이 그 이치를 발견해 내는 것에 목적을 두는 것이 아니라 자연 세계 혹은 인간 세계의 문제점을 들추어내고 시정을 요구하는 방향으로 나아간다는 점에서 차이가 있다. 이 때 반성의 주체는 나를 포함한 인간 사회가 된다.

먼저 작품 하나를 살펴보겠다. 하수일(1553～1612)의 <병죽설(病竹說)>의 내용을 간략하게 제시해 보면 다음과 같다.

> 대나무 숲에서 이상한 대나무를 발견하였다. 그 대나무는 가운데가 촘촘하고 가지는 굽어 있었다. 그 이유를 살펴보니 벌레의 해를 당했기 때문이었다. 대개 대나무는 아래가 촘촘하고 가운데는 성기며 가지는 곧다. 그러나 이 대나무는 외물에 영향을 받아서 대나무의 본성이 변형된 것이다.
>
> 사람이 하늘부터 성품을 받았을 때는 불선(不善)하지 않았다. 대나무가 해충에 의해 변형된 것처럼 사람은 물욕에 의해 본성이 변질되곤 한다. 마음에 병이 드는 것이 어찌 사람과 물건이 다르겠는가?[16)]

<병죽설>은 제목 그대로 병이 든 대나무를 저자가 관찰하고 그 이유를 고찰한 작품이다. 저자가 이 작품을 쓰게 된 계기는 우연히 숲속에서 이상한 대나무를 발견했기 때문이다. 이 대나무가 저자의 호기심을 불러일으키고 그 이상함의 연유를 추적하는 가운데 결국 자신의 삶뿐 아니라 인간 세상을 되돌아보는 계기로 삼게 된 것이다. 병이 들어서 대나무의 본성을 잃어버린 한 대나무를 통해 인간의 본성도 마찬가지라는 결론으로 나아가고 있다. 본성이란 누구에게나 선한 것인데 외부적인 조건으로 인해 변질되었다는 공통점을 발견하였다.

16) 余嘗涉園中, 有一竹介于郡竹之間. 其本末枝節類他竹, 至其中, 其節密, 其枝曲, 不類他竹. 余怪之, 就視其故. 蓋有蟲蠹其心也. 夫下密而中疎, 竹節之常也. 直而不曲, 竹枝之常也. 今疎者反密, 直者反曲, 咸失其常. 噫. 是豈竹之性哉? 其爍於外物者乎哉. 余於是喟然而嘆. 夫人受天地之中以生, 其初罔有不善. 及其蔽於物欲以梏良心, 則其不類竹者幾希矣. 嗚呼. 竹以蟲而失其常, 人以欲而喪其性. 心受病則人物何擇焉? 古人有言, 觀物反己. 病竹說之作. 余豈徒然哉? 하수일, <병죽설>, 『송정집』.

이처럼 자연물의 관찰이 이치의 탐구로만 귀결되는 것이 아니라 인간 사회를 반성하는 계기로 나아가기도 한다. 자연물과 인간 세상에 보편적으로 내재되어 있는 삶의 이치를 발견해 내는 것과는 달리 동식물의 생태에 나타난 왜곡(歪曲)이나 부재(不在) 등의 원인을 짚어보고 그것을 다시 인간 사회에 적용해 봄으로써 인간의 반성을 촉구하는 구성을 취하고 있다.

자연물을 통해 인간의 삶을 반성하는 태도에 대해 <병죽설>은 다음과 같이 기술하고 있다.

> 옛말에 '물(物)을 관찰하고 자기를 돌아보라'고 하였다. <병죽설>을 짓는다. 古人有言, 觀物反己. 病竹說之作.

여기에서 '관물반기(觀物反己)'라는 관용적 표현을 주목해 볼 필요가 있다. '물건'을 '관찰'하는 일이 '자기를 되돌아보는 것'과 관련이 있음을 보여주는 구절이다. 자연물의 관찰은 그 관찰 사실을 이해하는 데에 그치지 않고 인간의 삶을 반성하는 데까지 나아가는 것이 일반적인 태도임을 보여준다. 이러한 '관물반기'의 태도는 여러 작품에서 확인해 볼 수 있다.

> (a) 군자는 이 사례를 통해 자기 자신을 돌이켜 보기만 하면 될 것이니 어찌 왜송(矮松)을 탓하겠는가? 君子於此, 反觀而已, 於矮松何責焉? 이식, <왜송설(矮松說)>, 『택당집』

> (b) 사물에 접촉함으로써 사람을 알 수 있고 이치를 궁리함으로써 본성을 다할 수 있다. 그런 까닭에 <정료설>을 짓는다. 觸物可以知人, 窮理可以盡性, 故作庭蓼說.[17] 성현, <정료설(庭蓼說)>, 『허백당집』

(c) 망보는 기러기를 관찰한즉 거의 부끄러움을 알 것 같다. 이 동물은 비록 작으나 큰 것을 깨우칠 수 있다. 나는 이에 망보는 기러기에 대한 설을 짓는다. 觀雁奴則庶可知愧, 此物雖小, 可以喩大, 吾於是乎作雁奴說. 최연, <안노설(雁奴說)>, 『간재집』

(a)는 저자가 왜송을 관찰한 후의 소감을 기록한 작품이다. 소나무의 본성은 하늘로 쭉쭉 뻗어가는 것인데, 그 본성과 달리 인간이 인위적으로 조작하여 옆으로 퍼지고 유연하게 만든 분재(盆栽)를 보고 자기 자신을 돌아보았다는 반성의 기록이다. 사람도 역시 남의 비위를 맞추며 칭찬받기를 바라는 마음에 정작 자신의 본성을 잃어버리곤 한다는 것이다. 이처럼 본성에서 어긋난 자연물을 관찰해 보면 그 속에서 인간 자신의 왜곡된 면이 투영됨을 알 수 있다.

(b)는 정원에서 자라는 여뀌라는 풀에 대해 관찰한 내용을 적었다. 여뀌가 세력을 펼쳐나가자 원래 심겼던 감국(甘菊)은 그 세력을 점차 잃고 약해져 가는 것을 보았다. 이렇게 잡초와 화초와의 대결은 소인과 군자의 대결에 대입되어 설명된다. 이 작품에서도 같은 의미로 소인에 밀려서 현재(賢才)들이 실력을 발휘할 수 없는 조정(朝廷)의 현실을 비판하고자 하였다.

(c)는 '망보는 기러기[雁奴]'를 글감으로 삼았다. 기러기가 무리지어 잠을 잘 때, 불침번 역할을 하는 기러기를 안노(雁奴)라고 하는데, 저자는 이 동물의 습성 및 약점 등을 관찰한 후 상세하게 기록하였다. 그런데 이 작품은 여기에서 그친 것이 아니다. 동물의 습성 자체를 파악하고 아는 것은 작은 일이지만, 작은 일을 통해 더 큰 일을 깨우칠 수 있었다는 점이 이 작품에서 내세우고 있는 주제이다. 여기에서 작은 일이란 동물 세계의 일이며, 큰 일이란 인간 세

17) 생(牲)은 성(性)의 오기(誤記)로 보인다.

계에서 벌어지는 일임을 알 수 있다.

이상 인용된 부분에서 공통적으로 보이는 동사는 '관(觀)', '촉(觸)' 등이다. 현대어로 풀어보자면, '관찰'이라는 단어로 이해할 수 있다. 즉 위 글들을 생성해 내는 기제는 특정한 물건에 대한 관찰이었음을 알 수 있다. 그리고 이러한 관찰은 자기 자신을 반성하는 자세로 이어짐을 확인하였다. 원래 자연물이 지니고 있는 본성이 파괴되거나 왜곡된 경우 그 원인을 분석하게 되고 원래 상태로의 회복을 꾀하는 일련의 과정이 인간의 본성과 인간 사회의 윤리 도덕에도 동일하게 적용되는 것이다.

반면, 자연 세계는 오히려 본성을 잘 지키고 있으나 인간 세계가 그것을 지키지 못하고 있을 때에도 자연 세계는 인간을 비춰보는 거울이 된다. 예를 들어, 동식물의 세계에서 기대하지 않았던 도덕규범 즉, 효(孝)나 충(忠), 예(禮)를 발견할 때, 그것을 갖추지 못한 인간 세계는 비판과 반성의 대상이 된다.

> 하물며 털의 색도 같지 않고 크기도 서로 다른데 다른 개의 새끼인 줄 모르지 않았을 것이다. 그러나 긍휼한 마음으로 이와 같이 거두어 길렀다. 어찌 개중에 의로운 개가 아니겠는가? 지금 세상에 사람의 처첩들은 그 지아비의 자식 보기를 길거리의 행인과 같이 보며, 심한 자는 원수같이 여긴다. 況毛色之不同, 大小之相異乎, 則非不知他犬之子, 而敢收恤如是. 豈非犬中之義烈者乎? 今世之爲人妻妾者, 視其夫之子, 如視路人, 甚者, 視爲仇讎. 이륙, <의견설(義犬說)>, 『청파집』

이륙의 <의견설>은 죽은 개의 새끼들을 데려다 키운 한 의로운 개에 대한 이야기이다. 이 개는 색깔도 크기도 다른 새끼들을 데려다가 젖먹이고 키웠던 데 반해, 인간은 처첩간의 갈등이 존재하여 자기가 낳은 자녀가 아니라는 이유로 어린 아이를 박대하고 있는 세태를 반성하고 있다. 이처럼 동식물의 세계에서는 이루어지고 있으나 오히려 인간 세상에서 나타나지 않는 인륜·도덕 규칙 등을 발견해서 이를 반성하는 계기로 삼는 작품의 유형이 있다.

설 작품이 다루고 있는 자연물들은 집에서 흔히 볼 수 있는 개[狗]나 고양이[猫]로부터 말[馬], 소[牛] 등 온갖 가축들뿐 아니라 야생에서나 볼 수 있는 꿩[雉]이나 뱀[蛇], 기러기[雁], 개구리[蝸], 발바리[猧] 등이 있으며, 곤충 중에서는 역시 사람에게 친숙한 벌[蜂]을 비롯하여 나나니벌[螟蛉], 모기[蚊] 등 온갖 곤충들도 그 소재로 등장하고 있다. 또한 식물로는 일반적인 나무[木]를 비롯해서 대나무[竹], 난[蘭], 소나무[松], 은행나무[杏], 노송나무[檜], 연꽃[蓮] 등이 소재로 나타나 있다. 이러한 자연물들은 쉽게 관찰할 수 있는 대상이면서 그 속에 인간 사회를 투영해 보고 반성할 수 있는 거울이 되기도 하였다.

이상의 내용을 종합해 보면 설 양식이 그 대상으로 삼고 있는 자연물은, 글쓴이를 둘러싸고 있는 소소한 것에서부터 크고 다양한 동식물, 무생물 등을 포함한다. 이러한 자연물을 통해 얻을 수 있는 자연과학적 지식은 작은 일에 속한다. 작은 일을 넘어서 나와 인간 세계에 대한 이해를 넓히고 자신을 반성하며 세상에 경계를 삼을 만한 것들을 찾고 이를 널리 알려서 공유하였던 것을 확인해 볼 수 있다.

(3) 기존 가치관을 강화하는 사건의 경험

설 양식 중 저자 자신이 겪은 특별한 사건을 글감으로 삼는 유형이 있다. 사건(事件)이란 글자 그대로 벌어진 일을 뜻하며 작품 속에서는 행위[爲]로 나타난다.[18] 서사(敍事)를 이루는 삼 요소, 인물과 사건, 배경에서 알 수 있듯이 사건은 인물과 배경이 수반하게 되는

데, 설 양식에서는 저자를 주인공으로 한 일화를 담고 있기 때문에 이 인물의 행위가 중심이 되어 일어나는 사건을 다루게 된다. 그리고 일정한 공간적 배경에서 인물이 겪은 사건이 시간적 흐름에 따라 기술된다.

그런데 '사건'이라는 단어 속에는 '뜻밖의 예기치 못한 일'이 벌어졌다는 의미가 함축되어 있다. 저자의 경험 속에서 특별한 의미를 부여하는 일이 하나의 사건으로서 의미를 지니게 된다는 뜻이다. 사건 자체가 평소에 경험해 보지 못한 이색적인 특징을 지닐 수 있기도 하고, 평범한 일상이지만 그 속에서 특별한 의미를 발견해 내기도 한다. 이러한 사건에 대한 경험은 저자 자신의 가치관에 영향을 미침으로써 작품으로 나타나게 된다.

어느 사회에나 사회가 합의하고 있는 가치관이 존재한다. 개인은 그 가치관을 다양한 경로의 교육을 통해 습득함으로써 사회의 일원이 된다. 추상적이거나 관념적으로 존재할 수밖에 없는 공동체의 가치들은 개인의 구체적인 삶의 체험을 통해 강화된다. 특히 중세에는 현대와 달리 공동체가 지키고 따르는 공동체적 가치관이 더욱 분명했고, 그것은 역시 합의된 고전 전적들을 통해 추상화되고 관념화되어 전수되었다. 요컨대 사회가 공통으로 지니고 있는 신념과 가치관이 존재했고 그것이 개인의 경험을 통해 뚜렷하게 드러난다는 것이다.

우리나라 설 작품 중 초기에 해당하는 고려 시대 문인 이곡(李穀)이 지은 <차마설>은 기존 가치관을 강화하는 경험을 담고 있는 작품이다. 저자는 가난한 시절 말을 빌려 타 본 경험을 토대로 물건을 빌려 쓴다는 것의 의미와 자세를 생각해 보았다. 저자는 이 작품의 마지막 부분을 이렇게 적고 있다.

---

18) 장현광의 <사물론(事物論)>에서 사(事)와 물(物)을 '위(爲)'와 '유(有)'라는 동사로 구분하였다. 장현광, 앞의 책, 6권.

> 대개 그것을 제 소유로 생각하여 끝내 반성함이 없으니 어찌 미혹하다 하지 않겠는가? (중략) 맹자께서 말씀하시기를, "남의 것을 오랫동안 빌리고도 돌려주지 않으면 어찌 그것이 자기의 소유가 아닌 줄을 알겠는가?"라 하였다. 率以爲己有而終莫之省 豈非惑也? (중략) 孟子曰 "久假而不歸, 烏知其非有也." 이곡, <차마설>, 『가정집』

저자는 말을 빌려 탄 경험을 통해 '빌려온 것'과 '자기 것'을 혼동해서는 안 된다는 교훈을 얻게 되었다. 이러한 깨달음은 본인이 이미 내면화하고 있었던 『맹자』의 진심 상(盡心 上)에 나오는 한 구절을 연상시켰다. 맹자에서는 위 구절을 통해 권력을 마치 원래 자기 것인양 여겨서 마침내 자기 것으로 취하는 태도가 옳지 않음을 보여주었기 때문이다. 저자는 이렇게 자신이 내면화하고 있는 공동체의 가치관을 개인의 경험을 통해 확인하였다. 가치관은 추상적인 관념의 형태로 존재하지만, 말을 빌려 탄 경험은 구체적이므로 이를 통해 메시지가 생생하게 전달될 수 있다.

이와 같이 한 시대에 공통적으로 합의하고 있는 가치관은 시대와 공간을 초월해서 개별적인 저자의 경험 세계 곳곳에서 확인되고 이를 강화하는 글로 생산될 수도 있었다. 앞서 언급했던 당나라 유종원의 <포사자설(捕蛇者說)>의 경우를 살펴보자. 이 작품은 유종원이 관리가 되어 만나 본 지방 하층민의 피폐한 삶을 다루고 있다. 그들의 삶을 어렵게 만드는 원인이 가렴주구(苛斂誅求)인 것을 확인한 저자는 자동적으로 『예기(禮記)』에 실려 있는 '가정맹어호(苛政猛於虎)'를 떠올리게 된다. 유종원에게는 그동안 관념적인 지식 차원에 머물러 있었던 『예기』의 교훈이 실제 삶에서 생생하게 목도된 것이다. 그래서 그 역시 다른 민풍을 관찰하는 관리들에게 자신의 글을 통해 이러한 실상이 있음을 알리고 깨우치고자 설을 지었다고 적고 있다.

성현의 가르침이나 교훈은 추상적인 수준의 문장이나 함축적인 언어로 표현되어 있다. 추상적인 관념들을 학습한 선조들은 실제 생활의 구체적인 장면 속에서 그러한 가르침을 발견할 때 이를 기록하여 설 작품으로 남겼다. 이것이 하나의 설을 만드는 동기가 되는 것이다. 그것이 이곡에게는 말을 빌려탄 경험을 통해, 유종원에게는 뱀을 잡는 땅꾼과의 만남을 통해 더욱 강화되었다고 볼 수 있다.

⑷ 기존 가치관이 변화되는 사건의 경험

사람은 성장해 가면서 가정과 사회 속에서 관습과 규칙을 배움으로써 자연스럽게 사회 속에 편입된다. 그 가운데 개인은 자기 내면의 가치관과 신념을 형성하게 된다. 그런데 가치관을 형성하는 원천은 여러 가지이기 때문에 가치관과 가치관끼리 충돌하게 되는 경우가 있다. 가정에서는 부모님이, 성장 과정에서는 스승과 동료들이, 그리고 책이나 대중매체를 통해 형성된 가치관은 이미 확립되어 있는 개인의 가치관과 대립되기도 한다.

중세 사회에서는 현대와 달리 다양한 가치관들이 경합하는 경향이 약했을지라도 그러한 양상이 전혀 없지는 않았다. 특히 민간 속에 퍼져 있는 사회적 통념이나 속신(俗信)이 본인이 배우고 익힌 교훈과 대립하는 경우가 발생했다. 이러한 충돌은 역시 개인이 겪은 특별한 사건을 통해 드러나게 된다. 기존에 본인이 알고 있고 믿어왔던 가치관이 새로운 사건을 겪음으로써 도전을 받고 변화된 계기는 설을 짓는 하나의 동기가 된다. 그러한 예를 하나 살펴보자.

젊은 시절 아버지를 따라 유배 생활을 함께 하다가 결국 궁벽한 시골에서 일생을 마친 김낙행(1708~1766)이 지은 <직석설(織席說)>은 이러한 사례라 할 수 있다. 돗자리를 짜던 경험을 적은 이 작품은 세상의 통념과 다른 본인의 특별한 경험이 드러나 있다.

> 우스갯소리에 이런 말이 있다. "시골에서 나이가 어릴 때 과거 문장을 익히다가 과거에 합격하지 못하면 풍월(風月)이나 짓고, 그러다 기운이 빠지면 자리 짜는 일을 하다가 마침내 늙어 죽는다." 俚諺云, "村措大少習科文, 不成名, 爲風月, 又稍衰, 則業織席而遂老死."

선비가 과거에 합격하지 못하고 영락한 선비의 처지에 놓일 때 택하는 최후의 수단이 돗자리 짜기라는 인식이 우스갯소리라는 속담에 담겨있다. 이 농담에는 선비로서 돗자리를 짜는 일이 부끄럽고 치욕스러운 일이라는 당대의 가치관이 담겨 있기도 하다. 저자 역시 이러한 생각에서 자유롭지 못했음을 알 수 있다.

> 집사람이 그저 밥이나 축내고 마음 쓸 일이 없는 나를 못마땅하게 여겨, 형제의 집에서 자리 짜는 재료를 얻어다가 억지로 내게 자리라도 짜라고 하였다. 家人悶余之徒食而無所用心, 乞席材於其兄弟家, 強要之.

자신이 벼슬살이도 하지 않으며 집에서 무위도식하고 있자, 어느 날 아내가 돗자리 짜는 일을 해보라고 시킨 것이다. 즉 돗자리 짜기는 저자 자신의 자발적인 행위가 아니었다. 이 일은 선비가 하기에 매우 천하고 수치스러운 일이므로 마땅히 저자의 자존심을 상하게 했을 테지만, 결국 돗자리 짜는 법을 배워 하루하루 이 일을 하며 지내게 되었다. 시간이 경과하여 돗자리 짜는 일이 익숙해지자 어느덧 저자의 생각도 조금씩 변화되었음을 서술하고 있다.

> 내가 이 일을 하는 것이 참으로 적합하다. 비록 이 일을 하다가 내 인생을 마친다고 해도 사양하지 않겠다. 왜냐하면 내 분수에 알맞기 때문이다. 余業之固其宜哉. 雖以是終吾身, 亦不辭焉. 分所當也.

저자 김낙행은 자리 짜는 일이 차차 손에 익은 후, 이 일이야말로 자신의 본분에 맞는 일임을 확신하게 되고, 이 일을 전혀 부끄럽지 않게 생각하였다. 세상에서 돗자리 짜기에 대한 인식이 일반적으로 부정적이었고, 자신도 그 일을 천하다고 여겼으나 직접 체험해 본 결과 그 생각이 변화를 겪은 것이다. 다시 말해 사회의 통념 그리고 자신의 가치관에 배치되는 사례를 몸소 경험해 본 후 새로운 가치관이 형성되었던 것이다. 결국 이 작품을 통해 일에 빈부귀천이 있는 것이 아니니, 사람은 각자 분수에 맞는 일을 해야 한다는 확고한 가치관이 형성되었음을 알 수 있다.

머리로만 알던 지식이나 가치들이 특별한 사건을 통해 크게 바뀐 인물 중 하나가 바로 조선 중기 문인인 홍성민(洪聖民, 1536~1594)이다. 그는 젊은 시절 과거에 합격하여 벼슬살이를 하다가 탄핵을 받아 북방 지역에 귀양살이를 했던 경력을 지니고 있다. 이 귀양살이는 그의 일생에서 여러 가치관을 바꾸어 놓는 특별한 계기였는데, 그는 이 시절 겪었던 일들을 설 작품으로 남겼다. 그 때 지어진 설이 바로 <마환우설(馬換牛說)>, <무염판속설(貿鹽販粟說)> 등이다. 두 작품 모두 선비였던 저자가 상인이 되어 장사하는 경험을 통해 느낀 소회를 기록하였는데, 이 작품 속에서 작가의 가치관이 갈등하고 변화됨을 발견할 수 있다. 그 내용을 살펴보자.

> (a) 신묘년 가을, 임금의 은혜와 꾸지람을 입어 북쪽으로 유배를 가야 했는데 말이 없었다. 집안의 재산을 털어서 여섯 마리의 말을 시장에서 샀다. 해골과 같은 몸을 실고 옷과 음식도 실었다. 삼천리를 행진하여 관서 변방 지역인 부녕부에 다다랐다. 辛卯秋, 被恩譴而北, 無馬. 傾家儲, 市得六頭, 載骸骨馱衣食. 行赴關塞三千里之地, 富寧府也. 홍성민, <마환우설(馬換牛說)>

(b) 예전에는 삼대 이상이 고관의 지위에 올라 장사하는 일을 천하게 여기고 농사짓는 일을 우습게 여겼으나 지금은 장사하는 일을 달갑게 여기고 농사짓는 일은 감히 바라지도 못한다. (중략) 앞으로 바라는 바는 농사를 지으며 제사를 받들고 조세를 바치며 목숨을 연명하는 것이다.庶幾駸駸然入於三代以上之天. 唾商賈, 睨農夫, 不敢置於齒牙間, 而視若天淵然. 今則爲商爲賈而甘心焉, 至於農則不敢望焉. (중략) 有所希覬者, 聖量如天, 若容螻蟻, 許作田巷之一農夫, 則手耔耜, 事耕穫, 上之奉祭祀, 次之供租稅, 下之延軀命. 홍성민, <무염판속설(貿鹽販粟說)>

(a)는 저자인 홍성민이 유배를 떠나는 사건으로 이야기가 시작되고 있다. 실제로 조선왕조실록 선조 24년(신묘년)에 홍성민은 정철(鄭澈)과 함께 당(黨)을 지었다는 이유로 부령(富寧)으로 찬축(竄逐)되었다는 기록이 남아있다. 역사가 기록하지 못한 개인의 체험이 설 작품 속에 고스란히 담겨 있음을 확인할 수 있다. 저자는 유배 생활을 통해 본인의 가치관이 크게 달라졌음을 기술하였다.

(b)는 평생 벼슬살이만 하면서 지내던 저자가 호구지책으로 장사를 하면서 갖게 된 새로운 생각을 기록한 작품이다. 처음 선비로 글만 읽고 지낼 때는 장사치나 농부들을 무시하며 생활했으나, 유배 생활 중에 당장 먹고 사는 문제가 다급해지자 장사를 하고 이익을 얻으면서 기쁨을 느끼는 자기 자신을 발견하였다. 작가는 결국 농사라도 짓고 지낸다면 임금의 은혜를 기리며 살 수 있을 것이라는 소박한 바람을 전하고 있다.

저자가 지닌 생각의 변화는 사대부로서 장사치나 농부를 대하는 태도에서 나타난다. 그 계기는 자신이 뜻하지 않게 그 일을 몸소 체험하게 됨으로써 이루어졌다. 그러나 저자 홍성민은 <직석설>을 지은 김낙행과 달리 영락한 자신이 새롭게 구한 생업이 자신의 천직으로 여길 정도로 가치관이 변화되지 않았다. 다만 기존에 가지고 있었던 직업에 대한 태도가 달라졌음을 보여준 작품이다.

기존 가치관에 반대되는 사건의 경험을 글감으로 하는 작품은 대립되는 두 가치관이 존재하기 때문에 갈등이 나타나게 된다. 즉 기존에 가지고 있었던 가치관이 경험을 통해서 새롭게 정립된 가치관과 갈등을 빚게 되는데, 이러한 경험이 글을 쓰게 만드는 하나의 동기로서 작용함을 알 수 있다.

3. 근거와 주장의 관계 맺기 방식

설득 메시지는 주장과 근거로 이루어지며, 논증은 근거로부터 결론을 이끌어 내는 과정이다. 결론은 일정한 주장을 담고 있으므로, 근거가 주장을 뒷받침하기 위해서는 둘 사이의 관계 맺음이 나타나게 된다. 이 관계 맺음의 양상이 어떠한가에 따라 설득적인 글의 내적인 형식이 형성된다. 이러한 관계 맺음의 다양한 양상에 대한 연구들은 논증 연구 분야에서 많이 진행되었다. 그 가운데 페렐만이 분류한 관계 맺음 양상을 참고해 보고자 한다.

페렐만의 연구 대상은 '증명해야 하는 이야기'가 아니라 '설득하려는 목적을 지닌 이야기'였다. 데카르트와의 결별을 선언한 페렐만은 논증이 수학의 증명과 같이 계산할 수 있는 세계에서 이루어지는 것이 아니라 청중이 듣고 판단할 수 있는 일상에서 이루어진다고 본 것이다. 그는 어떻게 청중이 이야기하는 사람의 주장을 받아들이는 것인가 연구하여 그 양상을 4가지로 분류하였다.[19)]

첫째는 준논리적 논증(quasi-logical arguments)이다. 이 논증은 아

---

19) 페렐만의 논증 방식에 대한 논의는 "Perelman, Chaim · Olbrechts-Tyteca, L. (1971:193～459); 필립 브르통 · 질 고티에/장혜영 옮김(2006:47～61)"를 참조하였다.

리스토텔레스가 말한 삼단논법과 유사하지만, 논리적 추론과 같이 필연적이지는 않다는 점에서 차이가 난다. 예를 들어, "나의 친구의 친구는 나의 친구이다."는 수학의 세계에서는 A⊃B, B⊃C ∴ A⊃C로 필연적으로 참이라고 할 수 있지만, 현실에서는 꼭 그렇지 않기 때문이다.

둘째, 현실 구조에 근거한 논증(arguments based on the structure of reality)이 있다. 이 때 현실 구조란 청중이 이미 받아들이고 있는 인과 관계라든지 청중에게 인정받는 권위에 의해 만들어지는 논증을 뜻한다. 이미 받아들여진 것을 받아들이도록 하는 논증이 이에 해당한다.

셋째는 새로운 현실 구조를 만드는 관계(the relations establishing the structure of reality)이다. 새로운 현실 구조는 아직 청자들이 주장과 근거의 관계를 알지 못하는 구조이다. 페렐만은 구체적인 것이나 유사함을 통해 새로운 연결 관계를 만든다고 보았다.

끝으로 분리에 의한 논증(the dissociation of concepts)은 하나의 용어나 진술문 안에 있는 관계를 분리해 내어, 하나의 단위 속에 보이지 않는 개념을 드러내는 논증이다. 외양(外樣)/현실, 수단/방법, 사건/근본 등의 이분법을 통해 단순한 외양과 관련하여 하락한 '개념'을 진짜 현실만 분리해 내어 '개념'을 진술하는 방식이다. 예를 들어, "무신론자는 사이비 교주를 싫어하는 유사-무신론자가 아니라 신의 존재 자체를 싫어하는 사람"으로 개념을 분리해 내는 논증이다.

페렐만의 논증 유형은 연결과 분리, 기존의 연결 구조와 새로운 연결 구조 등의 일관된 기준을 가지고 일상에서 벌어지는 주장과 근거의 관계 맺음 양상을 분류했다는 의의가 있다. 그러나 이러한 분류 자체를 그대로 적용하기란 어렵다. '기존의 관계'와 '새로운 관계'라는 구분도 불분명하고 그것을 청중이 어떻게 받아들이는가 역시 주관적일 수 있기 때문이다. 따라서 본고에서는 이러한 명칭의 구분보다는 유형 분류에서 쓰인 개개의 논증 양상들을 찾고 개별적으로 적용하도록 하겠다.

설 양식에서 나타나는 주장과 근거의 관계 맺기는 페렐만의 용어로 보자면, '새로운 현실 구조를 만드는 관계'에 해당하는 유형이라고 볼 수 있다. 앞서 페렐만은 새로운 연결 관계를 만드는 경우를 '구체적인 경우'와 '유사함에 의한 경우'로 구분한 바 있는데, 이러한 구분은 설 양식의 논증 방식을 잘 설명할 수 있을 것이다. 설 양식의 근거에 해당하는 기사(紀事)는 주장에 해당하는 설리(說理)의 구체적인 경우에 해당하기도 하고, 유사함에 의한 관계가 형성되기도 하기 때문이다. 이러한 양상을 새로운 현실 구조를 만드는 관계에 해당하는 '유추'와 '예증', '예시'로 구분하여 살펴보도록 하겠다.

(1) 근거에서 유추하여 주장하기

유추(類推)는 비슷한 것에 기초하여 다른 사물 혹은 일을 미루어 짐작하는 인지 과정을 의미한다. 유추가 이루어지기 위한 조건으로는 서로 다른 영역(혹은 세계)이 존재해야 하며, 이 두 영역간의 유사성이 있어야 한다. 이 유사성을 근거로 해서 추리가 이루어질 때 이를 유추라고 할 수 있다. 설 양식에서는 자연 세계와 인간 세계라는 서로 다른 세계를 대비하는 경우가 많기 때문에 유추가 일어날 조건을 갖추고 있다고 하겠다. 유추가 일어난 양상을 먼저 살펴보자.

(a) 묘년(卯年) 여름 내 집에 벌들이 날아와 집을 지어서 그 벌들을 관찰하게 되었다.

(b) 뭇 벌들이 왕벌의 지시에 따라 움직이며 왕의 일에 게으르지 않았다.

(c) 사람은 귀한 존재이지만 생물보다 못할 때가 있다. 하늘이 주는 복록을 누리면서 왕의 일을 게을리 하는 자는 벌[蜂]의 죄인이다.

(d) 임금의 신하된 자를 위해 설을 짓는다.

위 내용은 하수일(河受一)이 지은 <밀봉설(蜜蜂說)>의 주요 내용만을 간추려 제시한 것이다. (a)는 저자가 벌들을 관찰한 사실을 기록하였음을 알리고 있고, (b)는 그 관찰한 내용이다. 그리고 (c)는 관찰한 사실을 통해 저자가 주장하고자 하는 바이며, (d)는 작품의 예상 독자에 대해 언급한 부분이다. 이 작품에서 (b)와 (c) 사이에서 유추가 일어나고 있음을 알 수 있다. 이 작품에서는 '왕벌과 일벌의 관계(b)'가 '임금과 신하의 관계(c)'로 유추되고 있는 것이다. 왕벌이 일벌에게 하는 행동이나 태도를 인간 세상의 임금과 신하의 관계에 적용하였다.

이를 논증 도식을 통해 설명해 보면 다음과 같다.[20)]

일반적으로 사례 1은 사례 2와 유사하다.
사례 1에서 A는 진실이다.
그러므로 사례 2에서도 A는 진실이다.

이 도식을 통해 유추가 이루어지는 과정을 살필 수 있다. 먼저 서로 다른 두 영역에서의 유사함을 발견해야 한다. 위 작품의 경우 동물의 세계와 인간의 세계에서 왕벌과 일벌의 관계가 임금과 신하의 관계와 유사함을 보여주고 있다. 다음 단계에서는 한 세계에서 통용되는 하나의 진실을 찾는 것이다. <밀봉설>에서는 왕벌의 지시에 게으르지 않고 열심히 따르는 일벌의 생태가 그것이었다. 마지막 단

20) Walton, D.(1996), *Argumentation Schemes for Presumptive Reasoning*, LEA, pp.46～110.

계에서는 다른 영역에 이 진실을 대입해 보는 것이다. 즉 군신(君臣) 간 지켜야 할 도리를 인간 세계에 적용해 보았다. 그 결과 인간 세계 내에서 결함을 발견하고 이를 시정하는 방향으로 주장이 전개되어 나가고 있음을 확인할 수 있다.

그런데 주자학에서 말하는 유추란 기지(旣知)의 지식을 가지고 미지(未知)의 지식을 메워나가는 학습법을 가리킨다. 주자학에 뿌리를 둔 조선시대 대표적인 인식방법론으로 알려진 격물치지(格物致知)는 이러한 유추 활동을 내포하고 있다.[21] 개개의 사물에 접해서[格物], 아직 알지 못하는 사물의 이치를 궁구하기[致知] 위해서는 유추가 반드시 필요하기 때문이다. 이러한 유추 양상을 띠고 있는 작품들도 있다.

> 빠르게 질주하던 말이 마침 개 한 마리와 부딪히게 되었다. 말이 미처 피하지 못하고 개를 넘어뜨려 말발굽으로 밟아 짓뭉갰다. 곁에 지켜보던 사람들이, 한결 같이 말을 포악하다 하고, 피할 줄 몰랐던 개를 애석해 했다. 한 백발의 노인이 웃으며 말하기를, "기르는 짐승을 어찌 벌주겠는가? 인자한 동물은 오직 기린이요, 지혜로운 동물은 오직 거북이니, 말을 기린처럼 꾸짖을 수 없다. 개를 거북이에 비할 수 있겠는가? 가장 신령한 인간도 혹 이와 같음이 있을 것이지만, 이는 괴이한 것이다. 내가 많이 보아왔다. 또한 허물은 말의 채찍을 잡은 자가 조심하지 않은 데 있다. 사람이 다치게 됐다면 누구의 책임이겠는가?"
>
> 안타깝구나. 진실로 하나로써 나머지 셋을 알 수 있다. 어찌 이 일뿐이겠는가? 내 아이들을 위해 쓴다.[22]

---

21) 격물치지와 유추의 관계는 박수밀(2008), 「고전에서의 유추와 실학적 유추의 탐구 의미 고찰」, 『국어교육』 127호, 한국어교육학회, 339~363쪽 참조.

22) 有馬逸而疾奔, 適遇一犬, 躪斃蹄下. 道傍觀者, 莫不惡馬之暴而哀犬之不知避也. 有華顚丈人笑而言曰, "畜物何誅焉? 仁者唯麟而智者唯龜. 馬固不可責麟, 犬可比於龜乎? 最靈者或有如, 是可怪也. 吾見多矣. 且咎在操鞿靮者不能謹也. 倘或傷人則誰其任之"

위 작품은 말이 개를 밟은 사건을 다루고 있다. 사람들이 모두 사고의 원인을 말의 탓으로 돌리고 있을 때, 이 사고의 근본적인 원인은 말이나 개에 있지 않고 도리어 말을 잘 간수하지 못한 인간에게 있음을 지적하는 내용을 담고 있다. 이 일화를 통해 저자는 자녀에게 무엇인가 교훈을 주려고 하고 있지만, 그 교훈이 무엇인지 직접적으로 언급하고 있지는 않다. 대신 아버지는 자녀에게 반우(反隅), 즉 하나로써 나머지 셋을 알기를 바라고 있다.

이 반우(反隅)란 표현은 『논어(論語)』에서 "한 귀퉁이를 들었는데, 나머지 세 귀퉁이를 알아차리지 못하면 다시 반복하지 않는다.(擧一隅, 不以三隅反, 則不復也)"고 하여, 말하여서 가르치는 영역과 별도로 스스로 터득하는 영역이 있어야 함을 강조하는 데서 나온 말이다.[23] 하나를 통해서 나머지 부분을 알 수 있게 되기 위해서는 하나의 영역에서 다른 영역으로 확장시킬 수 있는 사고를 할 수 있어야 한다. 격물치지(格物致知) 역시 그러한 사고를 하도록 강조하고 있다.

> 격물(格物)이란 천하의 모든 사물을 모두 궁구하고자 함이 아니다. 다만, 하나의 일에서 궁구를 다하면, 그 나머지는 유추할 수 있다는 것이다.[24]

이미 알고 있는 것을 통해 모르는 것을 미루어 알아 나아가는 방법이란 다름 아닌 유추라는 것이다. 앞서 <밀봉설>의 경우 꿀벌의 세계에서 인간의 세계와 유사함을 발견하여 유추가 일어났음을 확

嗟乎! 苟能反隅, 奚獨此事. 吾黨小子. 윤선도, <마천견설>, 『고산유고(孤山遺稿)』, 卷之五.

23) 『논어(論語)』 술이(述而)편에 실려 있다. 주자 주에 따르면 반드시 스스로 터득한 이후에 알려주어야 그 뜻이 견고해진다고 보았다. 김혁제 校閱(1998), 『논어집주』, 명문당, 128쪽.

24) 格物, 非欲盡窮天下之物. 但於一事上窮盡, 其他可以類推. 『대학혹문(大學或問)』 전(傳) 5장.

인했다. 그리고 <마천견설>의 경우 이미 알게 된 하나의 사실을 통해 다른 영역에도 적용할 수 있는 유추가 나타나 있다. 이처럼 관계의 유사성을 발견함으로써 유추가 이루어질 수 있고, 이미 알고 있는 것을 바탕으로 미지의 영역으로 나아갈 때 유추가 일어날 수 있다.

그런데 이 두 양상은 별개의 것이 아니라 하나의 과정으로 볼 수 있다. 유추가 일어날 수 있는 전제는 두 영역 사이의 공통점 내지는 유사성의 발견이며, 이러한 선행 과정이 있어야 다른 영역에도 그 진실을 적용하는 작업이 가능하다. 다음과 같은 작품을 살펴보자.

(ㄱ) "대체로 뛰어난 듯 번드르르하게 외양을 장식했지만 그 속은 온통 개의 털로 채워져 있는 것이 이 붓(친구가 속아서 구매한 붓-인용자 주)과 조금도 다를 것이 없는데, 그들을 살피는 사람들이 제대로 눈여겨보지 않은 채 외양만 보고서 속마음까지 믿어 버리기 때문에 간사한 사람이 나라를 어지럽히고 있어도 뉘우쳐 바꾸게 할 수가 없는 것이다. 지금 자네가 이런 점은 걱정하지 않고 붓에 대해서만 괴이하게 여기고 있으니, 이 역시 유추(類推)할 줄을 모른다고 해야 하겠다."[25]

(ㄴ) 그 벌레들을 잡아다가 모조리 박멸하고, 또 그 토양을 기름지게 하여 뿌리를 북돋아 주었더니 며칠이 지나지 않아 싹이 나고 잎이 피었다. 나는 이 일로 인하여 반우(反隅)하니 느낀 바가 있었다. 저 풀의 알지 못함은 마치 그 해충을 제거한 후에 번성하는 것과 같다. 하물며 우리 백성이랴? 임금이 그 백성을 번성케 하고자 함은 내가

25) 蓋秀燁其外而狗毛其中, 與是筆無少異焉. 而觀人者不察也, 視其外而信其中, 故有奸人亂國而不可悔者也. 今子不此之憂, 而筆焉是怪, 亦不知類也夫. 장유, <필설>, 『계곡집』 제4권.

이 풀을 우거지게 하는 것보다 심할 것이다.[26)]

(ㄱ)은 장유의 <필설(筆說)>의 후반부로서, 겉과 속이 다른 붓을 구매해서 분개하고 있는 친구에게 유추할 수 있기를 권면하는 글이다. 겉은 화려하게 황모(黃毛)로 되어 있었지만 속은 개의 털로 되어 있었던 붓을 인간 사회에 적용해 보면 의관이나 걸음걸이는 화려하게 꾸몄으나 속마음은 욕심과 불의로 가득한 사대부로 유추할 수 있다는 것이다. 저자가 이 글을 통해서 특히 강조하고 싶었던 점은 바로 이렇게 인간 세상에 적용하는 유추하는 능력이 부족하다는 점이다. 세속의 이익에는 일희일비하면서 정작 인간의 도리를 갖추는 일에는 무관심한 세태에 대한 개탄이며 질책이다.

(ㄴ)은 정칙(鄭侙)의 <종남령초설(種南靈草說)>의 일부이다. 이 작품은 저자가 한가할 때 담배[南靈草]를 심었다가 해충의 피해를 심하게 입고, 늙은 종의 제안을 따라 해충을 제거한 후 소감을 적은 것이다. 임금이 백성들을 잘 기르는 데에도 동일한 원리가 적용됨을 말하고자 하였다. 백성을 괴롭히는 탐관오리를 제거해야만 백성들의 삶이 건강하게 잘 유지될 수 있음을 보였다. 주제적인 측면에서 보면 새로울 바 없는 주장이지만, 발상과 소재는 참신하다 하겠다. 담배를 재배할 때의 해충을 제거하는 일에서 백성을 부강하게 하는 국정에서 탐관오리를 제거하는 일로 그 영역이 확대되었다.

유추는 두 대상을 연결하면서 그 관계의 유사성 속에서 논리의 타당성을 입증해 나간다. (ㄱ)은 겉과 속이 다른 붓과 사대부가, (ㄴ)은 담배 재배와 나라를 다스림이 유사하다고 본 것이다. 이러한 관계의 유사성을 단순화하면, 수학의 수식처럼 A:a=B:b에 대응시켜

---

26) 得其蟲, 得輒殄滅之, 又以膏壤, 培其根, 未數日, 已抽芽葉油如也. 余因反隅而有感焉. 彼草之無知, 猶且去其害然後乃蕃, 況吾民乎? 人君之欲蕃其民, 甚於吾之欲蕃斯草也. 정칙(鄭侙), <종남령초설(種南靈草說)>, 『우천집(愚川集)』.

볼 수 있다. (ㄴ)의 경우는 식물 재배에서 해충을 제거하는 일이 곧 나라를 다스림에도 동일하게 적용됨을 보여주고 있다.

여기에서 근거와 주장의 관계 맺기 방식으로서 유추의 공통점을 찾아 볼 수 있는데, 그것은 유추의 대상이 항상 인간의 삶과 관련된 도덕적 원리로 귀결된다는 것이다. 일상에서 쓰이는 유추의 의미는 이미 알고 있는 것을 바탕으로 모르는 부분을 미루어 짐작하는 사고 작용을 의미한다. 또한 현대 자연과학이나 법학 등 다양한 학문 분야에서 유추가 방법론으로 활용되고 있는데, 그 때의 유추 역시 기지의 사실로 미지의 사실을 캐는 사고 작용의 의미로 쓰인다.[27) 반면, 설 양식에 나타난 유추는 서로 다른 두 영역 사이의 유사성을 기반으로 해서 결국 인간의 삶을 돌아보고 삼라만상을 관통하는 이치를 탐구하는 도덕적, 윤리적 가치를 지향하는 추론 방식임을 알 수 있다.

이상에서 살펴본 바와 같이 유추에 의한 논증 방식은 새로운 세계에 존재하는 서로 다른 두 대상 사이의 유사성을 발견하고 하나의 진실을 다른 영역으로 확장해 적용하는 과정을 취한다. 이때 새로운 연결 관계가 형성되며 이 둘 사이의 유사성에 대한 공감 정도에 따라 설득력이 결정되게 된다. 그런데 둘 사이의 유사성은 사회문화적 기반에 의해 크게 영향을 받고 있다. 따라서 현대에는 현대에 맞는 유사적 상황을 발견하고 이를 통해 추론해 가는 과정이 필요하다.

(2) 예증에 의한 일반화하기

본고에서는 일상에서 크게 구별하지 않고 사용하는 예증(illustration)

27) 다양한 분야에서 유추의 쓰임은 졸고(2007:182~184) 참조.

과 예시(example)라는 용어를 구분하여 사용하고자 한다. 이 둘 사이의 구분은 페렐만(1971)에 따른 것이다.[28] 페렐만은 "어떤 주장에 대해 사람들의 마음을 동의하는 쪽으로 몰고 가는 이야기 기술"로서 두 대상간의 연결 관계를 만드는 경우에 관심을 가졌다. 그 결과 사람들이 구체적인 사례를 가지고 자신의 주장을 설득하는 데에 활용한다는 점을 주목했는데, 그 사례의 쓰임이 예시와 예증으로 구분된다고 보았다.

예증과 예시는 화자가 지지하는 규칙(rule)의 상태에 따라 구분된다. 예시는 어떠한 규칙을 세우기 위해 고안된 사례(instance)라면, 예증은 이미 받아들여진 규칙을 강화하기 위해 사용되는 사례라는 것이다. 새로운 규칙을 세우기 위한 근거라는 점에서 예시는 귀납적 논증에 가깝다면, 기존 규칙을 확인하고 강화하는 근거라는 점에서 예증은 연역적 논증에 가깝다고 볼 수 있다.

예증은 이미 받아들여진 규칙을 청중으로 하여금 알기 쉽게 이해하도록 하는 목적을 지닌다. 그러한 점에서 예증에 의한 논증은 규칙에 대한 설명적 기능을 갖는다. 이미 받아들여진 규칙을 새삼스럽게 논증하는 이유는 대중들이 망각하고 있거나 잘 이해하지 못하고 있기 때문이다. 그래서 대중을 깨우치고 알기 쉽도록 예증을 통해 논리를 전개해 나간다. 다음 작품 사례를 보자.

(a) 석이는 야채 중에 가장 좋은 것이다. 석이는 반드시 깊은 산, 궁벽진 골짜기, 절벽 등 사람의 손이 잘 닿을 수 없는 곳에 서식한다.
(b) 그것을 따려는 사람은 가는 줄을 꼬아서 밧줄을 만들고 절벽 위에서 그네처럼 줄을 늘어뜨리되, 사이사이에 마치 계단처럼 가로 줄을 연결하여, 몸이 매달려 내려간다. 벽을 구르고 선회해서 마땅한

28) Perelman Chaim · Olbrechts-Tyteca(1971), *The New Rhetoric*, University of Notre Dame Press, p.357.

곳을 따라 채취하게 되는데, 채취하는 자가 붙어있는 모양이 개미나 이[蝨]와 같고 민첩하기가 원숭이같다. 목숨을 내놓지 않으면 할 수 없는 일이다. 따기를 다하면 밧줄을 다시 잡고 올라오는데, 그 위태함과 고통스러움은 가히 알만하다. 만일 줄이 갈아져서 끊어지면 실족하게 되니 곧 만길 낭떠러지로 추락하게 되고 온몸의 뼈는 으스러진다. 자주 죽는 자가 발생한다.

(c) 그러나 시장에서 그것을 취해서 관리에게 바치면 부역이 면제된다. 그런 까닭에 비록 죽을 수 있더라도 꺼리지 않는다.

(d) 슬프구나. 내가 다스리고 있는 땅은 영춘(永春)이다. 영춘은 산골 마을인데 매번 백성들에게 세금을 부과한다. 이 버섯이 공물로서는 최고의 물건으로 인정받아서 사치한 곳에 쓰인다. 아아! 이 물건이여. 비록 매우 귀한 것 같진 않지만 누가 그것을 취함의 위태로움을 알고 고달픔을 알겠는가? 이로 미루어 볼 수 있은즉, 무릇 백성에게 부역의 독이 이뿐이 아닐 것이다. 고로 이 설을 지어서 스스로 돌아보고, 또 세상의 목민관을 경계하고자 한다.[29]

조선 중기 문인이자 관료였던 권두인(權斗寅, 1643～1719)이 지은 <석이설(石茸說)>이란 작품이다. (a)에서는 석이버섯에 대한 소개를, (b)에서는 석이버섯을 채취하는 방법을 소개하고 있으며, (c)에서는 왜 사람들이 목숨의 위험을 무릅쓰고 석이버섯을 채취하는지 그 이유를 밝히고 있다. 그리고 (d)에서는 이 모든 일에 대한 자신의 소

29) 石茸, 菜之美者也. 茸之生, 必在深山窮峽懸崖絶壁無夤緣着足. 摘之者, 合細繩爲條, 縻壁上垂之若鞦韆, 間有橫條若梯, 以身緣條而下. 轉壁廻旋, 隨宜摘取. 附若蟻蝨, 捷若猿猱, 非判命者, 不能也. 摘已, 復攀條而上, 其危苦可知. 萬一繩磨而絶, 足跌而失, 則墜落萬仞深壑, 身骨糜碎, 往往而死者, 相踵也. 然其市於人, 取其直, 納之官, 應其役. 以故, 雖死不憚焉. 哀哉! 余宰于永. 永, 峽邑. 每賦於民, 此物最優, 用以侈盤飡. 應人求. 噫! 是物也. 雖若不甚貴, 而孰知其取之之危且艱若是哉! 因此推類, 則凡賦役之毒于民. 不直此也. 故爲之說以自鑑, 又以警世之牧民者. 권두인, <석이설>, 『荷塘集』, 卷之三.

감과 집필 동기, 예상 독자를 밝히고 있다.

이 작품에서 전달하고자 하는 바는 (a)에서 명시되어 있는 것처럼 '백성에게 있는 부역의 독(毒)'을 알리고자 함이다. 실제로 저자가 부임한 고을에서 이러한 부역의 폐해가 이루어지고 있음을 목도하고 이 사실을 알지 못하는 세상의 목민관들에게 알리고자 이 글을 적고 있다. 석이버섯의 채취는 그러한 '부역의 해로움'을 알리는 하나의 사례로서 제시된 것이다.

그런데 '백성에게 있는 부역의 해로움'은 사실 새로운 주장은 아니다. 위 작품을 보면, 매우 유사한 작품을 떠올릴 수 있는데, 바로 유종원(柳宗元)의 <포사자설(捕蛇者說)>이다. 유종원은 영(永) 땅에 부임하여 나라의 조세를 충당하고자 목숨을 걸고 특산물을 채집하는 장씨를 만나고 나서 가혹한 세금의 심각함을 몸소 느꼈다.[30] 그래서 <포사자설>이라는 작품을 짓게 되었다고 하는데, 이러한 동기나 주제가 두 작품이 비슷하다. 이들 작품 모두에서 가혹한 세금에 대한 백성들의 고통을 보여주는 예증을 찾아볼 수 있다.

실제로 '가렴주구의 폐해'를 예증하는 작품은 이후로도 지어지는데, 이는 '백성에게 있는 부역의 해로움'을 관직에 있는 벼슬아치들이 망각하기 때문이라고 하였다. 김춘택의 '잠녀설(潛女說)'이라는 작품 역시 이러한 맥락에서 지어졌다. 이 작품은 전복을 캐는 해녀의 고충을 담고 있어서 동일한 주제를 보여준다고 하겠다. 작품 속에서 다음과 같이 언급하였다.

> 나는 이(위험을 무릅쓰고 캐는 전복-인용자)를 태산의 호랑이요, 영주의 뱀이라고 일컫고 싶다. 다행히 가혹한 정치나 세금은 없다. 이제

30) 공교롭게도 유종원, 권두인 모두 영(永) 땅에 부임해서 가렴주구의 실상을 보게 된다. 그런데 이 영(永)이라는 지명은 <포사자설>의 영향(양현승, 2004:180)이라기보다는 실제 그의 나이 50에 부임했던 영춘현(永春縣)을 가리킨다고 본다.

> 그대는 전복을 캐고 전복을 사는 수고로움이 겸하여 있으니 진실로 민망할 따름이다. 余以謂泰山之虎, 永州之蛇, 幸無苛政虐賦. 今汝兼有採鰒買鰒之苦, 誠可憫也已. 김춘택, <잠녀설>

이 작품의 저자인 김춘택은 오랜 기간 제주 지역에서 유배생활을 하면서 그곳에서 만난 전복을 캐는 해녀와 전복을 구입해서 관리들에게 공급하는 중간 상인과의 대화를 통해 그들의 고생이 얼마나 심한지 목도하게 된다. 위에 언급된 태산의 호랑이는 『예기(禮記)』에 나오는 '가정맹어호(苛政猛於虎)'의 호랑이요, 영주의 뱀은 <포사자설>에서 등장하는 특산품으로 바쳐지는 뱀이다. 제주도에서는 전복이 그렇게 백성의 목숨을 앗아갈 수 있는 징세의 상징이 될 수 있다는 것이다. 물론 이 작품의 문면에서는 가혹한 정치나 세금이 없다고 표현했으나 백성들의 신산한 삶을 통해서 역시 고통 받는 백성의 실상을 벼슬살이를 하고 있는 자들에게 보여주고자 했음을 알 수 있다.

이상 살펴본 작품들에서 저자가 공통적으로 주장하고자 하는 바는 "백성에게 부과된 부역의 심각함을 목민관들이 깨달아야 한다"는 것이며, 더 나아가 "부역의 짐을 덜어야 한다."는 명제임을 알 수 있다. 이러한 주장을 뒷받침하는 사례는 나라와 시대를 초월해서 항상 존재해 왔었다. 백성에게 부과된 부역의 대상만 뱀, 석이버섯, 전복 등으로 달라졌을 뿐 그들이 처한 환경과 이로 인한 폐해는 변함없이 이어져오고 있다. 이렇게 망각이나 무지에 의해 이미 받아들여진 규칙이나 원리가 지켜지지 않을 때 예증의 추론을 통해 그 실상을 구체적으로 드러내 보였다.

예증에 의한 논증은 앞서 설명했던 비전환표현에 해당된다. 기사(紀事)에서 다루는 영역과 설리(說理)가 지시하는 영역이 다른 세계가 아니기 때문이다. 가혹한 세금과 부역으로 인해 수탈을 당하는 현장이 기사(紀事)이며, 그렇기 때문에 관리들이 백성에게 부과하는 부역에 대해 경각심을 갖고 주의해야 한다는 설리(說理) 역시 동일한 영역에 해당된다고 하겠다.[31] 그러한 점에서 예증은 이미 받아들여진 규칙이나 원리를 강화하는 역할을 한다고 했다. 규칙이나 원리들은 추상적으로 진술되어 있기 때문에 구체적인 사례들이 예증으로 보강됨으로써 작품은 생동감을 얻게 된다. 추상적인 것에 대한 생생한 그림을 보여준다.

추상적인 관념으로부터 구체화할 수 있는 예증을 찾는 일이 이 추론에서는 주요한 과업이 된다. 권구(權榘)의 <종람설(種藍說)> 줄거리를 살펴보자.

> 신축년에 벼슬을 마치고 고향집에 돌아가니 서쪽 공터에 잡초만 무성하였다.
>
> 하인에게 명하여 김을 매고 부녀자들의 유익을 위해 염색 재료인 쪽풀을 심었다.
>
> 작은 땅도 사람의 노력으로 유용하게 바꾸었는데 하물며 넓은 황무지는 어떻겠는가?

이 작품은 본인의 경험을 근거로 해서 '근면함'을 강조하고 있다. 잡초를 제거하고 유용한 작물을 심음으로써 버려진 땅이 어떻게 활용되는지 본인의 경험으로 입증하고 있다. '농사일에서 근면함의 가치'는 누구나 이미 받아들이고 있는 주장이다. 이러한 주장을 본인이 직접 체험한 한 사례를 가지고 예증하였다.

따라서 '예증에 의한 주장하기'란 이미 받아들여진 규칙과 원리들을 청중에게 "과연 그렇구나"라고 합의하는 자세를 취하도록 하

31) 앞서 살펴보았던 전환표현이 '동물의 세계'와 '인간의 세계'를 구분하여 유사성을 찾았던 것과 비교해보면 더 명확해진다.

는 설득 방식이다. 설 작품들은 이렇게 이미 합의된 규칙과 원리들이 실제의 삶과 자연 속에서도 과연 그렇다는 것을 다시 확인해주는 차원으로 '예증'을 활용하였다. 성현의 말씀이나 경전에 담겨져 있는 생활의 규범과 사회 윤리들이 구체적인 삶의 현장에서 실제로 그러함을 확인할 때 상대방도 그 규범과 윤리들을 보다 더 잘 이해하고 실천할 수 있게 된다.

(3) 예시에 의한 새로운 규칙 세우기

예시는 어떤 주장이 참임을 입증하기 위해 동원되는 사례를 의미한다. 일반적으로 귀납법을 정의할 때 개별적인 사례로부터 일반적인 규칙을 이끌어내는 증명법이라고 하는데, 이 때 개별적인 사례들이 바로 예시에 해당한다고 볼 수 있다. 예증이 이미 성립된 규칙을 지지하기 위해 개입하는 사례인데 반해, 예시는 새로운 규칙을 세우기 위해 동원되는 사례를 가리킨다는 점에서 차이가 있다.

그런데 설 양식과 같이 짧은 형태의 산문에서 다양한 사례를 종합하여 하나의 규칙을 추출해 내어 주장하는 귀납적 방식은 현실적으로 있기 어렵다. 실제 설 양식을 살펴보아도 다양한 개별 사례들을 두루 살피는 설은 존재하지 않는다. 대신 설 양식에 나타난 '예시'는 이미 받아들여지고 있는 특정한 규칙을 깨뜨리는 작용을 함으로써 새로운 규칙을 마련하도록 한다. 작품을 통해 보다 구체적으로 살펴보자.

> 속설에 ① "까치가 오지(午地)에 집을 지으면, 그 집 주인이 좋은 벼슬을 얻는다."는 말이 있다. 우리집 남쪽 정원에 밤나무 한 그루가 있는데 어느 날 까치가 와서 둥지를 짓고 몇 년간 살았다. 얼마 지나지 않아 나는 과거시험에 합격하고 승정원에서 일하게 되었다. 근래에 또

> ② 까치가 둥지를 틀자 이웃 친척들이 모여 축하해 주었다. 그런데 얼마 지나지 않아 중추원에서 행직(行職)으로 관직이 낮아지고 살림살이는 궁핍해졌으며 병이 나고 몸종들이 병으로 죽었다.
>
> 이제 와 생각해 보니 앞에 까치가 온 것은 운수가 피어나던 때와 맞았던 것이고, 또 뒤에 까치가 찾아올 때는 운수가 쇠하여질 때와 맞았던 것이다. ③ 잘 다스려지거나 어려워지는 것, 곤궁하고 영달하는 것 모두 운명이다. 까치는 미물일 뿐이니 어찌 그것이 운수의 흥진을 만들이 있겠는가?
>
> 대저 세상에 점을 치고 신에게 비는 것, 위험을 물러가게 하고 복을 위해 비는 것은 소인이 할 일이지 군자가 할 일이 아니다. 몸을 편안하게 하고 분수를 알며 인에 살고 의에 말미암으며 검소하게 살아서 천작(天爵)을 닦으면 인작(人爵)은 저절로 따라 오게 된다.[32]

위 내용은 성현(成俔)의 <작소설(鵲巢說)>을 요약한 내용이다. 이 작품에서 저자가 반박하고 싶은 규칙은 바로 ①"까치가 남쪽에 집을 지으면 좋은 일이 생긴다."이다. 민간에서 신앙처럼 지켜지는 속신(俗信)에 대해 반박하는 글이라고 볼 수 있다. 그 근거는 본인이 실제로 겪었던 사건이다. 비록 한 때는 그 속신대로 벼슬이 오르는가 싶더니 다시 벼슬은 떨어지고 집안에 여러 우환거리가 생겨났다.

32) 諺傳, '鵲巢午地 則其家主得美官', 以故人之有南樹者, 皆欲其來巢, 而甚者斫他枝之有巢者, 移附於其樹. 吾家南園, 有栗樹一株, 鵲巢其顚. 數年養雛, 未幾, 擢重試, 陞銀臺, 按察關東西兩界, 人皆云 "鵲之所致也." 近者鵲又來巢, 隣族盈門來賀. 未幾, 自樞副降爲行職, 蹇躓困頓之餘, 又得風癢, 臥席數月, 僅賴藥餌而愈. 家中僮僕, 相繼得疾, 卒使仲子背逝, 棲棲治喪, 萬事瓦裂. 何先後得失之有異如是? 以今思之, 前鵲之來, 適値余昌運發揚之時. 後鵲之至, 又遭余衰老消縮之日. 夫治亂, 運也. 窮達, 命也. 貴賤, 時也. 鵲之微物, 焉能作爲於其間? 大抵世之卜筮祝禳, 行險僥倖以求福利者, 皆小人之事而非君子之所爲也. 若能安身知分, 居仁由義, 素其位而行, 無慕乎其外之心, 則修天爵而人爵自至. 何屑屑留意於吉凶禍福之小數哉? 성현(成俔), <작소설(鵲巢說)>, 『虛白堂文集』 卷之十二.

그제야 저자에게도 비로소 이 속설의 진위 여부를 다시 판단하는 계기가 생긴 것이다.

저자는 본인이 직접 겪은 경험을 예시로 삼아서 종전에 당연하게 받아들여지고 있던 속신이 참이 아님을 입증하고자 했다. 귀납법은 개별적인 사례들을 종합하여 그 사례들을 포함할 수 있는 일반적인 법칙을 도출하는 증명 방법인데 반해 설 양식에서 다루고 있는 '예시'는 일반적으로 받아들여지고 있는 어떤 규칙에 대해 반대되는 주장을 내세울 때 사용되는 추론 방식이다.

그러나 일반 대중들에게 굳은 신념으로 받아들여지고 있는 가치관이나 통념들이 단 한 사람의 사례로 인해 쉽게 무너지거나 바뀌리라고 기대하기는 어렵다. 왜냐하면 세상에는 예외도 존재하고 어떤 현상에 대해서든 그 해석을 달리하는 사람이 존재하기 때문이다. 임창택의 <신상설(神像說)>은 그러한 사례를 보여주고 있다.

이 작품은 일반 대중들에게 만연되어 있는 미신에 대해 반박하는 글이다. 그 당시 신상(神像)을 신성시하는 풍토가 조성되어 있었는데, 한 사나이가 음사(淫祠)에 설치해 놓은 신상을 때려서 부순 사건이 발생한다. 사람들은 당연히 그 사람이 신으로부터 큰 벌을 받을 것이라 기대했는데, 그 기대했던 결과가 나타나지 않자 그들은 자신의 생각을 바꾸는 대신, 다음과 같이 생각하기 시작했다.

> 사람들은 모두 서생(書生: 신상을 때려 부순 사람-인용자 주)이 위태로워질 것이라 생각했다. 그러나 십수년이 지나도록 서생에게 아무 일도 없었다. 그러자 사람들이 신이 관용을 베푼 것이라 여겼지 신이 신령하지 않다고는 말하지 않았다. 然人皆爲書生危, 經十數年, 書生無事, 人猶謂神寬容, 不曰不靈. 임창택, <신상설(神像說)>, 『숭악집』

위 인용 부분은 신상을 건드리면 동티가 난다는 사람들의 통념에 대한 반대되는 사례, 즉 서생에게 아무 나쁜 일도 일어나지 않았음을 이야기의 소재로 삼았다. 더불어 그런 사례에도 불구하고 생각을 여전히 고치지 않고 있음을 보여주는 대목이다. 속신과 자신의 경험이 충돌을 일으킬 때 보통 자신의 경험에서 얻은 지식을 포기하고 속신을 따르는 인간의 본성을 보여준다. 그래서 저자는 하나의 경험 사례로 기존 규칙을 뒤바꾸려 하지 않는다는 점을 인정하고 있다. 그러나 임창택은 <신상설>의 끝부분에서 '신상을 부순 사나이에게 나쁜 일이 일어난 것이 신의 관용(寬容) 때문이라거나 아마 후손에게 우환이 생길 것'이라고 믿는 대중들을 향해 당대에 가치관의 기준을 제공했던 전적(典籍)의 일부를 끌어온다.

> 항우는 엄청난 힘을 지니고 천하를 꾸짖으며 횡행했으나 죽은 후 귀신이 되어서도 영웅이라 말할 수 있는가? 삼촌 항량의 자손들도 괴롭히지 못했었다. 項籍以扛鼎之氣, 叱咤橫行, 其鬼可謂雄矣? 乃不能逞厲於梁公之子孫. 임창택, <신상설(神像說)>

임창택은 신상(神像)이 아무 영험이 없음을 다시 한번 역사적인 전고를 통해 입증하고자 했다. 이를 위해서 인용된 고사(故事)는 항우와 관련된 이야기이다. 잘 알려져 있는 바와 같이 항우는 그와 의형제를 맺었던 유방(劉邦)에 의해 전쟁에서 패하고 전사하게 된다. 그런데 항우에게 유방을 의형제로 주선해 주었던 사람이 바로 그의 숙부 항량(項梁)이었다. 그렇기 때문에 항우는 숙부 항량에게 나쁜 감정을 가질 수밖에 없는 것이 상식이지만, 항우가 귀신이 되어서 항량을 괴롭혔다는 사실이나 항량의 자손이 어려움을 당했다는 사실도 찾아보기 어렵다는 것을 역사를 통해 확인했다.

이와 같이 기존의 규칙을 깨뜨리는 예시의 사례는 단 하나의 사례로는 부족하기도 하다. 그렇기 때문에 역사 속에서 더 신뢰를 얻을 수 있을 만한 사례들을 추출해 낸 것이다. 이처럼 사례들이 많이 모일수록 더욱 근거로서의 힘을 지닐 수 있다. 그러나 제한된 지면에서 수많은 사례들을 열거할 수 없기 때문에 예시로 쓰이는 사례의 양보다는 질이 추론 근거의 중요한 요소로 작용한다.

다시 성현의 <작소설>로 돌아가 보자. 성현은 본인이 겪은 사건을 통해 '오지에 집을 짓는 일이 인간의 운명을 좌우한다'는 규칙에 대해 반박하고자 했다. 그래서 본인의 경험 사례를 예시로 제시하고, 여기에 머무른 것이 아니라 『맹자』의 사례를 인용하였다. '하늘의 벼슬을 닦으면 사람의 벼슬은 거기에 따라온다.(脩其天爵而人爵從之)'[33]가 그것이다.

그런데 이러한 과정은 앞서 살펴보았던 예증의 방식과 흡사하다고 생각할 수 있다. 성현의 <작소설> 역시 당시 보편적으로 받아들이던 가치관을 다시 한번 확인하고 이를 강화하는 차원에서 저자 성현의 개인적인 경험이 사례로 활용되었다고 볼 수 있기 때문이다. 하지만, 성현의 <작소설>을 살펴보면, 맹자의 '천작(天爵)'에 대한 강조보다는 속신에 대한 반박의 성격이 큼을 알 수 있다. 다시 말하면, 저자의 경험은 종래에 가지고 있었던 생각이나 신념에 반대되는 사례로서의 성격을 지닌다.

한 사람의 사례로 당대의 통념을 한순간에 뒤바꾸기란 쉽지 않다. 그래서 선조들이 설 양식에서 활용했던 방법은 더욱 보편적인 공감대를 얻을 수 있는 논거들을 활용하여 작품을 마무리하는 것이다. 당대의 권위를 인정받고 경전으로 여겨졌던 사서삼경을 비롯한 고전들, 그리고 역사적인 전고들이 활용되었다.

이상 설 양식에 나타난 예시에 의한 추론은 단지 개인이 겪은 하나의 경험 사례로 종전의 규칙을 부정하거나 폐기하지 않고, 그 하

33) 『맹자(孟子)』, 告子章 上.

나의 사례를 출발점으로 삼아서 당대의 권위를 인정받은 고전들의 내용과 사례로 마무리하고 있음을 알 수 있다. 즉, 예시에 의한 추론은 '① 이미 받아들여진 잘못된 규칙 + ② 규칙을 부정하는 사례 + ③ 사례를 지지하는 당대의 고전 사례 인용'의 형태를 띠고 있음을 볼 수 있었다.

이와 같은 추론을 속신(俗信)에 대한 반박을 다룬 다른 작품에 적용해 보면 다음과 같다.

> ① 그 부모의 장지를 길한 땅으로 얻으면 자손이 부귀번창하고 길한 땅이 아니면 자손이 가난해지고 멸절된다고 여겼다. 이에 세상 사람들이 서로 경쟁하여 무덤 옮기는 것을 집 이사하는 것과 같이 여기니 원래 무덤 중 온전한 곳이 드물었다. (←이미 받아들여진 잘못된 규칙)
>
> ② 그러면 한 가지 사례로 대강 살펴보자. 세상에 십년간 옥살이를 한 중죄인이 있어 여름엔 더위로 겨울엔 추위로 온갖 고생을 하고 또 풍토병이 있는 바닷가 외진 곳에 귀양을 간 유배객처럼 일생 모진 고생을 한 사람이 있다고 하자. 그 자손이 비록 항상 창과 침에 찔리는 것과 같은 애달픔과 고통을 받았지만, 반드시 죽지는 않고 건강을 누리며 장수할 수 있다. 반면에 높은 지위에 올라 영화롭게 된 가문에서 할아버지와 아버지가 잔치를 벌이며 즐겁게 지내지만, 자손은 반드시 모두 편안한 것이 아니어서 혹 전염병에 시달리게 되기도 한다. (←규칙을 부정하는 사례)
>
> ③ 송(宋)나라 선비들의 말에 다음과 같은 말이 있다. '인생 부귀와 빈천은 하늘이 내려주는 바이니, 어찌 무덤 속의 해골이 마음대로 옮길 수 있겠는가? 만일 지관(地官)의 말과 같다면, 하늘의 명이 한 줌 흙에 좌우된다는 말이다.'(←그 사례를 지지하는 당대의 고전 인용)34)
>
> 김주신의 <장설(葬說)> 중 일부

김주신은 조선 후기의 문신으로 그 당시 팽배해 있던 풍수지리 사상의 문제점(①)을 지적하고자 했다. 그 사례는 극단적으로 대조되는 두 인물의 후손들이 어떻게 지내는지를 보여줌으로써 이를 환기하고자 했다.(②) 그리고 끝으로 ③에서 송나라 선비, 즉 정이(程頤)의 동일한 제목의 작품인 <장설>을 인용함으로써 추론을 마무리하고 있다.

앞서 살펴보았던 '예증에 의한 추론'은 이미 받아들여지고 있는 규칙을 강화할 목적으로 사례를 동원하는 데에 반해 '예시에 의한 추론'은 이미 받아들여지고 있는 규칙을 부정하는 사례를 보여줌으로써 논증을 진행해 나간다는 점에서 큰 차이가 있다. 추론에서 예시의 역할은 기존의 통념이나 가치관을 의심하게 하거나 의문을 제기하도록 하는 역할을 하며, 이로 말미암아 다시 새로운 규칙을 세우도록 한다. 다시 말하면, 예시의 일차적 기능은 규칙을 깨뜨리기이며, 이후에 규칙을 세우기가 가능해진다.

(4) 논증 방식에 따른 관찰과 경험의 활용

지금까지 경험이나 관찰한 사실을 근거로 하여 결론을 이끌어내는 방식이 3가지임을 확인했다. 첫째는 경험이나 관찰한 내용을 바탕으로 주장하고자 하는 영역의 유사한 관계들을 찾아내는 방식이다. 이를 '유추에 의한 추론'이라 부를 수 있다. 또한 경험 및 관찰 사례가 이미 규칙화되어 있는 일반 명제를 확인하고 강화시키는 목

---

34) ① 以爲葬其親者處得吉地, 則子孫富貴蕃昌, 處非其地, 則子孫貧賤絶滅. 於是, 擧世競趨, 遷移丘墓, 視同屋宅, 而原陵少完土矣. ② 然試以一事槩之. 世或有十載重囚, 夏暑冬寒, 辛苦萬千, 又如遷客謫戍瘴海絶域, 沒齒荼毒, 是其子孫, 雖常腐心痛恨如受鋒鏑, 而未必死滅, 或康健壽考. 顯榮之家, 若祖若考燕樂歡娛, 而子孫不必皆安, 或札瘥相屬. ③ 宋儒有言, '人生富貴貧賤, 天稟有定, 豈塚中枯骨所能轉移哉? 若如葬師之言, 則是上天之命, 反制於一抔之土.' 김주신 <장설(葬說)> 『수곡집(壽谷集)』 1권.

적으로 활용될 때, 이를 '예증에 의한 추론'이라 할 수 있다. 그리고 본인이 경험하거나 관찰한 내용이 새로운 주장을 이끌어내는 사례로서 의미를 가질 때 이를 '예시에 의한 추론'이라 하겠다.

이 때 그 경험이나 관찰한 내용에 어떠한 의미를 부여하는가에 따라서 논증의 전개 방식은 달라진다. 다시 말하면 동일한 경험이나 관찰 내용을 가지고 다양한 논증 방식으로 결론을 이끌어 낼 수 있다는 점을 주목할 필요가 있다. 그렇기 때문에 논증의 방식을 습득하고 관찰이나 경험 세계에서 이를 적용해 보면서 내용을 조직하는 방식들을 익힐 수 있다. 먼저 설 작품 중에서 그러한 사례를 살펴보겠다.

중세시대에는 농사짓는 일이 글을 쓰는 소재로 많이 등장했다. 설 작품 중에도 가(稼), 치포(治圃), 치전(治田) 등 농사일을 소재로 다루는 작품들이 존재하는데, 이는 현대와 달리 그만큼 농사짓는 일이 모든 일상인의 생활과 밀착되었기 때문이라 할 수 있다. 이러한 '농사짓는 일'이라는 글감이 여러 다른 작품에서 각각 다른 용도로 추론에서 활용될 수 있음을 보여주는 작품들이 있다. 각각의 양상을 살펴봄으로써 어떻게 추론을 전개해 나가는지 그 방법을 확인해 보도록 하겠다.

먼저 서종태(徐宗泰, 1652~1719)의 밭을 가꾼 이야기, <치포설(治圃說)>의 내용을 요약하면 다음과 같다.

> 내 성품이 농사일을 좋아하여 집 옆 공터를 개간하여 농사를 지으려 하였다. 한 손님이 와서 화려하면서 진기한 화초를 가꿀 것을 권했다. 나는 화려함만 숭상하고 열매를 맺지 않는 세속을 따르지 않기로 결심했다. 논과 밭을 구획하여 온갖 식물들과 씨앗을 심었다. 비가 내리고 훈풍이 부는 것에 힘입어 모든 식물들이 잘 자랐다. 나는 기뻐서 술잔을 들고 시를 읊조리며 생각했다.

'고대에는 군자도 농사일을 하지 않는 사람이 없었는데, 요즘 선비는 편안히 먹고 배 부르는 데 그친다.'

나는 이후에도 농사일은 계속할 계획이다.

이 작품은 집 옆 공터에 손수 농사일을 지었던 경험을 글감으로 다루고 있다. 이 작품이 주장하고자 하는 바는 한마디로 하면, '농사일 예찬'이다. 이를 명제 형식으로 구체화하면, '선비도 농사일을 해야 한다.'이다. 이 주장을 뒷받침하는 근거는 자신이 직접 농사를 지어본 경험이다. 농사를 지어 열매를 맺는 일이 중요함을 직접 체험해 보고 다른 사람들에게도 이 일을 권하고 있는 것이다.

그런데 이렇게 사대부들이 농사를 짓는 일은 당시 일반적인 생각은 아니다. 작품에서도 언급되었듯이 당시 사대부들은 곡식이나 과실(果實)이라는 실제적 열매보다는 화려함이라는 꾸밈을 더욱 가치 있다고 생각하고 있었다. 이 작품에서는 손님을 등장시켜 당대의 사대부들의 생각을 대변하고 있는 것이다. 양반이 아름다운 화초나 가꾸면서 그것을 감상하면 족할 일이지 굳이 땅을 파헤쳐 수고롭게 농사를 지을 필요가 있는가라는 당대 사대부들의 물음에 대해 저자는 반론을 제기하고 있다. 그리고 본인이 직접 농사를 해 보니까 기쁨과 보람이 있음을 서술하고 있다. 이러한 혁신적인 주장에 대해 '과거 성인군자 중에서 농사를 짓지 않았던 자가 없다.'라는 역사적 사실로 근거를 더욱 보강하고 있다.

이처럼 농사일에 대한 저자의 직접적인 체험이 새로운 주장을 내세우기 위한 근거로 쓰임을 알 수 있다. 이 경우 저자의 경험은 '예시'에 해당된다고 볼 수 있다. 당대의 보편적인 가치와 사회적 인식을 깨뜨리고 새로운 규칙을 제기하면서 사대부의 농사짓기, 그리고 열매를 맺는 일에 대한 가치를 자신의 농사 경험을 통해 확증하였던 것이다. 내가 직접 겪어보니 사회적 통념과 달리 뜻밖의 결과를 얻을 때 본인의 경험은 새로운 주장을 위한 '예시'로 활용될 가능성이 높다.

한편, 같은 '농사 경험'이지만, 논증의 방식이 달라질 수 있음을 보인 권구(權榘, 1672～1749)의 <종람설(種藍說)>을 살펴보자.

> 신축년 벼슬자리에서 물러나 옛집으로 돌아오니 집이 잡초로 무성해져 있었다. 집 서쪽 담장 아래 공터가 하나 있었는데, 역시 잡초가 무성했다. 그곳을 하인에게 김매라고 시킨 후 쪽풀을 심었다. 쪽풀은 염색하는 데 쓰이는 유용한 식물이다. 작은 땅도 사람의 노력으로 가꾸면 유용한 땅이 된다. 수고하지 않아서 잡초가 무성한 땅이 된 것을 보면 애석할 따름이다.

이 작품도 저자가 자기 집 빈터에 농사를 하면서 깨달은 점을 기록하였다는 점에서 앞의 작품과 유사하다. 잡초를 제거하고 새로운 작물을 재배하면서 밭의 모습을 지켜보던 저자는 게으르지 않고 수고함으로써 잡초가 무성했던 곳이 유용한 땅으로 변화되었음을 발견했다. 그래서 이 작품이 담고 있는 주장을 명제 형식으로 '작은 땅도 부지런히 가꾸면 유용하게 바뀔 수 있다.'로 정리해 볼 수 있다.

이처럼 농사일에서 '근면의 소중함'을 인식하는 것은 사실 새삼스러운 바가 아니다. 농사일에서 김매기는 필수불가결한 활동으로서 이 때 필요한 덕목은 '근면'임은 주지의 사실이다. 이와 같이 공동체 내에서 '근면함'의 가치는 보편적인 삶의 규범인 셈이다. 다만 문제는 그것의 실천에 있다. 저자는 이러한 문제를 본인이 데리고 있던 종들과 가까이에 있던 텃밭에서 다시 한번 확인한 것이다. 이와 같이 이미 받아들여지고 있는 규칙이나 원리를 강화할 목적으로 본인의 경험 사례가 쓰일 때, 이러한 사례를 '예증'이라 할 수 있다.

끝으로 '농사 경험'이 '농사일'에 국한되지 않고 다른 영역으로 옮겨져서 논증이 진행되기도 한다. 그러한 작품으로 박지계(朴知誡, 1573~1635)의 <치포설(治圃說)>이 있다. 앞서 '예시에 의한 추론'으로 동일한 제목의 서종태 작품을 살펴본 바 있는데, 이와 달리 박지계는 농사일을 심성 수양의 방법을 주장하는 글에 활용하고 있다.

저자는 이 작품의 목적을 '초목의 이치를 관찰하여 마음을 다스리는 도리를 알기 위함(觀草木之理, 則可以知治心之道矣)'이라고 밝혔다. 저자가 관찰한 초목의 이치란, 생물이 성장하기 위해 비를 맞을 때가 있고 햇볕이 내리쬐는 때가 있다는 것이다. 즉 식물 성장에는 적당한 수분 공급과 함께 광합성을 위한 햇볕이 필요하다. 그런데 심성을 가꾸는 데에도 마찬가지로 두 가지가 필요하다는 것이다. 사람의 마음에도 고요함과 움직임[靜動]이 있기 때문에, 그 때에 맞추어 함양(涵養) 공부와 진학(進學) 공부가 요청된다고 하였다.

사실 이 두 가지가 조화로울 필요가 있다는 주장은 시대적인 맥락 속에서 나온 것이다. 저자는 당시 두 공부 중 한 가지만을 강조했던 육상산(陸象山)의 학설에 반대하려는 목적이 있었다. 중세에 있었던 심성의 수련과 관련된 학문, 즉 심학(心學)의 방법론에서 주자와 육상산은 서로 다른 관점으로 논쟁을 벌였는데,[35] 저자 박지계는 그 가운데 주자의 주장을 지지하고 있다. 그는 그 근거로 본인이 농사지었던 경험을 들고 있다.

> 내가 일찍이 미물(微物)로 인하여 '이 바꿀 수 없는 이치'와 '조화(造化)란 반드시 이와 같다는 것'을 깨달았다. 나는 정원에 있는 밭에 종자를 심었다. 식물이 빨리 자라길 바라는 마음에 그 뿌리에 물을 댔다.

35) 주자와 육상산의 주요한 학문방법의 차이에 대해, 주자는 궁리를 위해 독서가 필요함을 강조한 반면, 육상산은 심즉리(心卽理)를 강조하여 상대적으로 쉬운 공부법을 제시하고 있음을 알 수 있다. 송하경(1995), 「육상산(陸象山) 심학(心學)의 학문방법-주(朱)·육(陸) 논쟁을 중심으로-」, 『공자학』 1권, 한국공자학회, 267~290쪽.

> 그런데 많은 물이 흘러가게 되면서 식물들이 썩어 죽게 되었다. 이로써 나는 더욱 육상산의 생각이 늙은 농부와 같지 않음을 알았다. 余嘗因微物而知此理之不可易, 而造化之必如是也. 庭有種圃, 而欲其速成也. 故灌漑其根. 過於多水, 則圃旣腐死. 以此尤知陸學者曾老圃之不若也. 박지계, 치포설, 『잠야집(潛冶集)』

위 내용은 저자가 농사를 지으면서 식물에게 필요한 햇볕과 수분 공급 중 한 가지만을 치우쳐 했던 결과를 서술하고 있다. 위에 언급한 미물이란 바로 저자 자신이 직접 가꾼 식물을 뜻한다. 그는 직접 작물을 재배하면서 식물에게 필요한 물을 과도하게 공급함으로써 농사를 망친 경험을 했다. 이 사건을 통해 저자는 식물에게 필요한 것 중 한 가지만을 공급해서는 식물이 자랄 수 없다는 것을 깨달은 것이다. 그런데 이러한 생각이 어떻게 심학(心學)의 학문 방법으로까지 이어질 수 있었는가?

그 중간 다리 역할을 한 부분은 바로 『맹자』이다. 위 작품에서도 인용되었듯이 맹자는 사람의 마음이 원래 선하다는 주장을 하기 위해 자기 고향 근처에 있는 우산(牛山)의 초목들을 비유로 들었다. 그리고 이른바 일폭십한(一曝十寒)으로 알려진 비유를 들어 식물이 자라기 위해 적당한 수분이 공급되고 햇볕을 쬐어야 함을 설명했다.[36] 이러한 『맹자』의 내용과 본인의 농사 경험이 결합되면서 더욱 견고하게 심성의 수양에서 '내리는 비'에 해당하는 함양(涵養)뿐 아니라 '내려쬐는 햇볕'에 해당하는 진학(進學)이 필요함을 주장하게 된 것이다.

이 때 저자의 농사 경험은 심성 수양을 설명하기 위한 일종의 비유라고 볼 수 있다. 서로 다른 영역이지만, 생명이 성장하는 점과

---

36) 성선(性善)을 설명하는 『맹자』 告子章句上에 나온 비유이다. 성백효 역주(1991), 『맹자집주(孟子集註)』, 한국전통문화연구회, 327～328쪽.

성장을 위해 필요한 요소들이 있다는 점 등을 공통점으로 하여 한 영역에서 일어난 경험을 다른 영역으로 유추하여 결론을 도출하고 있다.

이상 살펴본 바와 같이 '저자가 경험한 농사일'이라는 동일한 소재가 각각의 논증에서 다른 용도로 활용되고 있음을 볼 수 있다. 이를 도식화해 보면 다음과 같다.

① 선비에게도 농사짓는 일이 필요하다. 〈예시: 새로운 규칙 제시〉
↑
한 선비의 농사(農事) 경험 → ② 농사일에서 근면함의 중요하다.
〈예증: 기존 규칙의 강화〉
↓
③ 학문하는 태도를 배울 수 있다.〈유추: 다른 영역에 적용〉

〈그림 2〉 동일한 경험을 3가지 추론 방식의 재료로 활용한 사례

①에서 본인의 농사 경험은 새로운 주장을 이끌어내는 데에 쓰이는 '예시'로서 작용한다. 이 때 본인의 경험은 기존 사대부들이 가지고 있던 가치관을 부정하고 새로운 가치관을 제시하는 데 기여하고 있다. 이처럼 기존의 통념이나 상식을 뒤집고 새로운 규칙을 세우는 데에는 역시 개인의 경험만으로는 부족하기 때문에 고전 전적의 사례들이 추가로 뒷받침되어야 했다.

②에서 농사 경험은 기존의 가치관을 강화하는 '예증'의 성격을 갖는다. '예증'은 설득적인 기능보다는 설명적인 기능이 강하다는 점에서 ①과의 변별성을 갖는다. 사람들이 누구나 동의하고 있는 규칙이나 원리를 본인의 경험으로서 다시 확인하는 경우이다. 사실 이러한 '예증에 의한 추론'이 가장 많은 작품수를 차지하는 것에서 알 수 있듯이 예증은 매우 보편적인 설득 방식이다.

③은 농사 경험이 심성의 수양이라는 다른 영역으로 옮겨져서

'유추'가 일어나는 유형이다. 세상 속에 구별된 여러 영역 속에서 다른 영역을 한 영역으로 연결함으로써 잘 알고 있는 영역을 토대로 미지의 영역을 이해하고 설명함으로써 추론을 전개해 나간다. 당시 보편적인 일상이었던 농사일과 학문 수양 사이의 유사성을 기반으로 하여 새로운 주장을 전개하였다.

4. 전제로서의 사회문화적 맥락

쓰기이론 가운데 최근 활발하게 논의되고 있는 사회구성주의 작문이론은 그 분석의 대상을 '언어 공동체'로 규정하고 있다.[37] '언어 공동체'를 통해 글을 쓰는 주체가 '개인'에서 '사회'로 확대되었음을 보여 준다. 생산된 모든 글은 한 개인의 머릿속에서 상상력이 발현되어 나온 산물과 같지만, 실상은 사회의 관습과 규약에 종속되어 있다는 것이다. 새로 만들어진 글은 글의 형식 뿐 아니라 내용면에서도 이전에 존재하고 있는 글에서 자유로울 수 없다. 그러한 점에서 '언어 공동체'라는 추상적인 개념을 필자로 상정하고 이 공동체가 개인의 글쓰기에 어떻게 관여하고 간섭하는지를 분석 비판하고자 하는 경향이 최근 쓰기이론 가운데에 나타나고 있다.

그런데 본고에서는 언어 공동체의 담화 관습이 갖는 이데올로기를 비판하고 해체하려는 목적이 아니라 먼저 그 담화 관습의 실체가 무엇인지 밝히는 것을 목적으로 하고 있다. 그러기 위해서 일단 이미 고정된 실체로 존재하는 고전 글쓰기 양식인 설을 분석하고자 했던 것이다. 설 양식 역시 한 시대와 문화가 낳은 산물이므로 이 안에는 담화 관습과 규칙들이 담겨 있다. 그 중에서 외적으로 드러

37) 박영목(1994), 「의미 구성에 관한 설명 방식」, 『선청어문』 22집, 서울대 국어교육과, 205쪽.

나는 형식적인 측면의 특징이 아니라 각 작품 속에 내재되어 있는 내적인 담화 관습의 실체를 파악하고자 한다.

설득적인 글은 하나 이상의 주장과 이를 뒷받침하는 근거를 필수 요소로 가지고 있다. 주장과 근거가 어우러져서 논증을 이루고 이것이 하나의 완결된 글로 탄생한다. 그런데 이 때 주장과 근거를 연결해 주는 장치가 존재하는데, 이를 툴민(Toulmin)은 전제(warrant)라는 용어로 설명했다. 전제란 제시된 근거가 주장을 적절하게 뒷받침하도록 만들어 주는 기준이다. 예를 들어 한 아이의 병명을 홍역이라고 진단하는 근거는 '붉은 반점이 몸에 나타났다.'라고 한다면, 이 주장과 근거 사이의 전제는 '홍역에 걸리면 몸에 붉은 반점이 나타난다.'이다.

그런데 주장이나 근거와 달리 전제는 문면에 잘 드러나 있지 않다. 다시 말하면, 독자는 주장과 근거와 같이 겉으로 드러난 명제 사이에서 감춰져 있는 전제를 찾아야 한다는 것이다. 이처럼 전제가 감추어져 있는 이유는 굳이 밝히지 않아도 되기 때문이다. 이미 그 공동체 속에서 암묵적으로 동의하고 있는 내용이므로 표현하지 않아도 무방하다. 언어공동체는 시대와 장소에 따라 공동체 내부에 유지하고 있는 공통의 담화 관습을 가지고 있고 그 속에는 공동체 구성원이 이미 합의하고 있는 전제들이 포함되어 있다.

글쓰기란 한 개인의 머리에서 나오는 아이디어로 구성되고 표현되는 것이 아니라 사회 속의 개인으로서 필자가 사회적 상호작용 하에서 이루어지는 활동이며 그 산물이라는 관점이 여기에서 적용된다. 텍스트 공동체로서의 집단은 필자에게 특정한 방식으로 정보를 제공하고, 그 영향 하에서 한편의 글이 완성된다. 언어공동체는 글을 형성하는 사회문화적 맥락으로 작용하여 한편의 글이 설득력을 갖출 수 있도록 그 전제를 마련해 준다.

본고에서는 개별 작품마다 가지고 있는 주장과 근거의 전제를 찾는 것이 아니라 작품군에서 나타나는 전제들을 찾아 분석해 보고자 한다. 이를 위해서 작품들 중에서 일정한 경향을 보이는 작품들을 묶어보고 이 작품들에 담겨 있는 주장과 근거를 연결해서 전제를 확인해 보도록 하겠다. 설 작품에서 살펴볼 수 있는 저자와 독자의 배경지식, 그리고 사회문화적 배경, 신념, 가치관 등이 전제를 형성하는 데 관여할 것으로 보인다. 이러한 부분을 재구함으로써 설 양식에 특징적으로 드러나는 사회문화적 맥락이 무엇인지 밝혀 보겠다.

(1) 인간과 자연을 하나로 보는 세계관

설 양식의 제목을 살펴보면, 자연물의 이름이나 개인이 겪은 체험을 제목으로 삼은 경우가 많다. 집에서 기르는 가축에서부터 일상에서 볼 수 있는 식물 등 동식물의 이름들이나 주위에서 흔히 볼 수 있는 무생물이 제목으로 등장한다. 이러한 사물들은 작가가 무언가 자신의 생각이나 주장을 펼쳐나가기 위한 하나의 소재이자 발상의 재료로서 작용하는데 설(說)에서는 특히 이러한 자연물에 대한 자세한 관찰이 잘 표현되어 있다.

중세의 자연에 대한 탐구는 과학적인 원리나 법칙을 발견해 내는 것에서 그치는 것이 아니라 인간 사이에 존재하는 도덕적 지식을 얻기 위한 방법이기도 하였다. 다시 말하면, 자연은 탐구의 대상이긴 하지만 오늘날의 자연과학처럼 그 자체 내에서 자족적인 질서나 원리를 밝혀내는 것을 전부라고 여기지 않았다. 자연을 탐구해서 얻은 지식이 인간의 삶과 가치, 그리고 사회의 인륜 도덕에까지 영향을 미치도록 하는 것을 당연시 했다. 그러한 점에서 중세는 오늘날과 같이 자연과학과 철학이 엄격하게 분리되지 않던 시기였다. 오히려 자연과학은 철학에 종속되어 있다고 볼 수 있다.

이는 자연을 바라보는 시각이 동양과 서양이 다르기 때문에 발생하였다. 서양에서는 자연과 인간을 분리하여 생각한 반면, 동양에서 인간은 자연의 한 부분으로서 존재한다. 자연 속에서 자연의 일부로 살아가는 인간에게 자연의 질서는 곧 인간의 질서이기도 했다. 그 때문에 자연은 인간에게 인간으로서 살아가야 하는 방도를 일깨워 주고 인간은 자연을 통해 그 삶의 이치를 배우는 스승과 제자의 관계가 될 수 있는 것이다.

신광한(申光漢)의 <과영화명령설(蜾蠃化螟蛉說)>을 살펴보겠다. 이 작품은 신광한이 상중(喪中)에 있을 때 관찰한 한 곤충에 대한 이야기이다. 그 곤충은 나나니벌이었는데, 심부름하는 아이에게 그 벌레가 어떻게 행동하는지 관찰해보라고 하고서 나눈 이야기이다.

> 아이가 말했다. "아, 그 벌레가 진흙에서 더 이상 일하지 않고, 날아서 벌레 한 마리를 물고 돌아와 집에다 놓고 그 날개를 비벼 웅웅 소리를 내고 있습니다. 참 괴이한 이 곤충은 무엇입니까?" 선생님이 대답했다. "아. 그것은 나나니벌이다. 나나니벌이 가져온 벌레는 배추벌레이다. 나나니벌은 다른 벌레를 자기와 비슷하게 만들 수 있는 능력이 있다." 童子曰, "噫. 物不復事於泥者, 飛接蟲而來, 入其窠鼓其翅, 其聲殷殷然. 吾怪之是何物也?" 先生曰, "吁. 是蜾蠃也. 所接者蟲, 是螟蛉也. 是能以他物類己者也."

위 내용은 나나니벌을 관찰한 결과를 스승과 아이가 문답을 통해 확인하고 있는 대목이다. 나나니벌은 나방 애벌레(이 작품에서는 배추벌레를 예로 듦)를 마취시켜 땅속 자기 집으로 데려와 나나니 애벌레의 먹이감으로 삼는 습성이고 한다. 그래서 시간이 지나 애벌레가 배추벌레를 다 먹고 껍데기만 남으면 배추벌레는 사라지고 그 속에 성충 나나니벌이 생겨난다. 그러니까 실제적으로는 배추벌레가 나나니벌이 되지는 않지만, 당시의 관념과 육안으로 관찰한 대로 보면, 배추벌레가 나나니벌과 함께 오래 지낸 후에 나나니벌이 된 것처럼 보이게 된다. 당시에 이를 나나니벌이 배추벌레를 변화시킨 것으로 여겼던 것이다.

그런데 여기에서 눈여겨 볼 것은 이러한 내용이 자연과학적 지식 차원에 머무르지 않는다는 점이다. 이 작품에서 바로 다음과 같은 대목이 이어진다.

> 아이가 물었다. "벌레는 진실로 이것[변화하는 것-인용자 주]이 가능합니다. 사람도 역시 변화할 수 있습니까?" 선생이 말했다. "좋은 질문이구나. 옛날 공자는 추나라 사람의 아들이었지만 성인이 되었다. 안회는 안로의 아들이었지만 현자가 되었다. 공자는 안회를 보고 듣는 일, 말하고 행동하는 일에 대해 공자와 같은 종류의 사람으로 만들었다. 이 역시 변화한 것이다. 사람으로서 능히 다른 사람을 변화시킬 수 있는 것은 오직 공자만이 가능했다. 이 이후로 사람이 다른 사람을 변화시키지 못하고 있다. 또한 사람이 다른 사람으로부터 변화되지 않는다. 슬프구나." 童子曰, "物固能之, 人亦有之乎?" 先生曰, "善哉問也. 昔仲尼, 鄒人之子而聖者也. 顏回, 路之子而賢者也. 仲尼能使顏路之子視聽類我, 言動類我, 是亦化也. 人能化人者, 唯仲尼能之. 自是以後, 人無能化人者, 人亦無能化於人者, 悲夫."

애벌레가 탈피하여 성충이 되는 일은 과학적으로 당연하게 받아들여지는 사실이다. 특히 배추벌레라는 전혀 다른 종이 나나니벌로 변화되었다고 관찰한 사실은 과학적 시각으로 볼 때 놀라운 일이 아닐 수 없다. 그런데 위 작품에서 보는 바와 같이 애벌레가 변화했다는 사실을 인간의 변화로 연결시키고 있는 것이다. 곤충이 다른 곤충을 변화시키듯 사람도 누군가를 변화시키고 자신도 변화해야 함을 주장하고 있다. 이 부분에서 현대와 다른 사회문화적 배경을 발견할 수 있다. 즉 자연과 인간을 하나의 이치로 설명할 수 있다는 전제가 내포되어 있음을 알게 된다.

> 나나니벌은 자기와 유사하게 다른 곤충을 변화시킬 수 있다. <근거>
> 사람도 역시 변화되어야 하고 다른 사람을 변화시킬 수 있어야 한다. <주장>
> 동물의 세계가 그러하면 인간의 세계도 그러할 수 있다.(그래야 한다.) <전제>

비록 배추벌레가 나나니벌로 물리적 변화가 일어난 것은 아니지만, 당대의 시각으로서는 그러하다고 관찰된 변화 양상은 다음과 같은 추론을 거친다. 동물의 세계에서 다른 존재를 나와 같은 존재로 만들 수 있다면 곧 인간의 세계도 역시 동일한 변화가 나타날 수 있다. 그러나 공자 이후로 그러한 변화가 나타나지 않는다고 보고 있으며 이를 개탄하는 내용으로 마무리하고 있다. 이렇게 서로 다른 영역을 동일한 원리로 설명할 수 있다는 기본적인 전제하에서 동식물의 세계가 인간의 세계로 유추될 수 있었다. 이러한 유추적 사고를 가능케 하는 사회 문화적 배경이 바로 전제이다.

그런데 이러한 유추적 사고를 문학적 수사(修辭)의 일종으로 생각할 수도 있다. 개미처럼 부지런해야 한다거나 비둘기처럼 순결해야 한다는 비유처럼 말이다. 실제로 동물이 탈피하여 성충이 되는 변화와 공자의 가르침을 통해 제자들이 변화되는 것은 변했다는 공통점만 있을 뿐 변화된 내용 자체에는 본질적인 차이가 있기 때문이다. 그럼에도 불구하고 이를 단지 수사적인 기법으로 보기 어려운 증거들이 있다.

> (가) <u>나는 사물을 통해서 사람을 알았고, 또 사람을 통해서 사물을 알았다</u>. 그 근본을 유추하여 그 말단을 생각한다. 그 이야기를 아울러 쓴다. 余旣因物以知人, 又因人以知物. 推其本而及其末. 竝書其說. 임숙영(任叔英) <동해풍파설(東海風波說)> ≪소암집(疏菴集)≫

> (나) <u>옛날에 선조들은 사물을 보고 도리를 생각했다</u>. 공자는 냇가에서 탄식했으며, 주렴계는 뜰의 잡초를 사랑했으니, 정씨가 말한 바도 역시 이에 속한다. 성현은 묵묵히 약속을 맺고, 학자는 그것을 몸소 실천한다. 아아 그대가 이것을 취함은 어찌 겉으로만 음미하기 위함이랴? 사물을 보고 자신을 살피고 이름을 돌아보아 실제를 구하기 위함이니, 그렇게 하면 어디인들 대나무가 없으며, 어디인들 바람이 없겠느냐? 어찌 대나무가 없는 곳에 가며 바람이 없는 곳에 가겠는가? 도가 있는 곳을 목격하게 될 터이니 나는 더 이상 말하고 싶지 않다. 惟昔衆甫, 見物思道. 孔歎川上, 周愛庭草, 程氏之云, 蓋亦一揆. 聖賢默契, 學者體行. 嗟子取此, 豈爲外玩? 觀物察己, 顧名求實, 何往無竹, 何往無風? 目擊道存, 余欲無言. 장유(張維) <풍죽설증최자겸> ≪계곡집(谿谷集)≫ (밑줄은 필자)

(가)는 작가 임숙영이 동해 바다를 구경하면서 파도가 모든 것을 삼킬 것 같이 몰아쳐 왔다가 아무 피해도 입히지 않고 물러난 현상을 관찰한 내용을 기록한 작품의 일부이다. 작가는 동해의 파도를 통해 세상 속에서 만나는 가짜와 진짜를 생각하게 되었다. 자연 현상 속에서 진짜 파도는 실제 다른 사물들에 아무 해도 끼치지 않았지만, 사람들 사이에서 퍼져 나가는 가짜는 진짜보다 더 심각한 피해를 입히는 아이러니를 발견하게 된 것이다. 앞의 예처럼 구체적인 사물 속에서 발견해 낸 이치는 아니지만, 사물을 통해 인간을 이해하고 인간을 통해서 다시 사물을 보게 되는 사고의 순환을 보여주는 작품이라 하겠다.

한편 (나) 역시 자연 사물과 인간의 이치를 설명하고 있다. 작가는 대나무와 바람을 대상으로 하여 세심한 관찰을 하였다. 바람에 흔들리는 대나무를 살펴보니 바람이 그치면 본래의 모습으로 돌아오는 대나무의 속성을 발견할 수 있었고, 이는 하늘의 법칙에 어긋남이 없는 덕스러움을 보여주는 것이라 여겼다. 이를 사람으로서 마땅히 갖추어야 할 도리로 연결시켰다. 이러한 사고의 동인에도 사물을 관찰하여 인간의 삶을 교훈하는 덕을 발견할 수 있다는 사고가 전제되어 있음을 알 수 있다.

이와 같은 작품에서 알 수 있듯이 자연에서 발견한 도리나 이치들이 결국 인간을 이해할 수 있는 데까지 나아가고 다시 이러한 시각으로 자연물을 바라보는 태도가 형성되어 있음을 알 수 있다. 자연을 통해 사람을 이해한다는 유추적 사고는 단지 수사적인 차원이 아님을 보여주는 또 다른 사례를 살펴보자.

> 장유(張維)는 하늘과 땅이 물 위에 부유한다는 사유설(四游說)을 들어, 그 시비를 물리치고 이에 스스로 입론하여 물은 땅 위에 있다고 여겼다. 변증에 심히 힘이 있다. 또한 말하기를, "땅으로써 물을 이고 있는 것이 맞지, 물이 땅을 이고 있다는 것이 어찌 합당하겠는가?"
>
> 나는 적이 이 역시 또한 그렇지 않다고 말한다. 왜 그런가? 천지인은 그 이치가 한 가지로서, 땅과 물의 관계는 마치 사람과 피의 관계이다. 사람은 피가 없으면 왕래가 없다. 마찬가지로 땅은 물이 없으면 왕래가 없다. 피부를 찔러 피가 나오지 않음이 없고 땅을 파서 물이 생겨나지 않음이 없다. 그런즉 고기와 피는 본래 서로 융합하며, 흙과 물은 본래 서로 혼돈한다. 처음엔 이것과 저것 상하의 구분이 없었다. 대개 피는 몸의 액(液)이었다. 몸의 액이 운화하여 피를 이루었다. 몸속에 흩어져서 오장에 거두어 모이니 그 이름을 간이라 한다. 그 기가 맑은 것은 구멍을 좇아 나와 눈물 콧물 침 거품이 된다. 물은 흙의 액이다. 흙

> 의 액이 합하여 물을 이룬다. 땅 속에 잠겨 있다가 구덩이에 고이니 그 이름을 바다라 한다. 그 기운이 맑고 틈을 따라 세어 나와서 우물샘이나 연못이 된다. 무릇 몸의 액과 흙의 액이 한 가지 하늘의 소생에 근본을 두지 않음이 없다. 사람이 천지에서 배합됨의 묘함이 이와 같다. 사람을 제쳐 두고 천지를 논함이 어찌 옳겠는가? 그러한즉 몸에 피는 과연 이것과 저것 사이의 벌어짐이 있겠는가? 물은 토지와 과연 상하 간의 벌어짐이 있겠는가? 이미 상하의 사이가 없은즉 물이 땅을 이는 것과 땅이 물을 이는 것은 마땅히 분변해야 할 바가 아니다.38) (밑줄은 인용자)

위 글은 조선 후기 문신인 송규렴(宋奎濂, 1630~1709)이 지은 <지수설(地水說)>이다. 오늘날로 말하면 지구과학을 주제로 한 글인데, 이 글에서 중세인의 인식을 엿볼 수 있다. 먼저 저자 송규렴이 반박하고자 하는 문제의 글은 역시 조선 후기 문신이었던 장유(張維)의 글, '하늘이 덮어 주고 땅이 실어 주는 것에 대해 논함[論天覆地載]'이다. 장유는 이 글에서 소동파의 '땅이 물 위에 떠 있다는 사유설(四游說)'을 부정하고 물이 땅 위에 있어야 함을 주장하였다.

이에 대해 송규렴은 하늘과 땅, 그리고 인간이 하나의 이치임을 근거로 해서 땅과 바다의 관계를 사람의 몸과 피의 관계로 유추했

---

38) 張谿谷擧古人地有四游乾坤浮水之說, 斥其非是而乃自立論以爲水在地上. 辨證甚力. 有曰 "以地載水理也, 以水載地豈理也哉?" 余竊謂此亦不然. 何者? 天地人其理一, 地之有水猶人之有血. 人身無往而非血. 地體無往而非水. 針膚而血無不出, 鑿土而水無不生, 則肉與血本相融合. 土與水本相渾淪. 初無彼此上下之分矣. 蓋血者身之液也. 身液運化而成血. 散布於體中而歸斂於五臟, 其名曰肝. 其氣之淡者, 從竅而出, 爲涕泗焉涎沫焉. 水者土之液也. 土液瀸翕而成水. 浸漬於地中而滲湓乎臣壑, 其名曰海. 其氣之淸者, 從隙而瀉, 爲井泉焉池沼焉, 而凡身之液與土之液. 無不本於天一之所生. 人之於天地, 其配合之妙如此. 捨人而論天地奚可哉? 然則血之於身, 果有彼此之隔乎? 水之於地, 果有上下之間乎? 旣無上下之間, 則水之載地與地之載水, 非所當辯也. 송규렴, <지수설>, 『제월당집』, 권7.

다. 사람의 피부에 바늘을 찌르면 피가 나듯이 땅의 어느 곳을 파도 물이 나온다는 근거로 그의 주장을 뒷받침했다. 특히 바다를 설명하는 부분에서는 신체 중간에 피가 모이듯 육지의 물이 가운데에 모여 바다를 이룬 것이라 설명하고 있다. 이 대목에서 저자는 자신의 새로운 발견에 매우 자신감과 확신에 차 있음을 느낄 수 있다. 왜냐하면 인간과 자연이 하나라는 전제를 바탕으로 자연의 이치를 설명하는 데, 인간의 신체 구조가 그럴듯하게 들어맞았기 때문이다.

물론 현재적 관점으로 보면 이 모든 논의가 얼마나 비과학적 논리인지 쉽게 알 수 있다. 그러나 당시 과학적 측정 장비 없이 인간이 살고 있는 지구라는 공간을 설명하기 위해서 저자 송규렴의 입장에서는 당대의 보편적이자 최선의 방법을 동원했음이 틀림없다. 그것은 다름 아닌 "천지인이 한 가지 이치"라는 전제하에서 서로 다른 영역에 있는 두 대상을 유추하는 것이었다.

이와 같이 현대의 관점에서는 납득할 수 없는 발상과 사고의 전개과정이 당대에는 매우 진지하게 이루어졌다는 점에 주목할 필요가 있다. 이는 오늘날과 다른 당대의 사회문화적 맥락을 보여주는 단적인 사례라고 할 수 있다. 즉, 당대에는 인간이 자연과 분리된 개별적인 존재가 아니라 자연이라는 거대한 우주 속에 속해 있는 한 부분이라는 인식이 지배적으로 자리 잡고 있었다.

앞서 주자학의 영향을 받은 조선시대 유학자들은 격물치지를 인식방법론으로 여겼다고 했다. 격물치지는 결국 모든 개개의 사물은 하나의 이치로 설명할 수 있다는 주장으로 귀결되는데, 이를 『대학혹문』에서는 다음과 같이 언급하고 있다.

> 대개 만물은 각각 하나의 이치를 구비하고 있지만, 만 가지의 이치가 하나의 근원에서 나오기 때문에 이로써 유추하여 보면 통하지 않을 것이 없다.[39)]

만물은 원래 하나의 근원에서 출발했기 때문에 각각의 사물에서 발견된 이치는 개별적 지식에 머무르는 것이 아니라 궁극에 하나의 이치로 수렴될 수 있음을 보여준다. 그렇기 때문에 자연에 대한 관찰과 그 속에서 밝혀낸 지식과 진리들이 인간의 삶 속에 그대로 적용될 수 있었다.

(2) 인성(人性) 우위의 가치관

인간이 자연을 통해서 삶의 원리나 사회 윤리 등을 얻는다는 가정 속에는 인간과 자연이 하나임을 전제하고 있음을 확인했다. 그렇다면 인간은 자연의 일부로서 모든 생물과 동등한 위치에 있다고 생각할 수 있다. 인간은 자연 생물 가운데 한 개체일 뿐이라는 것이다. 그러나 실제 설 작품을 살펴보면, 인간의 위상이 다른 생물과는 구별되고 있음을 알 수 있다. 동물과 인간을 비교한 한 작품을 살펴보자.

> 임진년 여름 유월 십구일, 왜구를 피해서 재산(才山) 동쪽 금곡리로 달아났다. 그곳에 마을 사람 김만손의 소가 송아지를 데리고 풀을 뜯고 있었다. 그 때 한 호랑이가 포효하며 달려와서 송아지를 물고 가려 했다. 그러자 여러 암소들이 사방에서 호랑이를 쫓았다. 호랑이는 더 이상 버티지 못하고 송아지를 버려두고 달아났다.
>
> 오호라. 사람이 도리어 금수만도 못하구나. 호랑이는 영리한데, 소는 어리석다. 호랑이는 씹어 삼키지만, 소는 고작 떠밀기만 할 뿐이다. 호랑이는 용맹하지만, 소는 둔하다. 소가 호랑이를 당해내지 못한다는 것은 분명하다. 송아지를 생각하는 마음이 간절하여 암소들을 거느리고

39) 蓋萬物各具一理 而萬理同出一原 此所以可推而無不通也.『대학혹문』傳 5章.

> 죽음을 피하지 않았으니 인자하고 용맹스럽다 할만하다.
>
> 지금 동래가 왜구에 의해 함락되었다. 병사들은 백성들을 구해내지 못하고 달아났고 고을의 수령들은 도망치기를 원했다. 이 소처럼 자신을 돌아보지 않고 떨쳐 일어난 자가 없었다. 왜구들은 스무날이 못 되어 한양을 점령하였는데 마치 아무도 없는 땅을 점령하는 것같이 하였다.
>
> 사람들은 서로 헐뜯으며 말하기를 "마소에 옷을 입힌다."고 하는데, 자신의 행한 바를 반성하면 마소에 부끄럽다. 어찌 통탄하지 않겠는가? 내가 이사안(李士安)에게 이 말을 듣고 느끼는 바가 있어 의자설(義牸說)을 짓고 의골행(義鶻行)에 비긴다.[40]

위 작품은 배용길(裵龍吉, 1556～1609)의 '의로운 암소 이야기[義牸說]'이다. 이야기의 배경은 임진년 즉 임진왜란이 발발한 해였으며, 저자는 지인(知人)이 피난 가서 경험한 일을 듣고 그것을 기록하였다. 이야기인즉, 호랑이가 송아지를 물어가자 새끼를 빼앗긴 암소들이 함께 달려가 호랑이로부터 새끼를 되찾아 왔다는 내용이다. 이 이야기는 당시 왜구가 쳐들어오자 백성들을 버리고 떠나버린 고을의 수령과 대비가 되면서, 백성의 어버이로서 백성들을 돌볼 의무가 있음에도 불구하고 자신의 목숨을 부지하기 위해 백성을 무방비 상태로 내버려 두었던 수령들을 비판하고자 지어진 작품이라 하겠다. 먼저 이를 주장과 근거로 정리해 보면 다음과 같다.

---

40) 歲壬辰夏六月十九日, 避倭寇奔播于才山東金谷里. 里人金晩孫之牛帶犢草莽間, 有虎咆哮來, 將犢去. 群牸四面逐之, 虎不能支, 捨去. 嗚呼! 人而反不如禽獸乎? 虎神而牛蠢, 虎噬而牛觸. 虎猛而牛頑, 牛之不敵於虎也明矣. 舐犢念重, 率群牸不避死難, 可謂仁且勇矣. 今也東萊爲倭所陷, 兵使不救, 兵使走而州縣守令望風奔潰. 無有奮不顧身如此牛者. 宜乎漆齒之人, 兩旬之間, 直擣王城如入無人之地也. 嗚呼! 人之相訾謷者, 必曰"馬牛襟裾." 而所行反有愧於馬牛, 豈不痛哉? 余得斯言於李士安, 有感於心, 爲作'義牸說', 以擬'義鶻行'云. 배용길, <의자설(義牸說)>, 『금역당집(琴易堂集)』 권4.

<주장> 수령은 재난 가운데 백성을 보호해야 한다.

<근거> 암소가 호랑이에게 물려갔던 자기 새끼를 구해 왔다.

먼저 여기에서 암소와 송아지가 수령과 백성으로 유추되었음을 알 수 있다. 이는 앞서 살펴보았던 동물의 세계와 인간의 세계를 하나로 보는 사고가 전제되어 있음뿐 아니라 수령과 백성의 관계란 곧 어버이와 자녀 관계라는 인식이 담겨 있음을 보여준다. 또한 암소라는 동물도 하는 일인데, 왜 인간은 하지 못하는가라는 비교 의식이 전제되어 있음을 알 수 있다. 즉 암소보다는 인간이 우월하다는 인식이 전제되어 있는 것이다.

사실 이 작품에서는 동물 세계의 동물들끼리도 비교를 하고 있다. 호랑이가 소에 비해서 훨씬 머리가 좋을 뿐 아니라 용맹스럽다는 것을 밝히고 있다. 아울러 동물보다는 인간이 더 월등히 우월함을 전제하고 있기 때문에 수령이 백성을 버린 사건이 인간 세계, 특히 벼슬살이를 하는 이에게는 부끄러운 일이 된다.

'마우금거(馬牛襟裾)'라는 관용적 표현도 이를 드러낸다. 말과 소에게 옷을 입힌다는 이 성어(成語)는 학식이나 예의가 없는 사람을 조롱할 때 쓰이는 말이다. 즉 말과 소는 인간을 비하할 때 쓰여도 무방한 대상이었다. 작품 속에서는 소보다는 호랑이가 동물보다 인간이 더 나은 존재임을 전제하고 있는 것이다.

그러나 이 작품이 가진 독창성은 '소가 새끼를 위해 자신의 목숨을 아깝게 여기지 않고 호랑이에게 덤벼든 사실'을 다루었다는 점이다. 즉 소가 작품 속 우열관계에서 가장 낮은 단계에 속한 동물이지만, 가장 높은 단계에 속한 인간보다 더 나은 행동을 했다는 점을 부각시킨 것이다. 물론 이 한 가지 사실로 인간이 자연 생태계 속에서 가장 우등한 존재임을 부정하려는 것은 아니다. 다만 주목할 점은 우등한 존재와 열등한 존재를 고의적으로 대비함으로써 저자의 주장을 드러내고자 했던 의도이다.

동물의 세계를 다루고 있는 설 작품 중에는 이처럼 인간과 동물의 우열을 전제로 하여 동물의 세계와 인간 세계를 비교하는 작품이 여럿 있다. 대표적인 몇 작품만 정리해 보면 다음과 같다.

작품명	등장하는 동물	동물의 세계	인간의 세계
이륙(李陸)의 〈의견설(義犬說)〉	개	다른 어미 새끼를 데려다 키움	처첩간 전처 소생을 두고 미워하고 다툼
하수일(河受一)의 〈밀봉설(蜜蜂說)〉	꿀벌	왕벌의 지시에 꿀벌이 일사불란하게 움직임	신하로서 군주에게 예를 다하지 않음
이수광(李睟光)의 〈이묘설(二猫說)〉	고양이	큰 놈과 작은 놈 사이에서 사양하며 예의를 지킴	인간이 지켜야 할 예의와 염치가 없음
장유(張維)의 〈해구불하설(海鷗不下說)〉	바다 갈매기	사람이 교사한 마음을 가지고 접근하면 날아가 버림	당장 눈앞의 이익만을 좇음
정약용(丁若鏞)의 〈관계추설(觀鷄雛說)〉	병아리	병아리들이 서로 우애하며 돕고 살아감	형제간 독실한 정이 사라짐

〈표 11〉 인간과 동물의 우열을 전제로 비교한 작품

위 작품 중에서 병아리가 자기들끼리 연합하여 개나 솔개의 위협으로부터 보호하는 일, 일벌이 여왕벌의 지시에 따라 움직이는 일, 바다갈매기가 사람의 유인(誘引)을 경계하는 일은 본능에 따른 것이다. 즉, 가르침을 통해 습득한 것이 아닌 동물로서 자연스러운 행동이라는 것이다. 그렇다면 저자는 왜 동물들의 본성에 따른 행동들을 인간의 삶과 비교하고자 한 것일까 생각해 볼 필요가 있다.

주지하는 바와 같이 조선후기에 사람과 동물의 본성이 같은가 다른가[人物性同異]를 가지고 격렬한 논쟁이 있었다.[41] 이른바 낙론(洛論)의 입장에서는 사람과 동물의 본연의 성(性)이 같다는 입장이었

41) 낙론과 호론의 인물성동이(人物性同異) 논쟁은 "현상윤(2003), 『풀어 옮긴 조선유학사』, 현음사, 407～458쪽"을 참조하였다.

고, 호론(湖論)의 입장에서는 사람의 본성이 동물보다 우월하다는 입장을 취했다. 하나의 근원이 되는 이(理)가 존재하지만 그것의 맑고 탁함의 차이로 인해 사람과 동물의 기질이 차이가 생겨났다고 보는 관점이 낙론이요, 사람과 동물의 기질 자체가 다르기 때문에 절대로 동물은 사람의 본연을 갖출 수 없다고 보는 관점이 호론이다. 이 때 자주 등장하는 예가 호랑이의 인(仁)과 개미의 의(義)다. 낙론에서는 호랑이에게 사람과 방불한 인이 있으니 인(仁)이라 일컬을 수 있다고 하였고, 호론에서는 호랑이의 인이 어찌 사람의 '극기복례(克己復禮)의 인'과 같을 수 있는가라며 사람과 동물의 성(性)을 다른 범주로 구분하였다.

이 두 관점에서 공통적으로 인간은 동물과 다른 우월한 존재임을 가정하고 있다. 다만 같은 범주 아래에서 차이가 존재하는지, 아니면 아예 다른 범주로 묶어야 하는지 입장이 서로 다르다. 모든 자연만물 중에서 인간을 따라 올 수 있는 생물체는 없다는 점에서는 이견이 없다. 일찍이 주자(朱子)는 다른 동물들은 대개 한 가지 일에 정통한 반면, 인간은 모든 일에 정통하다는 점을 들어 인간을 다른 종에 비해 가장 우수한 존재로 설명하였다.[42] 주인 집을 잘 지키는 개에게서 의(義)를 발견할 수 있고, 밭을 쉬지 않고 열심히 가는 소에게서 성(誠)을 발견할 수 있지만, 인간은 이 모든 요소를 고루 갖추고 있다는 점에서 차이가 나타난다.

아울러 위 표에서 보면, 동물들로서도 이례적인 행동들이 나타난 사건을 기록한 작품이 있다. 다른 어미의 새끼를 데려다 키운 개라든지, 양육강식의 질서를 깨뜨리고 강자가 약자를 보호하는 고양이의 사례는 동물의 본성에 맞지 않는 사례이다. 그러나 이들 사례 역시 인간의 삶과 비교되고 있다. 그렇다면, 저자가 동물과 인간을 비

42) 야마다 케이지/김석근 옮김(1991), 『주자의 자연학』, 통나무, 362~363쪽.

교하는 까닭은 무엇일까?

먼저 인간은 본성적으로 비교 심리가 존재하기 때문이다. 동일한 척도가 주어지고 위계가 형성되면, 사람은 비교하는 경향을 갖는다. 현대에는 더욱 모든 것을 계량적으로 수치화하여 측정하다보니 과거에 비교할 수 없었던 부분까지 비교가 이루어진다. 지능은 물론이고, 체력, 외모 등 모든 부분에서 누군가를 비교하고자 하는 속성이 발현된다. 또한 이러한 비교 후에는 우열(優劣)을 나누는 것 또한 인간의 기본적인 속성이다. 다른 존재와 비교한 결과 우등하면 교만하기 쉽고 열등하면 자신감을 잃어 부정적인 작용을 한다. 그러나 반대로 남보다 우등하면 자신감을 얻기도 하고 열등하면 자신을 반성하는 긍정적인 작용을 하기도 한다.

설 양식에서도 이러한 인간의 보편적인 심리를 이용하되 그 비교의 대상을 인간이 아닌 동물의 세계에서 찾았다는 특성이 있다. 자연 생태계 속에서 인간과 다른 종의 비교는 단순한 비교가 아니라 인간의 각성을 촉구하는 방법으로 활용되었다. 자신보다 열등한 존재가 우등한 존재보다 더 잘하는 사례를 보여줌으로써 우등한 존재로 하여금 경각심을 갖도록 의도한 것이다. 우열의 위계상 열등한 존재가 할 수 있는 일은 우등한 존재가 당연히 해야 하는 일이다. 이렇게 우등한 존재에게 각성을 촉구하기 위한 비교는 오늘날에도 여전히 행해지고 있다. "동생도 하는데 너는 왜 못하냐?", "초등학생도 쉽게 따라 할 수 있는 제품입니다." 등이 그러한 사례라고 볼 수 있다.

이때, 이러한 비교에서 빈번하게 등장하는 부사(副詞)가 바로 '하물며[況]'이다. '하물며'는 앞의 사실과 비교하여 뒤에 사실에 더 강한 긍정을 나타낼 때 사용된다. "이렇게 미물도 의(義)와 충(忠)을 알거늘 하물며 사람일까 보냐?"와 같이 두 존재를 비교함으로써 인간의 삶을 반성하게 된다. 즉 이 '하물며'의 추론 방식은 "너보다 못한 존재도 하는 것이니까 너는 당연히 해야 한다."는 인간의 기본적인 속성을 반영하여 독자로 하여금 각성을 촉구하도록 하는 역할을 한다.[43)]

반대로 비교 우열에 따라 생겨난 '하물며 논증'은 독자로 하여금 격려와 자신감을 심어줄 수 있기도 하다. 페렐만은 '하물며 논증(argument a fortiori)'의 예로 다음과 같은 성경 구절을 인용하였다. "참새도 돌보는 신(神)이 하물며 그에게 더욱 소중한 이성적 존재들을 등한시하겠는가?"[44)] 이 논증은 신(神)이 정해놓은 위계상 가장 상위에 있는 인간은 그보다 하위에 있는 참새보다 더 소중한 존재인데, 참새를 돌본다는 사실은 당연히 인간을 돌본다는 사실을 보장해 준다는 것이다. 이와 같은 논증이 목적하는 바는 인간으로 하여금 위안과 믿음을 심어주기 위함이다.

우리는 보다 작은 자가 큰 일을 행하면 더 큰 감동을 받는다. 건강한 사람이 고시에 합격하는 것보다 장애인으로서 고시에 합격하는 경우 더 큰 주목을 받고 용기를 주게 된다. 이처럼 능력의 위계상 더 아래의 단계에 있는 존재가 위에 있는 존재를 능가하는 무엇인가를 할 때 위에 있는 존재는 이를 반성의 계기로 삼기도 하고 자신에게서도 가능성을 발견하는 긍정의 계기가 되기도 한다.

설 작품 중에는 인간과 자연물의 성품을 비교하는 내용이 담겨 있다. 이러한 비교는 인간의 성품의 문제를 지적하는 방향을 취하였다. 즉 인간이 갖추지 못한 도덕성이나 불완전한 부분을 동식물의 생태에서 발견하여 비교하는 것이다. 이렇게 비교하여 교훈이나 질책을 가할 수 있는 데에는 인간이 자연물보다는 우월하다는 인식이

43) '하물며 논증'은 자연물과 인간의 비교뿐 아니라 인간 사이에서도 농민과 사대부, 소인과 군자 사이에서도 우열에 따른 비교를 통해 이루어지기도 했다. 예를 들어, 성현의 <타농설>의 경우 농사일과 학문하는 일이 비교되고 있다.

44) Since he [God] cares for the sparrows, he will not neglect reasonable creatures who are far dearer to him. Peleman(1985: 339).

전제되어 있다. 자연물보다 우월한 위치에 있는 인간이 자연물의 본성이나 행동을 따르지 못할 때 그 비난의 강도는 더욱 높아진다. 이러한 방식의 비교는 인간의 행동 변화를 더욱 강력히 촉구하는 계기를 마련한다고 볼 수 있다.

(3) 정의(正義) 구현에 대한 신념

삼라만상의 질서 속에 선과 악으로 명확하게 구분되는 생물이 있을까? 자연 세계에서는 약육강식의 법칙에 따라 포식자와 피식자의 관계가 형성될 수밖에 없는데, 피식자의 입장에서 포식자는 악한 존재일까? 아니면 그 반대일까? 실제 설 작품 속에서는 자연 현상에서 나타나는 다양한 동식물에 대한 가치판단이 나타나 있다.

앞서 살펴본 성현(成俔)의 <정료설(庭蓼說)>은 정원에 심은 여뀌라는 식물과 감국(甘菊) 즉 국화의 일종인 식물이 함께 자라나는 모습을 관찰하여 쓴 설 작품인데, 나쁜 식물과 좋은 식물이라는 가치판단이 작품 속에 직접적으로 드러나 있다.

> 식물 중에 나쁜 것이 여뀌[蓼]만 한 것이 없다.(菜之惡者, 莫如荼蓼.)

이러한 가치판단은 작품 속에서 대조적으로 제시되어 있는 식물, 감국(甘菊)을 만나서 그 의미가 더욱 분명해진다.

> 내 집 북쪽 창 아래 작은 정원이 있어 감국(甘菊) 씨앗을 심었다. 곁에 여뀌 더미가 있더니 국화와 더불어 길렀는데, 수년이 지나지 않아 여뀌 넝쿨이 어지럽게 번식하여 정원을 가득 채우고, 국화의 자리를 잠식해 가서 남은 자리가 없었다.(余家北牖下有小庭, 庭種甘菊. 旁有蓼數叢, 與菊並毓, 不數年, 滋蔓轇葛, 滿庭交翠而菊爲所蝕, 消耗無餘矣.)

여뀌로 인해 감국을 망치게 된 한 가지 사건을 통해 여뀌에 대한 인식이 부정적으로 바뀐 것처럼 보인다. 감국은 애써서 가꾼 식물이지만, 여뀌는 아무렇게나 방치된 식물, 즉 잡초라는 점이 둘 사이에 대조적인 가치 판단을 성립시켰다. 그런데 이러한 가치판단은 본인이 직접 감국을 길러보고 여뀌의 피해를 당한 후에 생겨난 것이 아니다. 이미 저자의 내면에 좋고 나쁜 것에 대한 판정 결과가 내재되어 있음을 알 수 있다.

> 오호라! 사람의 재주의 있고 없음 또한 이와 같다.(人之才不才, 亦猶是也.)

재주를 갖춘 사람과 재주가 없는 사람이 또한 감국과 여뀌에 대응된다. 위에서 '이와 같다'는 표현은 재주 있는 사람이 재주 없는 사람에 의해 밀려나고 사라진다는 것을 뜻한다. 저자는 작품 후반부에서 현명하고 재주를 갖춘 사람은 조정에서 배척을 당하고, 오히려 악하고 재주없는 사람이 야합을 잘하여 세력을 형성해 감을 비판하였다. 이러한 행태가 마치 자신의 뒷마당에 있는 텃밭에서 벌어지고 있는 감국과 여뀌의 형세와 유사하다는 점을 말하고 싶었던 것이다.

여기에서 여뀌는 가치중립적인 식물이었으나 감국과의 관계에서 상대적으로 악한 식물이 되었다는 관점을 취하고 있지 않다. 여뀌는 원래 악하고 재주가 없는 사람과 같이 나쁜 식물임을 단정하고 논의를 진행하고 있다. 감국 역시 마찬가지이다. 좋고 나쁨은 이미 주어진 것이며 이를 현실 세계에 유추하여 동일한 선과 악의 대립 구도로 파악하는 것이다.

하나의 사례를 더 살펴보자. 집안에서 서식하는 다양한 동물에 대한 가치판단도 설 작품에 나타나 있다. 권호문(權好文, 1532~1587)의 <축묘설(畜猫說)>은 제목에서 알 수 있듯이 집에서 기르던 고양이를 다룬 작품이다. 고양이는 쥐를 상대로 하여 대립된 가치를 갖게 된다. 집안 곳곳에서 말썽을 일으키는 쥐와 이를 잡기 위해 동원된 옆집 고양이 사이의 관계에 대해 저자는 다음과 같이 말하고 있다.

> 그(고양이-인용자 주)가 쥐를 잡음이 어찌 꼭 야인의 칼끝과 같고, 장탕(한나라 때 잔인하기로 유명했던 옥관(獄官)-인용자 주)이 죄를 심문하는 것과 같은가? 이후로 우리 집을 편안하게 해 주었다.(其於捕鼠, 何必如野人之刀御, 張湯之按劾? 而後使吾家致寧也.)

작가는 고양이가 쥐를 잡음으로 해서 가정에 평화가 찾아왔다고 서술하였다. 예나 지금이나 쥐는 집안에서 문제만 일으키는 부정적인 존재로 간주되고 있다. 반면 고양이는 악의 대립항으로서 선한 존재로 그려지고 있다. 고양이와 쥐의 관계가 선과 악의 대립 구도로 파악되면서 인간세계에서는 조정(朝廷)의 충신과 간신의 대립으로 유추되었다. 집을 평안하게 하기 위해서 쥐를 잡아야 하듯이 임금 곁에 있는 악한 존재 간신을 제거하지 않으면 안 된다는 주장의 근거로 제시되고 있다. 권호문의 <축묘설>은 나라의 간신을 제거해야 한다는 주장을 하기 위해 다음과 같은 논증을 보이고 있다.

> <주장> 나라를 어려움에 빠뜨리는 간신들은 제거되어야 한다.
> <근거> 고양이가 쥐를 잡음으로써 집안의 안정이 이루어졌다.

고양이와 쥐의 관계가 선과 악으로 설명되면서 조정에서 일어나는 충신(忠臣)과 간신(奸臣)의 대립으로 유추되었다. 여기에서 전제되어 있는 사실은 포식자인 고양이는 선(善)이며, 피식자인 쥐는 악(惡)이라는 대립적인 구도이다. 선과 악의 대결이 분명하게 자연 세계의 질서 속에 나타나 있고 이러한 구도가 유추를 통해 인간 세계에 투사되었다. 이러한 구도가 갖는 기능은 악한 존재를 제거하는 명분을 제공해 준다는 것이다. 간신(奸臣)이 자연 세계의 쥐와 같은 존재라면 당장 제거해서 피해를 없애야 한다고 하는 주장에 이견을 제기할 자가 없기 때문이다.

이렇게 자연 세계 속에서 명백하게 선악간 가치판단을 구분하는 작품의 예를 들어보았다.

작품명	자연 세계의 선과 악	선악의 판단 기준
남유용의 〈묘설(猫說)〉	고양이와 쥐	쥐-인간에게 해를 끼침
하수일의 〈병죽설(病竹說)〉	대나무와 굼벵이[蟲蠹]	굼벵이-대나무를 병들게 함
조관빈의 〈에악조설(殪惡鳥說)〉	까치와 올빼미	올빼미-까치에게 포악스럽게 굶

〈표 12〉 자연물 사이의 선악 대립을 전제로 한 작품의 사례

이러한 유형에 속하는 설은 다음과 같은 방식으로 설득의 정당성을 획득한다. 먼저 선과 악을 표상할 수 있는 두 대립되는 세상 사물들을 발견하고, 두 대상을 선한 존재와 악한 존재로 규정함으로써 선한 존재가 승리해야 하고 악한 존재가 제거되어야 하는 당위를 확보한다. 그리고 선이 승리하지 않고 있는 현실을 보여줌으로써 개선을 촉구하는 근거로 삼는다.

앞에서 설명한 <정료설>로 다시 설명해 보겠다.

선한 대상과 악한 대상의 발견－감국과 여뀌[善과 惡의 발견]

선한 대상과 악한 대상의 대결－여뀌가 감국의 자리를 잠식해 버렸다.[현실에서의 惡의 승리]

선한 대상과 악한 대상의 당위－여뀌가 사라지고 감국이 잘 자라야 한다.[당위로서 善의 승리]

선악 구도의 적용－임금 주위에 충신이 사라지고 간신들이 득세하

고 있다.[인간 현실의 세계에 적용]

선과 악이 대립되는 사회 속에서 선조들은 모든 일이 '올바른 도리'로 귀결될 것임을 확신하였다. 이를 본고에서는 '정의(正義)에 대한 신뢰'라고 명명하고자 한다. 사전적으로 정의(正義)는 사회를 구성하고 유지하는 공정한 도리를 뜻하지만, 사회적인 측면에만 국한하지 않고 가정과 사회를 통틀어 인간으로서 살아가는 데 필요한 모든 올바른 가치를 포괄하는 개념으로 여기에서 사용하고자 한다. 이러한 신뢰는 단순하게는 복선화음(福善禍淫)이나 하늘이 낸 도리[天道]에 대한 믿음으로 나타나기도 한다. 하지만, 삶 속에 나타나는 작지만 소중한 가치들 예를 들어 근면, 정직, 성실 등의 가치에 대한 정당한 보상으로 나타나기도 한다.

인간이 인간으로서 따라야 하는 도리를 다할 때 과연 그 결과가 납득할 수 있는 방향으로 나타나는가라는 물음에 설 작품들은 '그렇다'라는 믿음을 보여준다. 혹 인간의 도리를 다함에도 불구하고 그 결과가 정당하게 나타나지 않았을 때, 그것은 정의(正義)에 대한 신념의 부정이 아니라 그렇지 못한 현실의 개선을 촉구하는 의미로 받아들이도록 하고 있다.

이러한 관념을 극명하게 보여주는 사례는 설 작품 중에서 대결 구도를 갖추고 있는 작품이다. 두 사람 이상의 인물이 등장하여 한 가지 임무를 수행함으로써 나타난 결과를 통해 교훈이나 경계를 전달하는 이야기가 대결담(對決譚)이다. 이 대결담은 인물의 성격이나 특성 부여뿐 아니라 임무 수행의 과정과 결과가 모두 작가의 가공된 의도에 따라 진행된다는 점에서 작가가 전달하고자 하는 가치를 분명하게 파악할 수 있는 장점을 지닌 이야기이다.[45)]

---

45) 대결담(對決譚)이라는 문학적 형식이 갖는 특징과 효과에 대해서는 졸고(2009: 131～157) 참조.

여기에서는 먼저 성현의 <타농설(惰農說)>을 살펴보겠다. 성현은 경인년에 큰 가뭄이 있었다고 하면서 농사짓기 어려운 환경을 제시하고 이 상황 속에 두 농부의 대비적인 행동을 보여주었다. 두 농부의 말을 옮겨보면 다음과 같다.

(a) 밭을 갈아도 죽고 갈지 않아도 죽는다. 하지만 편안히 앉아서 죽음을 기다리는 것보다 힘을 다하여 살기를 구하는 것이 낫겠다. 만일 비라도 내려준다면 어찌 무익하겠는가? 耘之亦死也, 不耘亦死也. 與其安坐而待焉, 孰若殫力而求焉? 萬一得雨, 豈盡無益?

(b) 밭을 갈아도 죽고 갈지 않아도 죽는다. 분주하게 힘쓰기보다는 차라리 일없이 쉬는 편이 낫다. 만일 비가 오지 않는다면, 일한 모든 것이 무익한 것이 될 뿐이다. 耘之亦死也, 不耘亦死也. 與其奔走而勞焉, 孰若無事而息焉? 萬一無雨, 是皆無益.

두 농부의 말은 극명한 대비를 보여주고 있다. 가뭄이라는 동일한 상황 속에서 (a)의 농부는 상황과 형편에 아랑곳하지 않고 자신의 본분에 충실한 반면, (b)의 농부는 자포자기하고 있다. 사실 이 작품에서 배경으로 언급하고 있는 경인년(庚寅年)은 저자가 32살 때인 1470년(성종 1년)으로, 실제로 가뭄이 극심하여 조정에서도 그 가뭄의 원인을 물었다는 기록이 남아 있을 정도였다.[46] 정월부터 7월까지 비가 내리지 않았다고 하는데, 이러한 상황에서는 농사를 포기하는 것이 일반적이지, 농사를 짓겠다고 덤비는 일이 오히려 무모해 보였을 것이다.

46) 성종실록 성종 1년 6월 3일에 대왕대비가 가뭄의 이유에 대해 물었을 정도로(大王大妃傳于院相曰, "予以不德, 參決庶務, 今天旱如此, 未知致災之由.") 당시 가뭄이 큰 사회적 문제였음을 알 수 있다.

그런데 저자는 가을 수확 때, 두 농부의 결실을 다시 비교하였다.

> 나는 일찍이 가을걷이 때 파산의 들에 이르러 그 밭이 절반은 황폐하고 절반은 잘 가꾸어졌으며, 절반은 성기고 절반은 빽빽한 것을 보았다. 余嘗秋穫, 至坡山之野, 其田半荒半理, 半疏半密.

추수 때의 결과는 자신의 본분을 잃지 않고 힘을 써서 농사일에 매진한 농부의 승리였다. 비록 시작할 때의 형편은 농사일을 짓는 일이 무모해 보였지만, 최선을 다해 자신의 본분을 다한 농부에게 하늘에서 합당한 보상을 내려줌을 보여주고 있다. 여기에서 상황과 관계없이 자신의 본분에 충실하며 성실하게 살아가는 삶을 긍정하는 저자의 의도를 읽을 수 있다.

물론 현실은 아무리 노력했어도 자연 재해로 인해 그 노력한 만큼의 결실을 얻지 못할 때도 있었을 것이다. 누구나가 성실하게 일한 만큼 가을에 수확을 보장받을 수 있다고 장담할 수는 없다. 그러나 그러한 현실의 상황이 어떠하든지 성실하고 근면한 자가 어떻게 보상을 받는지 이 일화를 통해 보여주고자 한 것이다. 포기하지 않고 끝까지 근면하면 좋은 결실을 맺을 수 있다는 정의(正義)에 대한 신뢰가 담겨 있는 것이다.

강희맹의 <등산설> 역시 또 하나의 대결담으로서, 이러한 신념을 보여준다. 이 작품은 세 사람이 산에 오르는 시합을 하는 이야기인데, 여기에 등장하는 세 사람은 모두 가공인물로서, 강희맹은 세 사람을 다음과 같이 묘사하였다.

> 노나라 백성 중에서 아들 삼형제가 있었다. 갑(甲)은 매우 착실했으나 다리를 절었다. 을(乙)은 기이한 것을 좋아하며 온몸이 온전했다. 병(丙)은 경박스러우나 민첩함과 용맹스러움이 남보다 더 뛰어났다. 항상

> 힘쓰는 일에는 병이 최고였고 을이 그 다음이었다. 갑은 고생고생 끝에 일을 하여 겨우 마치지만 게으르지 않았다. (魯民有子三人焉. 甲沈實而跛, 乙好奇而全, 丙輕浮而捷勇過人. 居常力作, 丙居常最, 而乙次之. 甲辛勤服役, 僅得滿課而無所怠.)

갑과 을과 병이라는 능력과 성격이 다른 세 명의 형제 중, 가장 눈에 띄는 인물은 다리를 저는 갑이라는 인물이다. 갑은 다른 사람에 비해 신체가 불완전하다는 약점을 지니고 있지만 게으르지 않다는 특징이 있는 인물이며, 을과 병은 타고난 재주는 뛰어나지만 성품이 바르지 않은 특징이 있어 대비된다. 이 세 형제가 하루는 산에 오르기로 약속하고 등산을 시작했는데, 결과는 뜻밖에도 다리를 저는 갑이 가장 먼저 정상에 오른다는 내용이다.

이 작품은 강희맹이 아들을 훈계하기 위해 쓴 다섯 편의 설[<훈자오설(訓子五說)>] 중 하나이다. 자신의 능력만을 믿고 자만했던 두 형제에 비해, 자신의 모자람을 알고 끝까지 겸손하고 성실하게 최선을 다한 갑만이 정상에 오를 수 있었다는 내용을 통해 교훈을 전달하고자 했다. 천부적인 재능보다는 성실함과 겸손과 같이 후천적으로 닦을 수 있는 성품이 더 중요함을 보여주는 작품이라 할 수 있다.

이 작품 역시 등산이라는 특정한 활동을 전면에 내세웠지만, 정작 하고 싶었던 이야기는 결말 부분에서 확인할 수 있다. '덕과 학문을 닦는 순서와 공명을 성취하는 길(進修德業之序 成就功名之路)'은 산에 오르는 일과 같아서 게으르지 않고 스스로 포기하지 않으면 도달할 수 있음을 보여주고자 한 것이다. 천부적인 재능을 믿고 자만하는 자보다 본디 지닌 재주가 없어서 성실하게 최선을 다하는 자가 덕을 닦고 공명을 이루는 일에도 동일하게 앞설 수 있음을 보여주었다.

여기에서도 산에 오르는 일과 덕과 공명에 나아가는 일이 동일하게 비교되고 있다. 산을 오를 때 필요한 가치 중에서 근면함이 세상에서의 성취에서도 마찬가지로 요구된다고 주장할 수 있기 위해서는 역시 등산과 세상사에서의 성취가 유사하다는 것을 전제해야 한다. 그런데 이러한 유사하다는 전제 속에는 역시 근면을 긍정하는 신념이 담겨 있다. 다른 어떤 출중한 능력보다 근면함과 성실함이 인간으로서 추구해야 할 가치임을 보여주고 있다.

그렇다면, 노력에 따라 정당한 보상을 받지 못하는 일도 존재하는가? 그와 관련하여 <종정도설(從政圖說)>을 살펴보고자 한다. 종정도(從政圖)는 조선시대에 유행했던 실내 오락기구로서 넓은 종이에 벼슬 품계를 써놓고 주사위를 던져서 관직의 올라감과 내려감을 정하는 놀이였다. 관직이 높이 올라가면 영의정에 이르고, 그 반대의 경우에는 사약을 받기도 하였다.[47] 호남 어느 시골 마을 정자에서 우연히 이 놀이를 하는 광경을 지켜본 권필(權韠, 1569～1612) 역시 종정도 놀이와 관련된 설을 지었는데 그는 이 놀이를 다음과 같은 관점으로 받아들였다.

> 나는 곁에 서서 그것(종정도 놀이-인용자 주)을 지켜보았다. 무릇 올라가서 귀하게 된 자가 반드시 모두 현명한 것도 아니며, 내려가서 천하게 되는 자가 반드시 어리석은 자만은 아니다. … 오늘날 정치에 종사하는 사람을 보건대 이 놀이와 비슷하지 않은가? 余從傍而諦視之. 夫升而貴者, 未必皆賢, 降而賤者, 未必皆愚. … 余觀夫今之從政者, 其有不類乎是圖者耶. 권필, <종정도설>, 『석주집(石洲集)』

권필은 종정도라는 놀이를 보면서 놀이의 세계가 정치판과 유사

47) 종정도 놀이에 대한 상세한 설명은 같은 제목의 또 다른 저자가 쓴 임상덕(林象德, 1683～1719)의 <종정도설>(노촌집(老村集))에 되어 있다.

함을 발견하였다. 그것은 바로 실력과 재주의 우열에 따라 관직의 높낮이가 달라지는 것이 아니라는 점이다. 놀이가 운수(運數)에 의해서 승패가 달라지듯 현실의 세계도 마찬가지라는 것이다. 실력이 있는 자가 정당한 대접을 받지 못하고 오히려 우둔한 자가 더 높은 관직에 오르는 현실을 종정도라는 놀이가 그대로 재현한다고 보았다.

그러한 점에서 이 작품은 정의에 대한 신념, 즉 열심히 노력하면 그에 따르는 정당한 보상을 받게 된다는 신념에 위반되는 사례를 보여준다고 하겠다. 실력과 관계없이 벼슬이 주어지는 현실은 마치 게임판에서 주사위가 운명을 결정하듯이 운에 따르는 것임을 저자는 보여주고 있다.

그러나 이 작품은 오히려 정의가 존재함을 보여주는 반증이라 보는 것이 옳다. 저자는 '운도 기교의 지혜라는 당시의 통념을 반박'하며, 자신의 능력만큼 보상을 받지 못하는 현실은 비정상적이라고 말하고 있기 때문이다. 저자는 능력을 갖춘 자가 높은 벼슬에 올라서 그 정당한 대우를 받아야 함을 전제하고 있는 것이다. 그러나 현실이 그렇지 못하기 때문에 그러한 현실을 우연의 질서가 지배하는 종정도 놀이에 비유하여 비판하고자 하였다.

이와 같이 설 양식은 공동체가 보편적으로 선(善)이라고 여기는 가치와 덕목에 신뢰와 지지를 보낸다. 현실 세계가 그렇게 보이지 않더라도 궁극에는 그렇게 이루어지리라 믿으며, 설령 현실 세계가 그렇지 못하더라도 그 현실 세계를 긍정하지 않는 믿음을 보여 준다. 이러한 믿음을 토대로 해서 저자는 자신이 처한 경험과 현실을 이해하고 자신의 주장을 확신 있게 제시하였다.

(4) 모순을 포용하는 삶의 태도

우리나라 설(說)은 고려 후기 이규보(李奎報, 1168~1241)의 작품으로부터 시작한다. 그런데 이 이규보의 글은 겉으로 드러난 의미와 작가가 의도한 의미를 파악하기 어려워 이해하기 어려운 작품에 속한다. 그래서 그의 설 12편을 분류할 때 납득하기 어려운 작품, 표면과 이면이 다른 작품, 일관성이 없는 작품으로 분류하기도 했다.[48] 이렇게 그의 글이 난해하게 보이는 결정적인 이유는 일반적인 상식을 뒤집는 주장이 그 속에 담겨 있기 때문이다.

그의 작품 가운데 교과서를 통해 비교적 잘 알려진 작품이 <슬견설(虱犬說)>과 <경설(鏡說)>인데, 이 두 작품 모두 상식을 뒤집는 주장을 보여주고 있다. 두 작품 모두 거사(居士)와 손님의 대화로 이루어져 있으며, 대화를 통해 일반인의 통념을 깨뜨리는 논지를 전개한다. 먼저 <슬견설>을 요약하여 재구성해 보면 다음과 같다.

손님: 개를 죽이는 모습을 보았더니 너무 끔찍해서 더 이상 개를 먹지 않기로 했다.

거사(居士): 이를 죽이는 모습이 너무 끔찍해서 이를 죽이지 않기로 했다.

손님: 이는 미물이고 개는 큰 동물이다. 어찌 나를 놀리는가?

거사(居士): 개와 이는 크기의 차이만 있을 뿐 모두 생명을 가진 존재이다. 미물도 평등하게 볼 수 있는 눈을 갖추어야 도(道)를 논할 수 있다.

이 이야기에서 대화 상대는 거사와 손님의 관계로 나타났지만, 실상은 스승과 제자 혹은 도를 깨우친 자와 무지한 자의 구도로 이루어져 있다. 거사가 손님의 잘못을 지적하며 그에게 깨우침을 주고자 하는 것으로 보인다. 그런데 내용을 다시 잘 살펴보면 손님의 생각은 지극히 정상적이고 상식에도 합당한 주장이지만, 거사(居士)의 주

48) 신연우(1997), 「이규보의 「설」 읽기의 한 방법」, 『우리어문연구』, 우리어문학회, 257～276쪽.

장은 비상식적이고 억지에 가깝다. 이런 점에서 보면, 이규보는 상대편을 이기기 위하여 상대편의 사고(思考)를 혼란시키거나 감정을 격앙시켜 거짓을 참인 것처럼 꾸며 대는 궤변론자와 같아 보인다.

그런데 이 글을 거사(居士)의 입장에서 우호적으로 해석해 보면 이해가 불가능하지는 않다. 거사는 손님이 '이'를 단지 '미물'이기 때문에 죽여도 좋다고 한 점을 지적하고자 한 것이다. 만약 손님이 '이'를 '미물'로 규정하지 않고 '해충'이라고 보았다면 논의는 달라졌을 것이다. 왜냐하면 이규보 역시 '이'를 끔찍이 싫어하는 평범한 사람이기 때문이다.[49)]

아무튼 그렇더라도 거사가 '개'와 대비되는 동물로 '이'를 들어 두 동물의 죽음을 비교한 것은 일반적인 상식에는 어긋나는 궤변가적인 발상이라 할 수 있다. 사실 <슬견설>에는 미물의 예로서 땅강아지나 개미[螻蟻]와 같이 인간에게 해를 끼치지 않는 곤충을 들 수 있었는데, 다분히 의도적으로 손님이면서 독자인 상대의 심리를 불편하게 하고자 '이'를 전면에 내세운 것이라 볼 수 있다. 이를 통해 현실과 모순되는 주장이 나타나게 되었다.

또 하나의 작품 <경설(鏡說)>도 마찬가지이다. 손님이 흐린 거울을 비춰보고 있는 거사의 행동을 의아하게 여겨서 그 이유를 물으니 다음과 같이 답한다.

> 거울은 맑게 비쳐 고운 사람은 그것을 기뻐하고 못생긴 사람은 그것을 싫어한다. 그러나 고운 사람은 적고 추한 사람은 많다. 만약 못생긴 사람이 한번 본다면 반드시 깨뜨려 버릴 터이니, 이렇게 먼지를 끼게 하여 두는 것만 못하다. 먼지를 끼게 하여 흐리게 하는 것은 차라리 그 외부를 침식할 뿐이고 그 맑은 것은 없어지지 않는다. 만일 어여쁜 자

---

49) 이규보의 또 다른 작품인 <슬잠(虱箴)>에는 저자의 이에 대한 증오와 함께 사람들이 어떻게 이를 잡아서 죽이는지 자세히 서술되어 있다.

> 를 만나면 후에 닦고 보아도 늦지 않을 것이다. 鏡之明也, 姸者喜之, 醜者忌之. 然姸者少醜者多. 若一見, 必破碎後已, 不若爲塵所昏. 塵之昏, 寧蝕其外, 未喪其淸. 萬一遇姸者而後磨拭之, 亦未晩也.

이규보의 <경설>은 일반인이 생각하는 맑은 거울과 흐린 거울, 그리고 맑은 세상과 흐린 세상의 관념을 뒤집어 놓았다. 맑음을 부정하고 흐림을 긍정했기 때문이다. 흐린 세상에서 흐린 거울로 살아가겠다는 처세는 그 시대가 얼마만큼 암담한 세상인지 보여줌과 동시에 거울이라면 흐린 거울이 아니라 맑은 거울로 살아가야 함을 거꾸로 보여주는 역설적인 작품이라 하겠다.

이상 살펴본 바와 같이 설 작품 중에는 기존의 상식을 뒤집는 새로운 주장을 내세우고 그 이유를 뒷받침함으로써 깨달음을 전달하는 작품이 있다. 독자로서는 당연하게 받아들이고 있는 사실을 뒤엎는다는 점에서 심기가 불편해지지만, 그에 따른 새로운 이유를 듣고 보면 또 공감할 수 있게 된다. 이 과정에서 독자는 평소에 알지 못했거나 잊고 있었던 세상을 보는 새로운 시각을 얻게 된다고 할 수 있다.

이러한 경향을 이어받은 설 작품으로는 권근(權近, 1352~1409)의 <주옹설(舟翁說)>과 강희맹(姜希孟, 1424~1483)의 <승목설(升木說)>, 김주신(金柱臣, 1661~1721)의 <이용설(二傭說)> 등이 있다. 이들이 각각 주장하는 바와 그 이유를 살펴보자.

작품	주장	일반적인 상식	주장의 이유
주옹설 舟翁說	육지보다 바다가 더 안전하다.	육지가 바다보다 안전하다.	위태로운 곳일수록 더 조심하기 때문에 더 안전하다.
승목설 升木說	높은 자리에 오를수록 위태롭다.	높이 오를수록 유익하다.	높이 오르면 언젠가 낮아져야 하는데 그 위험이 더 크다.
이용설 二傭說	해야 할 일이 많은 것이 좋은 것이다.	편안한 것이 좋은 것이다.	능력이 없으면 맡은 일이 적어지고 능력이 많으면 맡은 일이 많아진다.

〈표 13〉 상식과 모순되는 주장을 담고 있는 설 작품의 사례

그런데, 상식을 뒤엎는 주장이라고 하더라도 기존의 상식 자체를 부정하는 것은 아니다. 다시 말하면 기존의 상식 자체가 잘못되었다는 점을 지적하려는 것보다는 다른 편을 생각해 보도록 하는 시각의 전환을 꾀하는 것이다. 여전히 육지가 바다보다 안전한 것은 사실이며, 더 높은 자리에 오를수록 더 많은 이익을 얻을 수 있고, 사람들은 편안한 자리에 있길 원하는 것은 변함없는 사실이다. 그러나 시각을 전환해 보면, 또 다른 삶의 이치들을 발견하게 된다. 삶의 안주보다는 도전이 낫고, 과욕을 부리는 삶보다는 만족할 줄 아는 삶, 능력을 인정받고 바쁘게 사는 삶을 긍정할 수 있게 된다.

이러한 점에서 설 양식은 현실에 모순된 주장을 함으로써 어떤 환경이든 받아들일 수 있는 긍정적인 자세와 여유로운 삶의 태도를 지향하였다. 나에게 득이 없거나 손해가 되는 일이라 보일지라도 궁극적으로 나의 삶에 유익되고 삶을 윤택케 하는 일로 바꿀 수 있게 되기 때문이다. 예를 들어, 나이가 들어 이가 빠지는 일을 당하여도 그것을 유익한 일로 바꿀 수 있는 시각을 갖게 하기도 한다. 김창흡(金昌翕, 1653～1722)의 <낙치설(落齒說)>이 그러한 글이다.

> 무술년 내 나이 66세이다. 앞니 한 개가 까닭 없이 빠졌다. 입술이 일그러지고 말이 새며 얼굴까지 비뚤어짐을 문득 깨닫고는 거울을 가져다가 보니 다른 사람과 같이 보여서 놀랍고 거의 눈물이 날 뻔 했다.

> 歲戊戌, 余年六十六矣. 板齒一箇無故脫落. 便覺唇頹語訛, 面勢歪蹙, 攬鏡視之, 駭若別人, 殆欲汪然出涕.

저자 김창흡은 노년에 이가 빠지는 사건을 경험하였다. 이가 빠지니까 외모로부터 일상생활에까지 불편하고 어색한 일들이 생겨났음을 하나하나 기록하였다. 평소에 할 수 있었던 일을 하지 못하고 평소에 하지 않았던 실수들이 벌어지면서 당황스럽고 슬픈 일을 겪어야 했다. 무엇보다도 본인이 좋아하던 책을 읊조리는 일을 하지 못하게 됨을 안타깝게 여겼다. 그러나 이렇게 이가 빠지면서 생긴 좋지 않은 일이 무엇인지 나열하기 위해 이 작품을 지은 것이 아니다. 저자는 자신의 삶을 반성하면서 다음과 같이 시각을 전환하였다.

> 주자는 눈이 어두워진 것을 계기로 심성을 수양하는 일에 전념할 수 있었다. 그러다보니 문득 일찍 눈이 어두워지지 않음을 한스럽게 여겼다고 하는데, 이를 두고 말한다면 나의 이가 빠진 것은 역시 늦은 감이 있다. 무릇 얼굴이 일그러졌으니 조용한 곳에 나아갈 수 있고, 말이 새니 침묵을 지킬 수 있다. 고기 먹기가 좋지 않으니 담박한 채소를 먹게 되고 책 읽는 소리가 낭랑하지 못하니 마음을 관찰할 수 있다. 조용한 곳에 나아가니 마음이 편안해지고 침묵을 지키니 실수가 적어지며 담박한 채소를 먹으니 복이 온전해지고 마음을 관찰할 수 있으니 학문의 도가 결실하게 된다. 그 손익과 편리함을 생각해 본다면 도리어 다행이 아니겠는가? 朱子因目盲而專於存養, 却恨盲廢之不早. 以此言之, 余之齒落, 其亦晩矣. 夫形之壞也, 可以就靜, 語之訛也, 可以守默, 嚼肥之不善, 可以茹淡, 誦經之不暢, 可以觀心. 就靜則神恬, 守默則過寡, 茹淡則福全, 觀心則道凝, 較其損益得便, 顧不多乎?

이제 이가 빠진 후 할 수 없는 일에 슬퍼하기보다는 이가 빠져서

할 수 있는 일에 주목하게 된 것이다. 결국 이 작품에서는 "이가 빠진 것이 나에겐 오히려 다행이다."라는 결론에 이르게 한다. 이러한 주장은 역시 상식과 통념에 어긋나는 주장이다. 어느 누가 이가 온전한 것을 원하지 이가 빠지는 것을 원하지 않기 때문이다. 그럼에도 이러한 주장이 설득력을 얻는 것은 앞서 말한 삶의 모순이 오히려 삶의 깨달음을 주게 됨을 보여준다 하겠다.

주지하다시피 모순(矛盾)은 서로 양립할 수 없는 두 가지를 한 데 모을 때 발생하는 이치상 맞지 않는 관계이다. 설 작품은 일상의 상식을 뒤집어 정반대의 주장을 하면서 그것이 어떻게 합당한지 설명하려고 하였다. 이 때 이전의 상식도 부정되지 않으며 새롭게 주장하고자 하는 내용 역시 약화되지 않는다. 이렇게 양립 불가능한 두 주장이 함께 나타나면서 역설(逆說)을 만들어 낸다.

> 지나친 겸손은 절반의 교만함이다.
> 적보다는 친구를 조심하라.
> 인간은 쇠보다 강하지만 파리보다 약한 존재이다.

겸손과 교만함, 적과 친구 모두 서로 상대되는 개념이지만 등식(等式)의 항으로 서로 연결되어 있다. 이처럼 명백히 모순이 담겨 있는 명제들에 대해 동양권 사람들은 자연스럽게 받아들인다는 연구가 있었다.[50] 그 이유를 동양인이 변증법적인 사고를 가지고 있어서 모순이 되는 주장들을 타협을 통해 수용하기 때문이라고 설명했다. 그래서 서양 사람에 비해 동양 사람은 논리보다는 경험을 중시한다는 주장을 펴기도 한다. 논리에는 어긋나지만 경험으로는 받아들일 수 있기 때문이다.

---

50) 리처드 니스벳/최인철 옮김(2004), 『생각의 지도』, 김영사, 164쪽.

물론 이러한 연구 결과가 현상을 너무 단순화한 감이 없지 않지만, 설 작품에 나타난 모순된 명제를 통해 새로운 주장으로 나아가는 설 작품을 이해하는 데 도움을 준다. 이렇게 일상의 상식을 깨뜨리고 정반대의 주장으로 나아감으로써 세상을 바라보는 폭넓은 시각도 확보할 수 있게 되고 또한 세상의 부정적인 현상이나 사건들도 긍정적으로 바라볼 수 있는 여유를 갖게 한다. 그러한 인식이 설 양식 속에 전제되어 있기 때문에, 설 작품 중에는 '아픔을 긍정적으로 전환하여 인식하는 작품', '인생의 곤궁함을 극복하도록 용기를 주고 위로하는 글'이 많이 나타난다.

V

설 양식을 활용한 설득적 글쓰기 교육의 설계

1. 설득적 글쓰기 교육의 구도

(1) 행위 중심의 쓰기와 양식 중심의 쓰기

앞서 교육과정을 살펴본 바와 같이 6차 교육과정 이후로 국어교육의 활동을 분류하는 기준은 '행위'가 중심이었고, '양식'이 종속적이었다. '설득하기'라는 행위 속에 '논설문', '연설문', '건의문' 등의 양식이 포함되는 구조를 취한다. 이러한 구조는 비단 우리나라뿐 아니라 미국, 영국을 비롯한 서구 세계에서 공통된 경향이다. 설득하기, 정보전달하기, 정서표현하기, 사회적 소통하기 등의 구분이 서구를 중심으로 언어활동을 구분하는 보편적인 기준이 되었다.[1] 이러한 기준은 인간이 습득해야 할 언어 행위들을 그 목적에 따라 망라할 수 있다는 장점이 있기 때문에 보편적인 기준이 되었으리라 판단된다.

그런데, 실제 교육의 국면에서 이러한 '행위' 중심의 분류는 몇 가지 문제를 보이고 있다. 먼저 행위가 양식을 규정하기 때문에 하나의 양식이 지닌 다양한 속성을 배제시키는 결과를 초래하게 된다. 김봉순(2010)에서 지적하고 있듯이, "정보 전달 단원에 배당된 글을 가르칠 때 암시적으로 표현된 설득의 의도를 민감하게 인식할 수 있도록 가르치기 어렵게 되고, '친교'를 두드러진 목적으로 하는 안부 편지 이외에 업무 편지 등은 편지글로 다룰 수가 없었으며, 참여적인 성향의 문학 작품도 정서 표현이 일차적인 의도라고 억지 강

1) 현대의 대표적 작문이론 중 장르 중심 이론은 '장르란 사회적 과정'이라는 전제를 내세워 새로운 패러다임을 형성하고 있다. 이 때 장르란 고정된 실체가 아니라 행위로서 이해해야 한다는 것이다. 예를 들어 장르는 설명문, 논설문과 같은 고정된 실체가 아니라 묘사하기, 설명하기, 지시하기, 주장하기, 서사하기와 같은 과정이라는 것이다. 이와 관련된 설명은 피터 냅(Peter Knapp)/주세형 외 옮김, 2007:12~15) 참조.

조하는 결과를 초래"[2]하는 일이 발생하게 되었다고 한다. 이러한 일들은 '행위' 중심으로 '양식'을 분류한 쓰기 교육이 낳을 수밖에 없는 한계이다.

'행위' 중심의 분류가 낳은 또 하나의 문제점은 쓰기 교육의 공소화(空疎化)이다. '설득', '설명', '정서 표현' 등의 분류가 연역적으로 주어지다 보니 설득은 '주장+근거', 설명은 '정의항+피정의항' 등으로 그 구조가 제시되어 있다. 이러한 내용 지식은 각 행위에 대한 이해와 더불어 기본적인 요소들을 파악하는 데에는 도움이 되지만, 구체적인 상황 맥락이 제거된 '설득'이나 '설명'에 대한 지식은 글쓰기로 연결될 가능성이 희박하다. 따라서 행위 중심의 쓰기는 행위가 가진 일반적인 성격이나 원리를 설명하기가 아닌 보다 세부적인 지침에 따라 실제 글쓰기와 연결될 수 있는 교육 내용이 제공되어야 한다.

반면에 글쓰기를 양식 차원으로 접근하면, 쓰기 교육의 내용과 방법이 구체화될 수 있다. 문화적 양식으로 존재하는 글은 그 실체를 분명하게 확인할 수 있기 때문이다. 필자는 오랜 형성 과정을 거쳐 하나의 양식으로 성립된 글을 읽고 그 속에 담겨있는 담화 관습, 즉 토포스[3]나 내용 전개 방식 등을 익히게 된다. 특히 하나의 양식이 성립되는 과정에서는 자연스럽게 그 양식을 대표할 만한 전범(典範)과 규칙들이 생겨나고 필자는 전범이 되는 글들을 모델로 삼아 글을 쓰기 때문에 글쓰기를 수행할 수 있는 실제적인 길이 열린다.

대학 신입생이 처음 논문을 쓸 때를 생각해 보자. 지금까지 한 번도 써보지 않은 학술적인 글을 쓰기 위해서 대학생이 할 수 있는 첫

2) 김봉순(2010), 「국어교육을 위한 텍스트 분류 체계 연구」, 『국어교육학연구』 제39집, 국어교육학회, 181쪽.

3) '토포스'는 아리스토텔레스의 개념으로, '논증이 발견되는 장소(배수찬, 2009:194)', '아이디어의 집합(임태섭, 2005:113)'이라는 의미를 지닌다. 본고에서는 같은 맥락에서 토포스를 내용을 생성해 내는 원천이라는 의미로 사용했다.

번째 활동은 다른 사람들은 어떻게 글을 써 왔는지 살펴보는 것이다. 이전 자료들을 살펴보는 가운데, 담화 규칙들, 즉 논문의 형식이나 문체 등을 익히고 모범이 되는 좋은 글도 발굴해 내서 본인도 그러한 관습에 어긋나지 않는 글을 쓰게 되는 것이 일반적이다.

글쓰기를 행위 중심으로 접근하면 '설득하는 글을 쓰라.'고 주문하겠지만, 양식 중심으로 접근하면, '상소문을 쓰라.'고 주문하게 될 것이다. 전자의 경우 학습자는 제재의 수집에서부터 문체, 형식, 내용 구성 등 글쓰기의 모든 부분을 결정해야 하는 인지적 부담을 안게 되지만, 후자의 경우 모범적인 상소문의 전범이 존재하고 상소문으로서 따라야 할 대표적인 규칙들이 존재하기 때문에 본인이 이 양식을 통해 전달하고자 하는 내용을 형식에 맞추면 된다. 후자가 상대적으로 글쓰기 실천이 용이하다고 하겠다.

그러나 그렇다고 모든 글쓰기를 양식 중심으로 접근하기도 어렵다. 글쓰기 양식은 현실 속에서 그 수를 셀 수도 없을 만큼 많이 존재하고 그 가운데 교육적 가치가 있는 양식을 선별해 내기란 쉽지 않기 때문이다. 앞서 예를 들었던 상소문 쓰기의 경우 현대 사회에서는 더 이상의 통용 가치를 상실한 양식이기 때문에 교육의 장에서 배제될 가능성이 높다. 교육의 기획성과 효율성, 가치 등을 고려할 때 적합한 양식들을 선별해 내는 일은 또 하나의 과제라고 할 수 있다.

가장 다양한 설득적 글쓰기 유형을 언급하고 있는 2007 개정 교육과정의 경우 행위와 양식을 혼합하는 형태로 하위 유형들을 열거해 놓고 있다.

'설득하기'의 하위에 해당하는 행위	'설득하기'에 해당하는 양식
(생각을) 제시하다 제안하다 찬성하다(반대하다) 건의하다 (주장을) 논증하다 조언하다(충고하다)	연설문 시평 논설문 비평문 건의문 광고문 칼럼

〈표 14〉 2007 개정교육과정에 나타난 '설득하기' 관련 행위 및 양식

'설득하기'를 행위로 구분할 때는 하위 행위의 유형들은 '의견을 제시하는 글쓰기', '생각을 제안하는 글쓰기' 등의 형태로 나타나게 된다. 그런데 이러한 행위의 유형들이 명확하게 구분되지 않는다는 문제가 드러난다. '제시하다', '제안하다', '건의하다' 등은 그 뉘앙스는 약간 다르지만 '생각이나 의견을 나타내 보인다'는 큰 뜻에서 벗어나지 않는다. 게다가 이러한 용어들을 학술적으로 구분하여 제시하고 있는 연구물도 찾아보기 어려워서 실제적으로는 구분의 의도가 무엇인지 파악하기 어렵다.[4)]

또한 '설득하기'를 양식으로 구분하여 제시한 유형들에도 문제가 없진 않다. 연설문, 시평, 논설문, 비평문, 건의문 등이 명칭상으로는 독립적으로 명확하게 존재하는 양식처럼 보이지만, 막상 그 실상을 살펴보면 그렇지 않다. 위 분류에서 보면, 시평은 논설문과 따로 분리해 놓았지만 또 어떤 경우에는 시평을 논설문으로 보기도 하는 것처럼 그 경계가 불분명한 점이 있다. 특정 매체에 고정된 형태로

4) 이러한 문제의식을 보여준 연구가 "민병곤(2009), 「텍스트 중심 국어과 교육과정의 교재화 방안」, 『텍스트 언어학』 26집, 텍스트언어학회, 189~217쪽"이다. 이 논문에서는 '건의하는 글'을 예로 들어, 이에 대한 학술적 탐구 성과나 전범도 없기 때문에 교육을 실천하려고 할 때 모두 교과서 개발자가 떠맡아야 할 몫이라고 지적하였다.

오랫동안 글쓰기가 이루어진 양식, 예를 들어 신문 사설이나 독자 투고는 어느 정도 일정한 관습과 규칙을 가지고 있지만, 설득하는 글의 대표격인 논설문의 경우 그 범위와 경계가 넓고 불분명해서 양식적 특성을 규정하기가 오히려 어렵다.

게다가 수많은 양식 중에서 교육의 장에서 다룰 수 있는 양식을 선별하기란 쉽지 않다. 교육의 장에서 선택되고 배제되는 일정한 기준이 있어야 하겠지만, 아직은 그러한 기준보다는 일반적으로 잘 알려진 양식을 택하는 경우가 많다. 예를 들어 연설문은 설득적 글쓰기의 대표적 양식으로 다루어지는데, 사실 연설이란 우리 역사상 매우 근래에 시작된 문화적 양식이고 그렇기 때문에 모범적인 연설문 역시 미비한 상태이다.[5] 현재 교육과정상에는 연설문을 '문제와 해결의 짜임으로 된 연설문(6학년)'으로 더 구체화하여 교육하고 있는데, 이러한 짜임이 어디에서 왔으며, 연설문을 대표할 수 있는 짜임이라고 할 수 있는지 의문을 제기하지 않을 수 없다. 아직까지 문화적 양식으로 존재해 온 연설문에 대해 교육적인 관점에서 접근하여 그 교육 내용을 마련하지 못한 탓이라 할 수 있다.

이상의 논의에서와 같이 실제 글쓰기 국면에서는 행위나 양식에 따른 구분이 완결된 형태로 나타나 있지 못할 뿐 아니라 무엇보다도 이러한 구분이 글쓰기에 실제적인 지침이 되지 못한다는 점을 확인할 수 있다. 본고에서는 이 문제에 대한 대안으로 행위 유형에 따른 글쓰기 교육과 양식 유형에 따른 글쓰기가 서로 교직(交織)되어야 할 것을 제안한다. 설득하기라는 행위를 중심으로도 교육이 이루어지고 문화적 양식으로도 교육되어야 할 것이다. 문화적 양식으로 존재하는 실체로서의 글들은 그 속성에 따라 설득으로 분류될

5) 교재에 실려 있는 대표적 연설문으로 마틴 루터킹의 'I have a dream'이나 게티스버그 연설 등이 있다. 물론 우리나라의 명문(名文)이라고 분류된 연설문이 없는 것은 아니나 대부분 정치 연설이 주를 이룬다.

수도 있고, 설명으로 분류될 수도 있기 때문에 다른 차원에서 교육되어야 한다.

먼저 설득적 글쓰기 교육을 양식 차원 접근하여 보면, 현재의 구분보다 더 세분화되고 실제적으로 통용되는 양식들이 제시되어야 할 것이다. 현재는 논설문이나 연설문과 같이 덩치가 크고 그 특성이 모호한 양식들이 제시되어 있는데, 논설문 중에서도 신문 사설이나 칼럼과 같이 그 실체를 일상에서 분명히 확인해 볼 수 있는 양식으로 세분화되어야 실제 글쓰기 교육의 내용을 마련할 수 있다.

한편, 설득적 글쓰기 교육을 행위 차원으로 접근할 때에도 역시 구체적인 자료들을 통해 그 원리와 방법이 제공되어야 한다. 이 때 활용할 수 있는 자료가 설 작품과 같은 설득적인 성격을 지닌 고전 양식이다. 설득이란 단지 상대방이 나를 따르도록 하는 기술뿐 아니라 삶의 방식이며 문화임을 보여줄 수 있기 때문이다. 또한 설 작품이 지니고 있는 설득의 유형과 방법들은 현대에 통용되는 다양한 설득적 글쓰기 양식에 활용될 수 있다.

학교의 쓰기교육은 즉각적으로 사회에서 소용이 되는 재생적(再生的) 목적을 위해서보다는 교육을 통해 습득된 원리가 실제적인 문제에 다양하게 응용될 수 있도록 응용적 목적에 맞게 설계되어야 할 것이다.[6] 설 작품을 양식적인 차원에서 활용되는 것이 아니라 행위라는 관점에서 접근해야 하는 이유도 이에 있다. 설득하기라는 행위의 결과물로서 '설' 양식이 지닌 다양한 내적 자질들은 결국 오늘날 설득적인 성격을 지닌 다양한 양식의 글쓰기를 위한 교육 내용으로 기여하게 될 것이다.

---

6) 학교교육의 용도에 대해서는 이홍우(2004), 『증보 교육과정탐구』, 박영사, 141쪽 참조.

(2) 쓰기 지식과 쓰기 수행

먼저 설득적 글쓰기를 교육함에 필요한 '지식'에 대해 살펴보고자 한다. 이를 위해서는 국어교육에서 쓰이는 지식이라는 용어에 대해 의미를 정립할 필요가 있다. 다음과 같이 다양한 용례가 있기 때문이다.

> 국어과의 인지적 교육 내용으로서 학습자가 반드시 알아야 할 '지식'을 두 가지로 분류하였다. 첫째 유형은 단언적 지식인데, 이 지식은 '무엇은 무엇이다.'와 같이 명제 형식으로 표현할 수 있는 지식으로 진리 여부를 입증할 수 있는 지식이다. 둘째 유형은 방법 또는 절차에 관한 지식인데, 이 유형의 지식은 어떤 문제를 해결하는 절차와 방법 및 전략에 대한 지식으로 원리라고 할 수 있는 지식이다. (교육부, 2001:23, 이하 밑줄은 인용자)

> 국어 활동과 국어와 문학에 대한 기본적인 지식을 익혀, 이를 다양한 국어 사용 상황에 활용하면서 자신의 언어를 창조적으로 사용한다. (교육부, 2007:17)

> 국어 활동과 국어와 문학에 대한 기본적인 지식을 익힌다.
> 다양한 유형의 담화와 글을 비판적이고 창의적으로 수용하고 생산한다.
> 국어의 가치와 중요성을 인식하고 국어 생활을 능동적으로 하는 태도를 기른다. (교육과학기술부, 2012:5)

이상 교육과정상에서 언급하고 있는 지식의 한 형태는 인지적 교육 내용으로서의 지식이며, 다른 한 형태는 기능과 대비되는 개념으로서의 지식이다. 2007 · 2009년 개정 교육과정에 따르면 글쓰기의 실제는 지식과 기능으로 이루어져 있다. 이 때 지식이란 '쓰기의 본질', '글의 특성', '글의 유형' 등을 가리키는데, 이러한 점으로 볼 때 이 지식이란 명제적 지식임을 알 수 있다. 그렇게 된다면, '기능'이 곧 '절차적 지식'에 대응된다고 볼 수 있다.

국어교육과정상에서도 '지식'이라는 용어는 다양한 층위에서 다양한 의미로 쓰이고 있다. '명제적/절차적 지식'의 구분이나 '지식/기능'의 구분, 그리고 국어교육의 하위 영역으로서 '국어지식'은 동일한 지식이라는 표제를 달고 있지만, 그 의미는 각각 다르다. 본고는 여기에서 '지식'을 넓은 의미와 좁은 의미로 구분하고자 한다. 학습해야 할 내용으로 명제적/절차적 지식을 포괄할 수 있는 넓은 의미의 '지식'과 명제 형식으로 표현할 수 있는 명제적 지식을 좁은 의미의 '지식'으로 보고자 한다.

지식을 명제적 지식이라는 좁은 의미로 사용할 경우, 글쓰기라는 실제 활동과 명제적 지식의 상관관계, 다시 말하면, 글쓰기를 하는 데에 명제적 지식을 아는 것이 어떠한 관계를 갖는가라는 의문을 제기할 것이다. 주지하다시피, 7차 교육과정에서 2007년 개정 교육과정으로 개편되면서 가장 많이 변화한 부분이 '맥락'과 '실제'에 대한 강조였으며, 이는 이후 개정 교육과정에서도 동일하게 강조되고 있다. 이는 그간 국어활동에서 지식이 실제 글쓰기에 아무런 도움을 주지 못했다는 반성이 담긴 것이다. 실제로 7차 교육과정에서 '지식'이라고 다루었던 명제적 지식은 '쓰기의 개념', '쓰기의 목적', '쓰기의 본질' 등 관념적인 내용들이 대부분이었다. 이러한 지식이 실제 글쓰기에는 무용하다는 시각에서 '글쓰기의 실제'가 전면에 내세워졌다.

그럼에도 불구하고 글쓰기 수행에 앞서 지식 교육이 선행되어야 한다면, 그 지식 교육의 내용이 정당하다는 것을 입증해야 할 것이다. 이를 위해서 무엇을 지식으로 가르쳐야 할지가 분명해져야 한다. 종래의 교육과정에서처럼 글의 본질이나 특성을 아는 것으로는 그 정당성을 충분히 설명하지 못할 것이기 때문이다. 예를 들어, '쓰기가 의미 구성 과정'임을 아는 지식이 과연 쓰기에 어떠한 기여를 하는지 설명이 충분히 이루어져 있지 않으며, 실제 쓰기에 기여할 수 있을지도 의문이다.

본고는 글쓰기의 수행에 선행되어 가르쳐야 할 지식은 역사적 지식이라고 제안한다. 한 편의 글이란 개인의 머리에서 창조된 결과물이 아니라 사회 문화적 맥락과 오랜 역사적 맥락 속에서 등장한 것이기 때문이다. 다시 말하면, 글쓰기란 무에서 유를 만드는 것이 아니라 언어 공동체로부터 구속을 받고 있는 한 개인이 담화 관습의 틀 속에 나타내는 표현 활동이다. 그렇기 때문에 하나의 글을 쓰기에 앞서서 본인이 쓰고자 하는 글에 대한 역사적 안목을 갖추는 일이 필요하다. 글쓰기란 실용의 능력을 넘어서서 역사적 전개에 대한 이해의 안목을 갖출 때 지성인 또는 교양인의 형성에 기여할 수 있게 될 것이다.[7)]

그렇다면, 설득적 글쓰기와 관련해서 가르쳐야 역사적 지식이란 무엇일까? 설득적 글쓰기에서 역사적 지식이란 설득적인 글을 역사적으로 조망해 볼 수 있는 시각을 갖도록 하는 학습 내용이 될 것이다. 설득적 글쓰기는 현재 공시적으로 존재하는 양식만 있는 것이 아니라 역사적으로도 존재해 왔던 양식임을 살펴볼 수 있다. 이러한 역사적 조망은 현재적 시각에서는 발견할 수 없는 설득에 대한 더 넓은 이해를 가능케 할 수 있을 것이다.

현대의 설득과 과거의 설득이 가장 대비적으로 드러나는 지점은

---

7) 김대행(2007:17)은 매체언어에 대한 역사적 안목을 강조하면서 매체 환경이 변화함에 따라 그 언어의 역사적 전개를 배워야 지성인 또는 교양인의 형성에 기여할 수 있다고 주장하였다.

바로 설득 대상이다. 설득이란 나와 생각을 달리하는 상대방의 생각을 바꾸는 것이라는 인식이 암묵적으로 전제되어 있고, 그래서 설득이란 승패를 가리는 일종의 경쟁적 행위로 비춰진다. 독자란 저자의 생각에 끊임없이 반론을 제기하고, 이러한 반론을 극복해야만 설득에 성공할 수 있다는 것이다.

우리나라 전통 양식이었던 '설' 역시 저자와 독자의 다른 생각을 일치시키기 위해 글이 쓰였다는 점에서 일견 다를 바가 없어 보인다. 그러나 설득하는 주장을 한다는 것은 일차적으로 저자인 '내'가 그러한 주장을 실천하고자 함을 보여준다.

> 물러나서 그 설을 쓰고 스스로 경계하고자 한다. 退而書其說, 且以自警云. 이시발(李時發), <훼예설증장생(毁譽說贈張生)>, 『碧梧遺稿』 卷之六

> 이미 이로써 아우를 가르치고, 스스로 경계하고자 한다. 旣以諗弟, 且以自警云. 하수일(河受一), <유목설(柳木說)>, 『松亭集』 卷之三

> 물러나 이것을 기록하여 스스로 경계를 삼고자 한다. 또한 정권을 잡은 자에게 이 글을 바치고자 한다. 退而記之以自警, 且欲以獻于當路者. 안정복(安鼎福), <아기설(啞器說)>, 『順菴集』 卷之十九

위 인용문들은 글의 예상 독자가 누구인지 밝힌 부분인데, 공통적으로 '스스로 경계하고자 함[自警]'이라는 문구가 들어 있다. 첫 번째 인용문이 실린 글은 증서(贈書)의 일종으로 원래 장생이라는 사람을 염두에 두고 쓴 글이지만, 본인 역시 그 글의 독자임을 밝히고 있다. 두 번째 인용문은 아우를 대상으로, 세 번째 인용문은 정권을 잡은 자를 독자로 삼고 있지만, 역시 자기 자신에게도 적용되는 글이라고 하였다. 모든 글이 일차적으로는 자기 자신이 독자라고는 하지만 일기와 같이 자기표현적 글이 아닌 이상 타인을 대상으로 글을 쓰는 것이 일반적이다. 그런데 이렇게 굳이 자기 자신도 독자에 해당됨을 밝히는 까닭은 무엇일까?

설의 예상독자가 제삼자뿐 아니라 자기 자신을 지향한다는 점은 설 양식의 양식상 특징을 보여준다고 하겠다. '경계(警戒)한다'는 말은 옳지 않은 일을 하지 않도록 타이르고 주의를 준다는 의미여서 누군가의 행동이나 태도를 변용시키려는 설득의 성격을 보여준다. 그러나 설득의 대상이 상대방뿐 아니라 다시 자기 자신까지 포함된다는 표현은 설득의 진정성을 나타낸다고 할 수 있다. 즉 설득이란 상대방이 지키고 따라야 하는 것을 지시하는 행위 이전에, 이미 자기 자신은 그것을 실천하고 있음을 전제한다는 것이다. 남에게만 강요하고 자신은 따르지 않는다면 진정한 설득이라고 볼 수 없다는 인식이 담겨 있다.

하수일은 병든 대나무를 관찰하고 기록한 <병죽설(病竹說)>에서 다음과 같이 말하고 있다.

> 오호라! 대나무가 벌레로 인해 그 항상성을 잃어버렸다. 사람은 욕심으로 인해 그 본성을 잃게 된다. 마음에 병이 생기는 것에 사람이나 사물에 가림이 있겠는가? 옛사람 말에 사물을 살펴서 자기를 돌아보라고 했다. 이에 <병죽설>을 지으니 내가 어찌 다만 그러하겠는가? 嗚呼! 竹以蟲而失其常, 人以欲而喪其性. 心受病則人物何擇焉? 古人有言, 觀物反己, 病竹說之作, 余豈徒然哉? - 하수일, <병죽설>, 『송정집)』

하수일의 <병죽설>을 살펴보면, 사물을 관찰한 결과가 자기 자신으로 귀결되는 것이 일반적인 태도라는 것을 보여준다. '사물을 보고 자기를 반성하라(觀物反己)'는 말이 바로 그런 뜻이다. 어떤 일에서 교훈을 얻는다면 그 교훈의 대상은 다른 사람보다는 바로 자기 자신이 먼저라고 인식한 것이다. 남을 비판하기에 앞서 먼저 자신을 돌아보고 자신에게 엄격한 태도를 취하는 것이 설 양식에 나타난 고전적 설득의 특징이라 하겠다.

오늘날 설득적 글쓰기를 비롯한 설득 언어활동은 나와 입장이 다른 상대를 가정하고 그 상대의 주장을 논리적으로 반박할 수 있어야 함을 미덕으로 삼는다.[8] 그러나 설득이란 발화자와 입장이 다른 독자만을 대상으로 하지 않는다. 다시 말하면 상대방의 태도를 변화시키지 않더라도 태도를 형성하거나 강화하는 방향으로 설득 행위가 이루어질 수 있다는 것이다. 이러한 점에서 동양 전통의 수사학이 담지하고 있는 '글쓰기'의 의미를 역사적 지식으로 받아들일 필요가 있다.

남에게 글을 쓴다는 행위에는 다른 사람의 행동을 변화시키기에 앞서 자신을 돌아보는 계기가 되어야 한다는 정신이 담겨 있어야 한다.[9] 그리고 자신이 먼저 실천하지 않은 일을 남에게 강요하지 않는 것이 선행되어야 한다. 그러한 까닭에 '설' 양식에서는 예상독자가 상대방이기 이전에 자기 자신임을 드러내는 것이다. 자기 자신의 삶에서 보고 듣고 느낀 경험을 통해 나온 주장이 비로소 글에 담길 수 있다. 이처럼 현재 문화적으로 존재하는 설득적 글쓰기 양식뿐 아니라 역사적으로 존재하는 설득적 글쓰기 양식에 대한 지식은 한 편의 글쓰기 교육 차원을 넘어서 '설득하는 인간'에 대한 이해로 그 시야를 확대할 수 있을 것이다.

---

8) 오늘날 토론 대회의 경우, 자신의 신념과 상관없이 특정 쟁점에 대한 찬성과 반대의 견해 중 하나를 임의로 택하여 상대를 공박하도록 하는 시합이 열리기도 한다.

9) '최현섭 외(2007), 『상생화용 새로운 의사소통 탐구』, 커뮤니케이션북스'는 진실한 언어 사용, 상대 존중과 배려, 의미 생성 등을 상생화용의 새로운 패러다임으로 제시하고 있다. 선조들이 의사소통을 할 때, 암묵적으로 동의하고 있었던 인식들이라 할 수 있다.

2. 설득적 글쓰기의 교수 · 학습

(1) 내용 생성 전략의 활용

① 관찰을 통한 이치의 발견

과정 중심 쓰기 이론에서는 글을 쓰는 첫 단계를 아이디어 생성, 혹은 창안의 단계로 설정하고 있다. 즉 무엇을 쓸 것인가라는 문제에 대해 답을 찾으면서 한 편의 글을 쓰는 과정이 시작된다고 보는 것이다. 그러나 우리가 일상에서 글을 쓸 때를 떠올려 보면, 무엇을 쓸 것인가 고민하기에 앞서 왜 쓰는가의 문제를 가지고 있음을 알 수 있다. 다시 말하면, 글이란 글쓴이의 동기에서 출발한다.

글쓰기의 동기는 여러 가지이다. 전제웅(2005)에서는 글쓰기의 동기를 내적, 외적, 사회적 동기로 구분하고 다시 그 성질을 촉발성, 방향성, 유지성으로 분석하였다.[10] 촉발성이란 내외적 자극에 의해 야기된 심리적 긴장 상태를 뜻한다. 방향성이란 야기된 긴장 상태를 해소하기 위해 특정한 방향으로 진행됨을 말하며, 유지성은 그 행위가 지속되도록 하는 성질을 뜻한다. 앞서 살펴보았듯이 설 양식에서는 쓰기를 촉발하는 요인이자 하나의 주제로 글을 이끌어가는 요인으로서 '관찰'이 중요한 역할을 하고 있음을 알 수 있었다. 그리고 이때 관찰의 대상은 식물이나 동물 등을 포함한 자연물임을 살펴보았다. 이러한 자연물을 관찰하여 그 관찰 내용을 글로 생성해냄으로써 글쓰기가 시작된다.

그런데 자연 만물은 형태나 색깔, 무늬 등의 외형적인 특징만을 가지고 있는 것이 아니라 그 속에 일정한 법칙[이법(理法)]이 숨겨져

10) 이 연구에서 구분의 근거로 삼은 것은 작문이론이다. 즉 형식주의는 외적인 동기, 인지주의는 내적인 동기, 사회구성주의는 사회적 동기로 연결된다. 전제웅(2005), 「쓰기 동기에 관한 시론」, 『작문연구』 창간호, 한국작문학회, 271~272쪽.

있고, 그것을 발견하는 수단으로 '관찰'을 제시한다. 이러한 자연 현상에 대한 관찰과 관련된 활동을 현대사회에서는 자연과학자의 몫으로 여기는 경향이 있다. 예를 들어 사람들이 그토록 숱하게 욕조에 들어가면서도 몸을 담글 때 수면이 높아지는 것을 중요하게 생각하지 않았지만, 아르키메데스는 그것을 유심히 관찰함으로써 물질의 비중이 배수량과 관계가 있음을 밝혔고, 많은 사람들이 망치질을 해 왔지만 그 소리를 유념해서 물체의 길이와 음의 높낮이를 발견해 낸 사람은 피타고라스라고 알려져 있다.[11] 이처럼 관찰이란 활동은 언제나 누구에게나 일어날 수 있지만, 관찰을 유의미한 법칙의 발견 수단으로 삼는 사람은 드물고, 이런 사람들을 우리는 과학자라 부른다.

설 양식에서도 '관찰'이라는 활동이 법칙의 발견을 위해 쓰이고 있음을 알 수 있었다. 그런데 설 양식에서 자연 세계의 관찰 결과 얻어진 법칙이란 오늘날 자연과학에 해당하는 지식이 아니라 인간사와 관련된 법칙이었다. 다시 말하면, 설 양식에 나타난 관찰은 자연 질서를 밝혀 인간의 삶에 적용해 보려는 의도에서 촉발된 행위였다. '관찰'이 일상에서도 빈번하게 그리고 비교적 쉽게 이루어질 수 있는 활동이 될 수 있는 근거는 바로 여기에 있다. 과학자로서의 관찰이 아닌 철학자로서의 관찰을 시행한다. 다음과 같은 사례는 현대에서 관찰이 자연과학적 법칙의 발견이 아닌 일상의 철학 차원에서 논의되는 경우이다.

(a) 내게는 성별이 다른 쌍둥이 조카가 있다. 올해 초등학교에 입학한 조카들과의 대화는 늘 즐겁다. 하루가 다르게 늘어가는 어휘량과

---

11) "로버트 루트번스타인 · 미셸 루트번스타인/박종성 옮김(2007), 『생각의 탄생』, 에코의 서재, 70쪽"에서 생각의 도구 중 한 가지로 '관찰'을 제시하면서 인용한 사례들이다.

표현력도 경탄스럽지만, 대화가 즐거운 이유는 정작 다른 데 있다. 바로 이들의 말실수이다.

최근에 메모해둔 사례들은 이렇다. "삼촌, 밖에 나가자요." 청유형 어미로 '해라체'의 '자'와 '해요체'의 '요'를 중복 사용했다. "고모, 입술이 왜 보래?", '빨갛다, 파랗다, 노랗다' 등의 형용사는 '빨개, 파래, 노래'로 활용될 수 있지만, 명사인 보라는 '보래'로 활용될 수 없다. (중략)

(b) 아이들이 어른보다 빠르게 말을 배운다는 사실은 널리 알려져 있다. 아이들은 어른과는 다른 뇌 영역을 사용해 말을 배운다는 연구결과도 있다. 무엇보다 아이들은 실수를 두려워하지 않는다. 사실은 실수 자체를 모른다. 그래서 빠르게 발전한다. 어른들은 실수에 과민하다. 완전하다고 스스로 판단한 문장만 말하려 하고, 이런 자기 검열이 생각과 상상력의 폭까지 제한한다. '진리는 실수에서 더 쉽게 드러난다'는 과학사학자 토머스 쿤의 말은 그래서 유효하다.[12)]

위 글은 신문 칼럼의 일부로서 (a)는 언어를 전공한 필자가 평소에 관심을 가지고 있는 언어 현상에 대한 주의 깊은 관찰이 기록되어 있다. 아이들이 범하는 말실수 사례들을 모아 본 것이다. 사실 이와 같은 관찰 내용은 새로운 것이 아니다. 아이들에게는 언어 습득 장치가 있어서 스스로 문법을 만들고 지금까지 한 번도 들어본 적이 없는 문장을 만들어 낼 수 있다는 사실은 이미 잘 알려져 있다. 필자가 과학자의 시선으로 이 현상을 관찰해서 기술했다면 새로울 것이 없는 주장의 반복이 될 수밖에 없다.

그런데 위 관찰 사례는 그렇게 귀결되지 않고 특정한 인간사의 법칙으로 흘러감을 알 수 있다. 바로 아이들이 실수를 통해서 언어

12) 양세욱, '실수하면서 배운다.' 조선일보 칼럼 일사일언(2009.6.3).

를 빨리 배우게 된다는 사실이다. (b)에서 글을 쓴 방향성으로서의 동기를 확인할 수 있다. 그 동기는 '언어를 배우는 데에 실수를 두려워하지 말라'는 용기와 자극을 주기 위함이었다. 물론 실수를 두려워하지 말라는 교훈 역시 새삼스러울 것이 없는 것이다. 그런데 위 글은 아이들이 문법에 맞지 않는 새로운 어휘나 문장을 만들어 내는 사실을 관찰하고 이를 언어 습득의 비결로 연결시켜서 성인이 언어를 더디 배우는 이유를 밝히고 있는 것이다. 그 원인은 실수를 두려워하기 때문이라고 보았다.

지금까지 살펴본 바와 같이 자연물이나 그것을 둘러싼 현상을 관찰하는 까닭은 자연과학적인 법칙을 밝히고자 하는 동기만 있는 것이 아니다. 자연 속에 감추어진 법칙들은 인간의 삶에 교훈을 주고 경계를 함으로써 하나의 새로운 주장으로 드러난다. 그렇다면, 어떻게 관찰을 통해 내용을 생성할 수 있는가? 그것은 세상사에 적용할 법칙을 찾고자 하는 동기에서 촉발되며, 그 동기가 인간 삶의 도리와 이치로 이끄는 데에서 가능하다.

② 의미 있는 일화(逸話)의 수집

글쓰기의 제재는 학습자와 친근한 것이어야 한다는 점을 고려해 볼 때, 한 개인이 겪는 경험은 좋은 글쓰기의 제재가 될 수 있다. 인간은 시간의 흐름 속에서 자동적으로 경험을 형성하며 살고, 그 경험은 사건을 단위로 해서 축적이 된다. 그런데 경험 가운데 기억에 남는 것이 있는 반면 그렇지 못한 것도 있다. 기억에 남겨지지 않는 경험이란 경험 주체가 그 경험에 의미를 부여하지 않았기 때문이다. 하나의 사건이나 현상이라는 단위로 경험을 분리시킬 때 그 사건이나 현상은 경험 주체의 의미 부여가 이루어진 것이다.

이렇게 경험 주체가 의미를 부여할 수 있는 경험을 특별히 일화(逸話)라고 부를 수 있다. 일화란 글자 그대로의 뜻처럼 평범하지 않고 빼어난 이야기로서, 일상생활 가운데 일상적 질서에서 이탈한 상황이나 사건이 언어화된 것이라고 할 수 있다.[13] 일상적 질서에서 벗어났다고 해서 기이한 이야기를 뜻하는 것은 아니다. 일상의 흐름에서 많은 사건들은 의식하지 못하고 지나가지만, 일화로 포착될 수 있는 사건은 경험 주체로 하여금 경험상 하나의 의미 단위를 형성시킨다. 그리고 이러한 일화는 보통 일상적으로 반복되는 일보다는 특별한 경험에서 생겨나게 될 것이다.

> 고등학교 때 국어시간이었다. "4월은 잔인한 달/ 죽은 땅에서 라일락을 키우고/ 추억과 욕정을 뒤섞고/ 봄비로 잠든 뿌리를 깨운다/ 겨울은 오히려 따뜻했다/ 망각의 눈으로 대지를 덮고/ 마른 구근으로 약간의 생명을 길러주었다." 교과서엔 실렸으나 시험에는 나오지 않는다는 영시를 정성스레 낭송한 뒤 선생님이 물었다. "시인은 왜 4월을 잔인한 달이라고 했을까?" 하품을 깨물던 우리는 그제야 호기심이 생겼다. 정말 왜 잔인하다고 했지? 선생님이 말했다. "앞산에 사랑하는 사람의 무덤이 있다고 상상해봐. 눈 덮인 겨울엔 희미했던 무덤이 봄비에 파랗게 모습을 드러낸 거야. 잊었던 슬픔이 되살아나지 않겠니."
>
> 교실 안이 고요해지며 몇몇 아이들이 나지막이 훌쩍였다. 선생님이 들려주신 T.S.엘리엇의 '황무지'는 난해하기로 유명한 시이지만, 사춘기의 우리는 죽은 연인을 떠올리게 하는 봄의 잔인함을 이해할 수 있을 것 같았고, 그래서 눈물을 글썽이며 시를 외었다. 봄비로 잠든 뿌리를 깨우는 4월은 잔인한 달이라고. (후략)[14]

위 글은 저자의 고등학교 시절의 경험이 일화로 소개된 부분이다.

---

13) 일화의 의미는 "이강옥(1993), 「조선초·중기 일화의 형성과 변모과정 연구」, 서울대 박사논문, 26~27쪽" 참조.

14) 김이경, '잔인한 4월', 한국일보 칼럼(2011.4.8).

영시를 감상하고 함께 공감하며 눈물을 흘렸던 일이 필자에게 특별한 의미로 남아 있었던 것이다. 그 의미는 이 글의 후반부에서 밝혀진 것처럼, 타인의 고통에는 눈을 감아버리고 자신만이 생존하기만을 바라는 세태와 대비되면서 분명해졌다. 남의 아픔과 어려움은 생각하지 못하는 현 실태가 과거 '잔인한 4월'이라는 시를 읽으며 공감하여 눈물을 흘리던 시절과 너무 달라졌기 때문이다. 이처럼 저자의 특별한 경험은 글 속에서 일화로서 작용한다. 저자에게 고등학교 교실에서 함께 영시를 읽던 시절은 누군가의 아픔에 공감했던 순수했던 시간으로 의미화 했음을 알 수 있다. 그러한 경험이 이기적으로 변해버린 현실과 충돌되면서 하나의 의미로 작용할 수 있게 되었다.

선조들은 설 양식을 통해 자신의 경험을 담아내면서 자신이 평소 가지고 있던 가치관을 강화하든지 혹은 부정하든지 그 의미를 드러냈다. 본인이 평소 가지고 있던 가치관에 부합하는 사건을 경험할 경우 그 사건은 가치관을 지지해 주는 경험으로서 의미 작용을 할 것이며, 가치관에 반하는 사건을 경험할 경우 가치관의 혼란으로써 의미화 하였다.

앞서 언급한 바대로 모든 경험이 하나의 일화로 구성되지 않는다. 개인의 경험이 하나의 사건 단위로 기록되기 위해서는 특별한 의미 부여가 있어야 하고 그러한 의미 부여는 평소 필자가 가지고 있던 가치관과 어떠한 상관관계를 맺는가에 따라 달라진다. 개개인의 일상적 질서에서 일탈한 특별한 사건들을 얼마나 잘 수집하고 의미 부여하여 목록화 하는가에 따라 내용의 신선함과 다양화가 결정될 것이다.

(2) 논증 방식을 활용한 내용 조직 유형의 선정

① 유사성 추론에 의한 화제형 구조

화제형 구조는 화제+의미라는 단순한 구조로 되어 있으며, 생활 주변이나 경험에서 참신한 화제를 찾고 그 화제에 의미를 부여하는 형태를 취한다. 화제형 구조에서의 특징은 화제가 속한 영역과 의미가 속한 영역이 다르다는 점이다. 특정 세계에서 존재하는 대상이나 벌어진 사건들이 다른 세계에 적용되면서 그 의미가 드러나게 된다.

> 최근 친환경농법 가운데 미꾸라지를 이용하는 방법이 각광을 받고 있다. 벼멸구를 잡기 위해 농약 대신 미꾸라지를 논에 키우는 것이다. 미꾸라지는 벼멸구를 잡아먹어서 좋을 뿐 아니라 미꾸라지 자체가 농가의 소득원이 될 수 있기 때문에 일석이조의 효과를 거둔다. 그러나 미꾸라지는 생각보다 튼튼한 동물이 아니다. 이런 미꾸라지를 튼튼하게 키우는 비법은 메기와 함께 키우는 것이다. 메기가 휘저으며 다니는 논에는 살아남기 위해 긴장해야 하는 미꾸라지들이 더 건강하게 자랄 수 있다.

위 이야기는 미꾸라지를 이용한 친환경농법으로 대중들에게 잘 알려진 이야기이다. 한 편의 글이 위 내용에서 끝났다면 친환경농법을 소개하고 권장하는 설명문처럼 보일 것이다. 그런데 화제형 조직의 글에서는 위 내용이 하나의 화제로 쓰인다. 친환경농법을 쓰는 논에서 벌어지는 세계가 유사한 다른 세계로 유추되어 새로운 의미를 갖게 된다.

고전 설 양식에서는 의미 영역이 항상 인간의 윤리와 인간을 둘러싼 사회에 초점이 놓여 있었다. 위 글도 그러한 방향에서 의미를 찾는다면, 인간사회의 경쟁원리가 갖는 강점을 설파하는 화제형 조직의 글로 완성될 수 있다. 이처럼 화제형 글쓰기는 화제와 의미 사이에 존재하는 두 세계의 유사성을 기반으로 하여 한 곳에서의 진실을 인간 사회에서 찾는 글쓰기 형태를 띠게 된다. 이때 요구되는 논증 방식이 유추라고 할 수 있다.

유추는 새로운 두 영역을 연결함으로써 한 영역에서의 사실을 다른 영역에서의 사실로 추론하는 인지 작용이다. 설 양식에서는 근거 영역으로서의 서사와 목표 영역으로서의 설리 사이에 유추 작용이 활발하게 일어남을 확인할 수 있었다. 이 때 목표 영역은 인간 세계의 윤리 도덕 문제를 지향하고 있음을 알 수 있다. 작품을 통해 확인해 보도록 하자.

> 마포는 가까운 곳에 강이 있어 뱀과 벌레가 많다. 내가 외출했다가 집에 들어오니, 종이 큰 뱀 두 마리를 잡았다가 곧 놓아주며, 작은 뱀 두 마리는 잡아서 죽이는 장면을 보게 되었다. 그 연유를 물었더니 그들은
>
> "큰 뱀은 영(靈)이 있어서 죽일 수 없지요. 죽이면 사람에게 앙갚음을 해요. 작은 뱀은 죽이더라도 사람에게 앙갚음을 못하지요."
>
> 라고 대답했다.
>
> 뱀은 사악한 짐승이다. 큰 뱀은 사악함도 큰 반면, 작은 뱀은 사악함이 작을 것이다. 그런데 지금 큰 것은 사악함이 커서 죽임을 면하고 작은 것은 도리어 사악함이 작은 연유로 죽임을 당했구나! 이러한 일이 어찌 짐승에게만 해당되랴?[15)]
>
> 〈가〉

15) 심익운, <대소설(大小說)> 중 일부. "안대회(2008), 『고전산문산책』, 휴머니스트, 90~91쪽"에 수록되어 있으며, 위 본문은 2011학년도 1학기 S대 대학국어 기말고

위 내용은 하인이 사악한 짐승인 뱀을 처리하는 상반된 태도를 다룬 작품의 전반부이다. 뱀이 큰 것은 놓아주고 작은 것은 잡아서 죽인 하인의 행동을 보고 저자는 유추하여 글을 지었다. 위 본문의 마지막 문장처럼 '이러한 일이 짐승 (세계)에만 해당하지 않음을 <가> 부분을 통해 밝혔다. 다시 말하면, 동물의 세계에만 해당하지 않고 인간 세상에도 동일하게 적용된다는 말이다.

그럼 어떻게 <가> 부분을 채울 것인가에 대해 논의해 보겠다. 먼저 동물의 세계에 큰 뱀과 작은 뱀이 가진 의미를 파악해서 추상화해 보아야 한다. 뱀의 크고 작음은 위 글에서 보이는 바와 같이 사악함의 정도에 대비된다. 큰 뱀일수록 사악함의 정도가 큰 것이다. 이를 유추해서 인간 세상에 적용해 보면, 사악함의 정도가 큰 인간과 작은 인간에 대응된다고 보겠다. 위 글의 번역된 제목이 '큰 도둑과 작은 도둑'인데, 이는 이러한 정도를 반영한 것이라 할 수 있다.

그런데 단순히 악의 크기만을 대입해서는 동물 세계에서 벌어지는 부조리를 잘 표현할 수 없다. 큰 뱀은 단지 악의 크기만 클 뿐 아니라 그 앙갚음의 정도도 크다는 것을 보여 주어야만이 사람들이 왜 큰 악을 지닌 큰 뱀을 잡지 않는지 납득할 수 있기 때문이다. 따라서 인간 세상에 적용할 때도 단지 큰 도둑임만을 지적해서는 안 되고 자신에게 해가 미칠 때 다시 보복할 수 있는 도둑이라는 점까지 밝혀야 한다.

이상의 유추 과정을 단계적으로 나타내면 다음과 같다. 먼저 표현하려는 대상 세계에서 벌어지는 일들의 추상적 의미를 파악한다. 추상화된 의미를 파악함으로써 다른 세계에 속한 무한히 유사한 관계들을 만들어낼 수 있다. 큰 악을 저지른 자는 그 힘이 크기 때문에

사 문제로 제시된 바 있다.

함부로 대하지 못하지만 작은 자는 도리어 큰 벌을 당하는 경우를 곳곳에서 찾을 수 있기 때문이다. 실제 위 작품에서는 “살인을 많이 한 도척은 멸하지 않고, 담을 넘은 좀도둑은 몸이 찢겨진다. 살인자는 버려두고 베 두 필 훔친 자는 죽인다. 큰 아전이 소리 질러 공갈하면 미천한 백성들은 땅바닥에 뒹군다.”라고 하여 인간 세계에 유사한 관계들을 연결시켰다.

이러한 과정을 도식화하면 다음과 같다.

자연 사물의 의미를 추상화하기	→	인간 세상에서 유사한 대상을 유추하기	→	사물과 유추 대상을 연결하기	→	주장을 드러내기

〈그림 3〉 ‘유사성에 추론에 의한 화제형 구조 글쓰기’의 모형

ⅰ) 자연 사물의 의미를 추상화하기

첫 단계에서는 학습자에게 자연 사물의 한 가지 현상이나 사건들을 제시해 줌으로써 그 의미를 추상화해 보도록 한다. 자연에서 벌어지는 현상이나 사건이 지닌 의미는 미리 주어지는 것이 아니라 학습자가 스스로 찾도록 해야 할 것이다.

> 앞뜰 모과나무가 작년에 이어 금년에도 해거리를 할 참이다. 식물의 해거리는 어느 해 현저히 적게 또는 아예 열매를 맺지 않는 현상으로, 늘 같은 장소에서 영양분을 얻어야 하는 속성 때문에 때로 특정 영양소가 결핍되어 일어난다. 과일나무가 해거리를 하는 것은 종종 있지만 이태를 거푸 하는 건 드문 일이다. 식물들도 요즘 나름대로 혹독한 경제위기를 겪고 있는 모양이다.[16]

위 글은 저자가 관찰한 ‘모과나무의 해거리 현상’을 다루고 있다.

16) 최재천, ‘해거리의 자유’, 조선일보 칼럼(2009.6.23)을 발췌 변형한 것임.

해거리 현상은 식물에게는 번식보다는 성장을 선택할 때 나타나는 현상이라고 설명하고 있다. 즉 이 현상을 추상화해 보면, 무언가 번식이라는 결과물을 내기보다는 성장하면서 준비하는 과정이 해거리임을 보여준다고 할 수 있다.

ⅱ) 인간 세상에서 유사한 대상을 유추하기

두 번째 단계는 유추하는 단계이다. 유추란 서로 다른 영역 속에서 유사한 두 대상 사이의 관계를 발견하는 사고이다. 한 영역은 자연 세계이므로, 다른 영역은 인간 세계에 속할 때 그 설득적 의미를 이끌어낼 수 있다. 해거리 현상을 추상화할 때 그 의미는 결과물을 내기보다 생육하고 성장하는 것이 필요한 시기에 나타나는 현상을 뜻한다고 보았다. 이를 인간 세계, 특히 학습자들에게 적용해 보면 다음과 같은 유추가 이루어질 수 있다.

학습자인 학생에게는 모과나무의 열매에 해당하는 것은 성적일 것이고, 연구자들에게는 연구 성과가 될 것이다. 학생이 해거리를 한다는 것은 좋은 성적을 거두기 위해 필요한 시간의 길이가 평소보다 길어짐을 의미한다. 연구자 역시 마찬가지이다. 따라서 학습자나 연구자에게 해거리란 더 좋은 결과를 거두기 위해 준비해야 하는 기간이 상식적인 수준보다 더 긴 경우를 뜻하는 것으로 대입이 된다.

ⅲ) 사건과 유추 대상을 연결하기

이제 앞서 제시된 사건과 인간 세계에 유사한 대상과의 유추가 잘 이루어졌는지 각각의 요소들을 대응시켜 볼 필요가 있다. 전반부는 자연 세계에 대한 설명이, 후반부에는 인간 세계의 비교 대상이 대응된다. 이 때 단순한 대응이 아닌 의미의 대응이 이루어졌는지 파악해 보려면, 그렇게 유추하는 이유까지 밝혀주어야 한다. 앞서 모과나무의 열매는 인간 세계에서는 성적이나 업적이라는 결실에 대응된다고 보았다. 해거리는 그러한 결과물을 내기까지 걸리는 상당한 시간이다. 이렇게 유추해 본 결과 인간이 해거리하는 식물에 대해 보내는 곱지 않은 시선을 인간 사회에도 동일하게 적용해 볼 수 있다. 결과물을 쉽게 만들어내지 못하는 인간에 대해 인내하고 관용할 수 있는 자세를 요구할 수 있게 되기 때문이다.

ⅳ) 주장을 드러내기

이 글의 최종적인 목표는 서로 다른 두 세계의 공통점이나 유사점을 찾는 것이 아니라 한 세계에서의 사실이 다른 세계에서도 마찬가지로 사실임을 입증하는 것이다. 따라서 이 글에서 필자는 식물에게 해거리가 필요한 생물학적 현상인 것과 마찬가지로 인간 세계에도 동일하게 해거리라는 비정상으로 보이는 준비의 시간이 필요함을 역설할 수 있다. 위 글은 아래와 같이 마무리되고 있다.

이 땅의 모든 연구자들에게 모과나무의 해거리 자유를 허하라! 그래야 비로소 추격형 연구를 떨쳐내고 선도형 연구를 시작할 수 있을 것이다.

자연 세계와 인간 세계와 같이 서로 다른 두 세계에서 이루어지는 일들의 유사성을 찾아 한 쪽에서의 진실을 다른 쪽에도 적용하는 유추형 글쓰기는 화제형 구조에 적합하다. 일상에서 관찰되는 법칙과 이치를 발견하여 인간 세계에 적용하고 태도 변화나 행동을 촉구하는 형태의 글쓰기를 실행할 수 있다.

② 반박 사례에 의한 논박형 구조

현대의 설득적 글 유형 중에 논박형 구조의 글이 있다. 논박형 조직은 이미 존재하는 주장에 대해 반박하는 형태로 이루어진 글이기 때문에 논박형 조직의 생명은 상대방의 잘못을 어떻게 반박하는가에 달려 있다. 상대의 생각이 옳지 않기 때문에 문제가 발생한 것으로 상대의 관점이 무엇인지 먼저 밝히고 상대의 비논리적인 점, 불충분한 근거 등을 들어 상대의 논지를 반박하는 방식으로 글이 전개된다. 현대의 설득적 글쓰기 교육에서 내용생성의 전략으로 찬반 토론을 사용하고 있는데, 이러한 방식을 따를 경우 글쓰기는 논박형 구조를 띠게 된다.

(ㄱ) 최근 기여 입학제 도입 여부의 문제가 또다시 거론되고 있다. (중략) 기여 입학제를 반대하는 이들은, 대개 평등 이념의 훼손이나 부유 계층과 빈곤 계층 간의 위화감의 심화, 그리고 일류 대학과 비일류 대학 간의 빈익빈 부익부 현상의 심화 등 그 역기능에 대해 지적하고 있다. ← **논박할 대상**

(ㄴ) 하지만 이들이 우려하는 이러한 부작용은 해소시킬 수 있다고 본다. 오히려 기여 입학 제도는 더 많은 학생에게 교육 기회를 줄 수 있으며, 교육의 질적 저하에 대한 현명한 해결책의 하나가 될 수도 있다. 우선 계층 간의 위화감을 조성할 수 있다는 우려와는 달리 기여 입학은 오히려 가난한 학생에게 대학 교육을 받을 수 있는 기회를 더 확대해 준다. (중략) ← **논박**

(ㄷ) 지금까지 살펴본 바와 같이 기여 입학제가 무조건 옳지 않다고 생각하고, 이를 배타적 시선으로만 바라보아서는 안 된다. 무엇보다 그 선발 과정에서 기여 입학제의 일반적인 오해인 '물질에 의한 진학'이라는 점을 없앨 수 있도록 여러 가지 대안을 마련하는 것이 필요하다고 하겠다.(이삼형 외(2003:197)) ← **대안 제시**

위 글은 '기여 입학제'라는 새로운 제도 도입에 대해 찬성과 반대가 극명하게 엇갈리는 가운데 (ㄱ)에서는 사회적으로 더 지지를 받고 있는 반대 입장을 논박할 대상으로 제시해 두고, (ㄴ)에서는 반대 입장에서 제기한 문제들이 옳지 않음을 입증하고 있다. 끝으로 (ㄷ)에서는 기존의 입장을 정리하고 최종적인 대안을 제시하면서 마무리하고 있다. 이와 같이 현대의 논박형 글쓰기는 서로의 입장에 대한 장단점을 비교하거나 상대가 제기한 문제의 논리적 허점을 지적함으로써 이루어진다.

'설' 양식에 나타난 논박형 구조와 현대의 논박형 구조 사이의 차이점을 확인해 보면, '설' 양식은 실제 사례를 들어 상대측의 주장을 반박한다는 것을 알 수 있다. 현대의 글쓰기에서는 원인에 대한 진단, 대안의 합리성 등을 추상적인 차원에서 논의하고 있다면, '설' 양식은 사실적이며 구체적인 근거를 기반으로 하고 있다. 기존의 지배적인 사고나 가치관을 단 하나의 사례로 부정하기란 쉽지 않다. 그러나 구체적인 사례가 갖는 사실성은 논리적인 추론이 갖지 못하는 실제적 생동감으로 말미암아 상대를 설득할 수 있는 힘을 지닌다.

이와 같은 반대 사례에 의한 반박은 앞서 살펴보았던 예시에 의한 추론과 연결된다. 설 양식에서 확인한 예시의 양상은 사회적 통념을 반박하는 사례를 저자의 실제 삶 속에서 찾는 것으로 나타났다. 다시 말하면, 실제 저자가 체험한 결과 기존의 규칙이 잘못되었음을 발견한 것이다. 저자의 실제 체험은 그 생생함과 진실성이 담기게 되고, 또 이러한 체험을 바탕으로 기존 규칙을 뒤집을 수 있는 다른 근거들이 뒷받침될 때 역시 공동체 구성원의 심리적 열망에 작용하여 설득력을 얻을 수 있게 된다.

아리스토텔레스나 페렐만의 논증이론에서 예시(example)에 의한 추론은 귀납적 추론을 말한다. 개별적인 경우에서 출발하여 일반적 법칙으로 넘어가는 추론에서 개별적인 경우들이 예시에 해당한다. 그런데 설 양식에서의 예시는 기존에 가지고 있던 규칙들을 부정하는 사례로서 의미를 갖는다. 규칙에 이의를 제기하여 그 규칙을 무효화시키는 사례인 것이다. 다음과 같은 작품을 살펴보자.

(A) 처음에 내가 부도(浮屠)의 책을 보니 '사람이 제대로 불도(佛道)를 신봉하면 반드시 복전(福田)의 이익을 얻어 갖가지 일이 뜻대로 되지만 그렇게 하지 않을 경우에는 이와 반대로 된다.'는 내용이 있었다.

〈B〉

(C) 그러다가 하나의 설을 얻어듣게 되었다. 그것은 즉 이 세상의 천변만화(千變萬化) 모두가 이 마음 하나를 벗어나지 않는 것인 만큼 이 마음이 편안하면 그것을 복이라고 하고 이 마음이 편안하지 못하면 그것을 화라고 한다는 것이었다.[17]

위 글은 (A) 종교[불교]에 대해 보통 사람들이 갖는 통념과 (C) 새롭게 종교를 바라보는 저자의 관점이 드러나 있다. (A)와 (C) 사이에 기존의 통념을 깨트리는 무언가가 근거로 제시되어야 하는데, 그 내용은 보통 사람들이 갖는 통념을 뒤집는 내용이 되어야 할 것이다. 위 내용에 따르면 사람들의 통념은 '복전(福田)의 이익이란 곧 만사가 뜻대로 되는 것'이며 이는 결국 부유하고 호사스러운 삶을 사는 것처럼 착각하는 사회적인 인식에 반박하고자 한 의도를 드러내는 근거가 필요하다는 것이다.

이러한 사회적 통념을 깨트리기 위한 사례는 대표성을 띠고 있으면서 구체적인 사실에 기반하고 있어야 한다. 이를 위해서 저자는 불교의 개조(開祖)인 석가모니의 삶을 보여주었다. 다음은 실제 작품 속의 내용을 인용한 것이다.

17) 장유(張維)의 <복전설(福田說)>(『계곡집』 제4권)의 내용을 발췌 변형한 내용임.

> 그런데 석가로 말하면 왕위(王位)를 버리고 출가(出家)하여 고행(苦行)하며 걸식(乞食)하다가 끝내는 고독(孤獨)한 상태로 죽고 말았다. 그러고 보면 그가 비록 도(道)를 성취하고 부처가 되어 삼계(三界)에서 홀로 높임을 받는 존재가 되었다 하더라도 세상에서 말하는 복의 요소는 하나도 가지고 있는 것이 없다. 자신이 소유하고 있지도 못한 형편에서 어떻게 남에게 줄 수 있겠는가. 그렇다면 이른바 복전이라고 하는 것은 과연 어떤 의미가 있는 것이겠는가.

위에 예시한 대로 석가의 삶이야말로 기존 통념을 반박하기에 가장 대표적이며 확실한 사례라고 여겨진다. 석가의 삶이 세상 사람들이 생각하는 복과 거리가 멀었다는 점은 바로 불도의 가르침이 세속적인 부귀영화를 좇는 것이 아님을 보여주는 단적인 사례가 되는 것이다. 이처럼 기존의 규칙을 부정하는 사실적인 예시를 통한 논증은 논박형 구조에 적합하다.

논박형 구조의 설득적인 글을 쓸 때는 먼저 반박하고자 하는 대상에 대해 기술하고, 그 대상이 지닌 가치나 체제를 뒤집을 수 있는 결정적인 사례를 제시함으로써 새로운 규칙을 제시할 수 있다. 이를 도식화하면 다음과 같다.

기존 규칙 소개하기	→	기존 규칙을 뒤집는 사례 제시하기	→	새로운 규칙 세우기

〈그림 4〉 '반박 사례에 의한 논박형 글쓰기'의 모형

i) 기존 규칙 소개하기

첫 단계에서는 일반인들이 가지고 있는 고정관념을 하나의 규칙으로 제시한다. 물론 본인이 가지고 있는 것일 수도 있고, 일반적인 대중들이 가지고 있는 생각일 수도 있다. 고정 관념을 중립적인 시

각에서 진술할 경우 독자가 판단할 수 있는 여지를 마련해 준다.

> 만화나 공상과학영화를 보며 미모의 박사가 되어 우주선에 탑승하는 꿈을 꾸던 저는 키가 커 가고, 많은 것을 배우고 들으며 '미국이나 러시아에서 태어났다면 모를까 우리나라에서는 불가능하겠구나'라는 생각을 하며 체념했다. 요즘도 강연을 하고 나면 가끔 예전의 나처럼 "이러이러한 것은 우리나라에서는 불가능하겠죠?"라며 미리 체념하는 친구들을 종종 만난다.[18)]

위 글은 본인이 가지고 있던 고정관념을 제시하는 방식으로 글을 시작하고 있다. 그리고 그러한 생각들이 비단 본인에 국한된 것이 아니라 일반적인 생각임을 서두에 제시하고 있다. 여기에서는 '우리나라가 우주선을 개발하는 일이 불가능하다'라는 생각을 반박하고자 서두에 제시하고 있다.

ii) 기존 규칙을 뒤집는 사례 제시하기

두 번째 단계에서는 고정관념을 깨뜨릴 만한 사례를 제시한다. 이때 사례는 개별적인 성격을 지니지만, 일반화할 수 있는 보편성을 지녀야 한다. 위 글에서는 앞서 우리나라가 우주선을 개발하는 일이 불가능하다는 기존의 규칙을 버릴 수 있는 직접적인 사례가 제시될 때 논박이 가능해진다.

---

18) 이 글은 중앙일보 시론 이소연의 '한국이라서 안 된다는 핑계'(2010.9.25)를 발췌 변형한 것임.

얼마 전 신문에서 비슷한 이야기를 발견했다. 우주강국이라고는 여겨지지 않는 덴마크의 로켓 연구가 2명이 작은 공장에서 로켓을 만들고 1인용 우주캡슐을 제작하고 시험했다. 100km까지 상승한 로켓이 알약 모양의 캡슐과 분리되고 그 안에 탄 사람은 낙하산으로 바다에 내린다. 그 과정에서 아주 잠깐이지만 우주를 체험할 수 있다. 많은 사람은 우리가 처한 상황과 여건에서 우주를 체험해 볼 수는 없을까라고 생각하지 않고 우주에 가려면 미국이나 러시아의 힘을 빌리지 않고는 불가능하다고 생각한다. 하지만 이들은 달랐다. 이들을 보고서 주어진 상황과 여건에서 최선을 다하지 않은 채 한국은 작은 나라이고 이러저러한 문제를 갖고 있다고 탓한 나 자신을 반성했다.

iii) 새로운 규칙 세우기

마지막 단계에서는 이러한 개별적인 사례가 어떻게 일반화될 수 있는지 보완할 수 있는 근거들을 제시한다. 설 양식에서는 주로 권위를 인정받을 수 있는 경전의 내용이나 역사적인 전거들을 인용했다. 현대에도 그러한 권위를 이용한 논증이 가능하기도 하지만, 일반적으로 인정될 수 있는 사례들을 보조 근거로 활용할 수 있다.

대한민국 하면 생각나는 스포츠나 자동차, 정보기술(IT) 산업은 모두가 넉넉하고 충분한 여건 덕에 이룬 결과가 아니다. 대부분은 다른 나라가 생각하기에 열악한 조건에서 우리가 포기하지 않고 만든 성과이다. 그렇다면 지금 우주개발 분야에서 우리가 겪는 어려움도 언젠가는 반드시 극복해야 하는, 아니 극복할 수 있는 문제가 아닐까.

③ 시각화한 예증을 통한 문제해결형 구조

현대 설득적 글쓰기에서 가장 보편적으로 통용되는 문제해결형 구조는 글쓰기란 문제를 해결해 가는 과정으로 보는 관점을 지니고 있다. 사람은 끊임없는 문제 상황에 부딪히고 그 문제를 해결해 나갈 수밖에 없는 존재라는 인식에서 출발한다. 이 세상에 대해 모두 알 수 없고, 또 이 사회는 완전할 수 없기 때문에 문제의 발생은 필연적이다. 즉 문제란 독자가 모르고 있는 '사실'일 수도 있고, 시행하고 있지 않는 '정책'일 수도 있다. 이러한 문제를 해결하지 않을 경우 발생하게 되는 손실이나 결과들을 부각시킴으로써 문제의 중요성을 인식시키고, 원인과 해결 방안을 제시함으로써 완성되는 글의 구조이다.

이러한 글쓰기 구조는 '문제'에서 '원인', 그리고 '해결책'이라는 논리적 흐름을 갖추고 있기 때문에 글쓰기 교재에서도 집중적으로 다루고 있다. 하나의 사례를 먼저 살펴보자.

(가) 삼복더위인데도 저소득층엔 찬바람이 돈다. 갈수록 무거워지는 삶의 무게에 눌려 어깨가 축 처지고 허리가 굽은 모습이다. 한동안 좋아지는 기미를 보이던 계층간 소득격차가 더욱 벌어져 양극화 심화현상이 고착되어가는 조짐인데 가까운 시일 안에는 개선될 가능성이 거의 보이지 않는다. 통계청이 발표한 가계 수지 동향을 보면 빈부격차가 보통 심각한 문제가 아님을 알 수 있다. (중략) ← **문제**

(나) 빈부격차 심화현상은 기본적으로 장기적인 불황과 고용사정의 악화로 인한 저임금 근로자와 영세 자영업자들의 생업기반이 무너진 탓이다. 고소득층의 소비가 주로 해외에서 이뤄지기 때문에 내수회복이나 서민경제에 별 도움이 되지 않는다는 지적도 있다. 넘쳐흐르는 물이 바닥을 고루 적시는 것처럼 이른바 '적하'(滴河, 트리클 다운) 효과가 일어나지 않고 있다는 뜻이다. (중략) ← **원인**

(다) 과거의 실패를 거울삼아 저소득층 소득향상을 통한 근본적인 빈

> 부격차 개선책을 제시하여 빈자에 희망을 불어넣어야 한다. 무엇보다 기업투자와 내수경기를 일으키는 일이 긴요하다.[19] ← **해결책**

위 글은 '소득 격차'라는 문제를 다루면서 문제의 현상(가), 문제의 원인(나), 그리고 해결책(다)을 차례로 제시하였다. 이렇게 문제를 해결하는 글의 생명력은 얼마나 문제의 원인을 정확하게 진단해 내는가, 그 해결책이 얼마나 논리적이고 합당하게 도출되었는가에 대한 과정에서 찾아볼 수 있다. 위 사설의 경우 '빈부격차'의 원인을 저소득자의 생업 기반이 무너진 것과 고소득자의 소비가 해외로 빠져 나간 점을 들고 있다. 따라서 그 해결책도 이러한 문제의 원인을 보완하는 방향으로 이루어질 것을 짐작할 수 있다.

이러한 글쓰기는 서론, 본론, 결론이라는 삼단 구조로 구성된 서구의 글쓰기 전통에 잘 부합한다. 이러한 삼단구성의 글쓰기에서는 하나의 주제로부터 이탈됨 없이 일관적으로 글을 써 내려가는 특징이 있다. 글 전체의 논리성과 객관성을 추구하다 보니 전체적으로 내용이 건조해지기 쉽고 딱딱한 느낌을 주게 된다. 이러한 글은 독자의 이성에는 호소할 수 있으나 독자의 내면적 열망이나 관심을 끌기에는 부족한 면이 있다.

문제 해결형 구조에서 글쓰기 성패의 관건은 문제를 제기하는 방식에 있다고 하였다. 이 때 사용되는 일반적인 방법은 통계 자료나 실험 결과와 같이 객관적인 근거들을 제시하는 것이다. 예를 들어 안보불감증 문제를 다루고자 한다면, 이 문제의 심각성을 보여주기 위해서는 현재 시민들이 안보에 대해서 느끼는 정도를 설문조사하거나 전문가를 인터뷰해서 그 실상을 객관적으로 제시하는 방법이 있다. 이러한 방법은 독자의 신뢰를 얻을 수 있는 근거를 바탕으로

---

19) 김진동, 내일신문 사설(정희모(2005:124～125)에서 재인용).

논의를 전개해 나갈 수 있다는 장점이 있다.

그런데 설득이란 논리의 객관성과 이성의 작용으로만 이루어지진 않는다. 설득을 할 때 독자의 정서와 신뢰 정도를 고려해야 한다. 그래서 문제를 제기하는 또 하나의 방법으로 사례를 제시하는 방법을 들 수 있다. 구체적인 사례를 제시할 경우 사례가 갖는 형상성은 독자의 경험과 문화, 관습에 호소할 수 있는 작용을 한다. 이러한 설득 방식을 인과관계에 의한 논리적(logical) 설득과 구분하여 수사적(rhetoric) 설득이라 부를 수 있다.[20)]

안보불감증 문제를 제기할 수 있는 다음과 같은 사례를 살펴보자.

> 중국 고대 주(周)나라에는 포사(褒姒)라는 유왕(幽王)의 애첩이 있었다. 포사는 한 번도 웃는 일이 없어서 왕은 고심을 했다. 어느 날 조작을 잘못해서 비상 봉화(烽火)가 올랐고, 각 지방의 장수들은 병력을 이끌고 달려 왔으나 허탕을 치고 다시 돌아가야 했다. 이를 보고 포사가 비로소 웃었다. 유왕은 그녀의 웃는 얼굴을 보고서 외적의 침입이 없는데도 다시 봉화를 올려 지방의 장수들은 모였다 흩어지길 반복했다. B.C. 771년 정말 오랑캐가 침입해 왔으나 봉화를 보고는 아무도 구원해주러 오지 않아서 왕궁은 함락되고 만다.

위 이야기는 봉화에 대한 불신이 안보불감증으로 이어진 사례이다. 거듭된 거짓말도 안보에 불감증으로 작용할 수 있음을 보여주는 이러한 사례는 설의 논증 방식인 예증과 연결된다. 예증은 보편적으로 인정되는 전제를 바탕으로 하고 있기 때문이다. 위와 같이 그 사례의 의미가 이미 합의된 역사적 사실이나 혹은 양치기 소년 우화

20) '논리적 설득'과 '수사적 설득'의 구분은 "강태완 외(2001), 『토론의 방법』, 커뮤니케이션북스, 186~187쪽" 참조. 수사적 설득은 듣는 사람의 이성에 작용하기보다는 행동을 촉발시키는 내면적 가치, 열망에 작용하는 설득이다.

와 같이 만들어진 이야기들은 예증으로 쓰일 수 있으며, 해결해야 할 문제를 시각적으로 구체화하여 보여줄 수 있게 된다.

앞서 살펴보았던 설 양식의 경우, 그 문제 제기에서 저자가 직접 겪었던 경험이 예증으로 등장하고 있음을 확인할 수 있었다. 이를테면 조세 제도의 부당함을 징수 체제의 결함이나 사회 구조의 부조리 차원에서 원인과 실태를 분석할 수도 있지만, 부당한 세금 징수로 인해 어려움을 겪는 생생한 사례를 제시함으로써도 드러낼 수 있다. 설 양식은 후자를 택했다. 유종원의 '포사자설(捕蛇者說)'이 그러하고, 김춘택의 '잠녀설(潛女說)'이 그러하다. 독자의 마음 속에 가렴주구의 실상을 실감나게 그려준다는 의미에서 이러한 방식을 시각화(visualization)라 부를 수 있다.[21]

문제해결형 글쓰기 역시 객관적이고 사실에 입각한 논리적 추론으로 치우치기보다는 구체적인 예증을 통해 독자의 마음에 구체적인 상을 그려줌으로써 더욱 공감과 설득력을 얻을 수 있다. 현실의 문제를 규명하고 이것의 심각성을 드러낸 후 그 원인과 해결 방안을 제시하면서 그것의 생생한 사례를 예증으로 제시하는 과정으로 도식화할 수 있다.

문제를 사례로 시각화하기	→	문제의 원인 진단하기	→	해결책 제시하기

〈그림 5〉 '시각화한 예증을 통한 문제해결형 글쓰기'의 모형

ⅰ) 문제를 사례로 시각화하기

글쓰기를 통해서 해결하고자 하는 문제를 진술하는 방식 중 실제

21) "전영우(2002:59), 『짜임새 있는 연설』, 민지사"에서 쓰인 용어이다. 이 책은 연설을 목적으로 한 글을 대상으로 삼고 있지만, 시각화가 연설에만 쓰일 수 있는 방법은 아니다.

사례가 갖는 힘은 진실성이다. 본인이 겪거나 역사적 사실로 알려진 사건들을 일화의 형식으로 갖추어 놓으면 이를 통해 문제가 드러나게 된다. 직접적으로 문제가 무엇인지 말하지 않았지만, 오히려 독자로 하여금 생각할 여지를 마련하고 이를 통해 우회적으로 더 강한 설득력을 전달할 수 있다.

> 스승의 날을 기해서 선물이나 돈봉투, 심지어는 꽃까지 안 받겠다는 운동이 각급 학교에 확산되고 있는 모양이다. 올해 유치원에 들어간 다섯 살짜리 손녀까지 그런 요지의 통신문을 가져왔다. 선생님을 하느님과 천사의 중간쯤으로 아는 손녀에게 꽃 한송이를 들려 보내고 싶은 설레는 마음도 남들이 다 안하는 개인플레이가 된다면 억제해야 되겠지만 한편 스승의 날이 무슨 죄가 있다고 이다지도 삭막해져야 하나 쓸쓸한 마음 금할 수 없다.[22)]

위 글은 스승의 날에 촌지 안 받는 문제를 다루고 있다. 이 문제는 현 사회에서는 어느 정도 공론되었고, 우리 사회는 제자와 스승 사이에 더 이상 촌지를 주고받는 행위를 용납하지 않는다. 그러나 그것은 어쩔 수 없는 방편이었고, 그 속에 담겨진 제자와 스승 사이의 존경과 사랑이 사라진 점에 대해서는 안타까워한다. 위 일화는 그러한 일반적인 생각을 반영하는 사례로서 스승의 날 촌지를 안 받기로 한 문제를 시각화하여 다루고 있다.

ii) 문제의 원인 진단하기

그렇다면 문제의 원인은 무엇일까? 위 사례가 제시되면 독자는

---

22) 박완서, '제자들의 맑은 눈' 조선일보 칼럼(1993.5.15)(편집부(1994), 『신문 명칼럼 컬렉션1』, 문이당, 273~275쪽에서 재인용)을 발췌 변형한 것임.

이렇게 삭막해져 버린 교단의 풍경에 대한 원인이 분석을 기대하게 된다. 사건의 배후에는 원인이 존재하기 때문이다. 다음 글은 촌지 안 받기 운동의 원인을 '촌지를 매수의 수단'이라고 여겼기 때문이라고 분석하고 있다.

매수에는 반드시 목적이 있게 마련이지만, 설령 목적이 달성됐다고 해도 상대를 존중하거나 신뢰하게 되지는 않는다는 게 매수의 법칙이다. 내 자식 잘 봐달라고 돈을 바친 거겠지만 돈 받고 잘 봐주는 것 같으면 돈만 안다고 욕하고, 만족스럽게 안 봐주면 돈을 더 바란다고 욕 한다. 그들이 겉으로 웃고 굽실대며 주는 돈은 실은 선생님의 자존심을 썩어 문드러뜨리려는 독이다. 선생님을 썩게 하면 결국 제 자식이 썩는다는 게 가장 확실하게 드러난 사건이 입시부정이 아닌가 싶다.

iii) 해결책 제시하기

문제는 해결되기를 바라는 마음에서 제기된다. 그러나 해결책을 몰라서 문제가 해결되지 않는 것보다 해결책을 실천할 의지가 없기 때문에 문제가 문제로 남아있기도 하다. 그래서 문제해결형 구조의 글쓰기에서 반드시 해결책을 제시해야 하는 것은 아니다. 단지 문제의 원인이 무엇인지를 지적하는 것만으로도 해결로 가는 길을 제시하는 것만큼의 효과를 낼 수도 있다.

> 교육이 이 지경으로 돼가는 걸 현장에서 고민하다가 결국은 밥줄까지 걸고 저항한 선생님을 기릴 수 있는 게 그나마 이번 스승의 날의 큰 위안이다. 그들의 고민은 옳았다. 그들은 옳은 일을 위해 밥줄을 잃는 일도 불사했다. 방법의 차이가 있었을 뿐 같은 고민을 해온 선생님들이 교단에서 다시 만나 떳떳하게 힘을 합치고 자존심을 걸어, 갈 데까지 가버린 교육을 바로잡을 수 있었으면 하는 게 스승의 날에 부치는 간절한 소망이다.

위 내용은 교단에 있는 선생님들에게 당부하는 형식으로 글을 마무리하고 있는 부분이다. 스승의 날 어떠한 존지도 받을 수 없는 사태에 이른 교육 현실을 개혁할 수 있는 주체는 선생님이라고 보았고, 그들의 태도 변화를 촉구하는 당부로 끝을 맺었다. 이와 같이 예증은 공론화되어 있는 문제를 구체적으로 시각화하여 보여줄 수 있다는 강점을 지닌다. 아울러 그 해결책을 찾게 되기까지 원인과 대책을 적용해 볼 수 있는 실제적인 사례로 활용될 수 있다. 그러한 점에서 문제를 시각화하는 방법은 생동감 있는 이미지를 제공함으로써 해결책을 제시할 때도 실천적인 방향으로 이끌어갈 수 있게 한다.

(3) 전제 파악을 통한 맥락 점검

① 사회문화적 맥락의 이해

글을 쓰기 위해 고려해야 할 맥락은 상황 맥락과 사회문화적 맥락으로 구분하는 시각이 보편적이다. 상황 맥락과 사회문화적 맥락의 구분은 상대적인 것이어서 명확하게 나뉘지는 않지만, 교육과정 해설서에서는 “상황 맥락은 담화와 글의 수용, 생산 활동에 직접적으로 개입하는 맥락으로 언어 행위 주체, 주제, 목적 등을 포함하고,

사회문화적 맥락은 담화와 글의 수용, 생산 활동에 간접적으로 작용하는 맥락으로 역사적・사회적 상황, 이데올로기, 공동체의 가치・신념 등을 포함"[23]하는 것으로 나눈다. 이 구분에 따르자면, 상황 맥락은 사회문화적 맥락 속에 포함되는 현재적이고 국지적인 배경이지만, 사회문화적 맥락은 사회와 역사를 포괄하는 거시적인 배경을 의미하고 있음을 알 수 있다.

주지하는 바와 같이 국어교육에서 맥락을 강조하게 된 까닭은 그간의 언어활동 교육이 실제 글쓰기 수행과 관련성이 적은 탈맥락적인 지식과 기능을 가르쳤기 때문이었다. 최근 맥락을 강조하면서 독자의 맥락이라든지 문화적 관습, 소통 맥락 등이 강조되고 있지만, 그 구체적인 교육 방안은 아직 연구가 필요한 실정이다.[24] 일단 언어활동을 둘러싼 맥락을 명확히 구분해 내기도 어려울 뿐 아니라 그렇게 구분해 낸 맥락을 아는 것과 적용하는 것이 실제 언어활동에 어떠한 도움을 줄 수 있는지 규명되지 않은 상태이다.

언어활동별로 보자면, 읽기에서는 내용의 정확한 이해를 위해서 글을 쓰게 된 사회문화적 맥락이 무엇인지 아는 활동이 필요하다는 데에 이견을 제시하기 어렵다. 그런데 쓰기에서의 사회문화적 맥락은 그 의미와 기능이 불분명하다. 앞서 해설서의 설명을 참고하면, 사회문화적 맥락은 공동체의 신념이나 가치와 같이 필자 개인을 넘어선 차원에서 쓰기 활동에 관여하는 요소라고 할 수 있다. 그렇기 때문에 쓰기 활동을 수행하는 데 상황맥락보다 그 실체가 불분명하게 느껴지기 쉽고 사회문화적 맥락을 앎이 어떤 효용성을 지니는지 의문이 들지 않을 수 없다.

---

23) 교육과학기술부(2008), 『2007년 개정 중학교 교육과정 해설(II)』, 12쪽.

24) 이러한 문제를 다룬 연구로 "진선희(2009), 「국어과 교육 내용 '맥락'의 구현 방향」, 『국어교육연구』 45호, 국어교육학회, 245~286쪽"이 있다. 이 연구 역시 맥락 교육의 중요함과 가치는 인정하지만 세부적이며 실제적인 교육 방안은 후속 연구로 미루었다.

언어활동은 진공 상태에서 이루어지지 않고 특정한 시간과 공간이라는 구체적 맥락 속에서 존재한다. 이때 필자를 둘러싼 상황 맥락은 비교적 쉽게 파악이 되지만, 필자가 쓰는 글 속에 투영되어 있는 역사적·사회적 배경, 이데올로기 등 사회문화적 배경을 인지하기란 쉽지 않다. 개인의 글쓰기에 관여하고 있는 담화 공동체의 가치와 규칙들은 부지불식간에 습득되기 때문에 그 실체를 파악하기가 쉽지 않다.

학습자들에게 개인의 글쓰기에 관여하고 있는 사회문화적 맥락을 이해시키는 방법으로 과거와 현재의 글을 대비시켜 볼 수 있다. 과거의 글은 현재와 다른 사회문화적 맥락 속에서 생산되었기 때문에 현재와 대비되는 사회적 배경, 이데올로기, 가치관 등을 포착하기 쉽다. 물론 이러한 대비가 가능하기 위해서는 두 글의 상황 맥락이 유사해야 한다. 즉 글을 쓰게 된 동기라든지 다루려는 주제, 예상 독자가 비슷해야 한다는 것이다.

아래의 글들은 과학적 현상을 다룬 글로서 다른 사람의 생각을 반박하는 구조로 이루어져 있다는 점에서 상황 맥락이 유사하다.

(가) 최근엔 매일 뜨고 지는 달에 대한 종말론이 판을 치고 있다. 오는 19일엔 달이 지구와 가장 근접한 거리에서 보름달의 형태로 떠오르게 된다. 이를 두고 사람들은 '슈퍼문(supermoon)'이라 부른다. 정확히는 달 근지점(Lunar perigee)이라 부르는 현상으로 이번에 달과 지구의 거리는 약 35만6천577km 정도까지 좁혀질 것으로 예상된다. 종말론을 좋아하는 사람들을 이를 그냥 놔두지 않는다. 달은 어느 새 지구에 재앙을 가져다주는 존재로 둔갑한다.

달이 평소보다 가까워졌기 때문에 기조력이 평소보다 강해 지각판을 불안정하게 했다는 주장이다. 간단하게 거리에 따라 변화하는 만유인력을 생각해보면 그럴듯한 의견이다. 여기에 역대 슈퍼문 현상이 나타났을 때 닥친 재앙사례들은 이를 더 신빙성 있게 만든다. 1974년에 호주에서 발생한 사이클론, 2005년 인도네시아에서 발생한 쓰나미, 모두 슈퍼문이 목격되기 전에 나타난 현상들이다.

하지만 대부분의 과학자들은 이런 주장에 대해 "달의 주기와 대지진은 관계가 없다"고 말하고 있다. 물론 슈퍼문 현상으로 기조력에는 차이가 나타나지만 이것이 대지진을 일으킬 만큼 큰 것은 아니며 이번 대지진은 기조력이 약한 상태에서 발생했다는 것. 만약 슈퍼문 현상이 규모9.0의 지진을 발생시키는 계기가 될 정도로 강력하다면 꼭 슈퍼문 현상이 아닐지라도 달이 근지점에 올 때마다 지구에 어떤 변화를 일으킬 수 있어야 한다. 슈퍼문 현상이 특별한 이유는 근지점인데다 보름달이 뜬다는 것인데, 이는 태양과 달, 지구가 일직선상에 놓이게 됨으로써 어느 때보다 강한 기조력을 받기 때문이다. 하지만 태양이 지구에 미치는 기조력은 달의 그것에 비해 반절도 되지 않는다. 단지 조석간만의 차 정도에 영향을 줄 뿐이다.[25)]

(나) 장유는 하늘과 땅이 물 위에 부유한다는 사유설(四游說)을 들어, 그 시비를 물리치고 이에 스스로 입론하여 물은 땅 위에 있다고 여겼다. 변증에 심히 힘이 있다. 또한 말하기를, "땅으로써 물을 이고 있는 것이 맞지, 물이 땅을 이고 있다는 것이 어찌 합당하겠는가?"라고 하였다.

나는 적이 이 역시 또한 그렇지 않다고 말한다. 왜 그런가? 천지인은 그 이치가 한 가지로서, 땅과 물의 관계는 마치 사람과 피의

25) 조재형 기자의 '혼란 부추기는 재앙 · 종말론', 사이언스타임즈(2011.3.18) 기사를 요약 편집한 것이다. 원문은, http://www.sciencetimes.co.kr/article.do?todo=view&atidx=0000049122.

관계이다. 사람은 피가 없으면 왕래가 없다. 마찬가지로 땅은 물이 없으면 왕래가 없다. 피부를 찔러 피가 나오지 않음이 없고 땅을 파서 물이 생겨나지 않음이 없다. 그런즉 고기와 피는 본래 서로 융합하며, 흙과 물은 본래 서로 혼돈한다. 처음엔 이것과 저것 상하의 구분이 없었다. 대개 피는 몸의 액이었다. 몸의 액이 운화하여 피를 이루었다. 몸속에 흩어져서 오장에 거두어 모이니 그 이름을 간이라 한다. 그 기가 맑은 것은 구멍을 좇아 나와 눈물 콧물 침 거품이 된다. 물은 흙의 액이다. 흙의 액이 합하여 물을 이룬다. 땅 속에 잠겨 있다가 구덩이에 고이니 그 이름을 바다라 한다. 그 기운이 맑고 틈을 따라 세어 나와서 우물샘이나 연못이 된다. 무릇 몸의 액과 흙의 액이 한 가지 하늘의 소생에 근본을 두지 않음이 없다. 사람이 천지에서 배합됨의 묘함이 이와 같다. 사람을 두고 천지를 논함이 어찌 옳겠는가? 그러한즉 몸에 피는 과연 이것과 저것 사이의 벌어짐이 있겠는가? 물은 토지와 과연 상하간의 벌어짐이 있겠는가? 이미 상하의 사이가 없은즉 물이 땅을 이는 것과 땅이 물을 이는 것은 마땅히 분변해야 할 바가 아니다.[26]

(가), (나)는 각각 현대와 고전에 속한 글로서 과학적 사실에 대한 필자의 주장을 표명하고 있다는 공통점이 있다. 먼저 (가)는 신문 칼럼으로서 '슈퍼문'이라고 부르는 자연 현상을 지구상에서 벌어지는 자연 재해 내지 종말로 연결시키고 있는 일부 주장에 대해 반박하고 있는 글이다. (나)에서는 '물이 땅위에 있다'는 주장을 반박하고 있다. 즉 이 두 글은 자연 현상을 설명하는 이전의 의견을 부정하고 새롭게 자신의 주장을 제시하고 있다는 점에서 글이 생산되었던 상황 맥락이 유사하다.

---

26) 송규렴(宋奎濂, 1630～1709), <지수설(地水說)>, 『제월당집』 권7.

그런데, 여기에서 눈여겨 볼 점은 두 글 모두 주장과 일정한 근거라는 설득하는 글의 기본 구조를 갖추고 있음에도 불구하고 하나는 현대인의 과학적 상식에서 받아들일 수 있는 내용인 반면, 다른 한 편의 글은 받아들일 수 없다는 것이다. (가)는 자신의 주장이 옳다는 근거로 '원인에 따른 결과가 아님'을 내세우고 있다. 상대방이 결과의 원인이라고 생각하는 일, 즉 자연재해가 슈퍼문 때문이라는 추론이 옳지 않음을 반박 근거로 내세우고 있다. 이러한 주장과 근거 사이에는 현대 과학과 과학자에 대한 신뢰가 전제되어 있다.

반면, (나)에서는 지구의 구조를 추론하는 방법으로 유추를 사용하고 있다. 지구의 구조가 인간의 신체 구조와 유사할 것이라는 전제를 바탕으로 하고 있다. 이 때 (나)의 설득 방식을 이해하는 데에는 단지 논증방식으로서의 유추에 대한 지식만으로는 부족하다. 자연과 세계를 설명하는 당대의 가치관을 먼저 알아야 할 것이다. 인간 세계가 자연 세계를 유추할 수 있는 비교 대상으로 존재할 뿐 아니라 인간 세계는 자연 세계와 본질적으로 하나의 이치로 설명될 수 있다는 인식에 기반을 두고 있었기 때문에 위와 같은 추론이 가능했던 것이다.

물론, 당연히 현대의 과학적 상식으로는 (나)와 같은 주장은 받아들여질 수 없다. 피부를 찌르면 피가 나오듯 땅을 파면 물이 나오는 현상은 단면적으로는 유사해 보이지만, 이미 지구의 구조가 어떻게 이루어져 있는지 아는 현대인들에게는 난센스에 불과한 주장일 수밖에 없다. 그러나 그렇다고 과거의 이러한 글을 폐기해 버리는 일은 바람직하지 않다. 이러한 주장이 진지하게 통용될 수 있었던 사회에 대한 이해가 바로 설득적 글쓰기에 대한 역사적 접근을 가능케 한다. 뿐만 아니라 현대에는 그럴 듯하게 통용되는 주장 역시 언젠가 새로운 과학의 패러다임에 의해 바뀔 수 있음을 알 필요가 있다.

이와 같이 어느 시대에나 존재했던 설득적 글쓰기란 주장과 근거라는 평면적 구도만으로는 설명할 수 없는 영역이 있고, 이러한 영역은 사회 문화적 맥락이라는 차원에서 접근해야 할 것이다. 고전과 현대의 설득적 글쓰기를 비교해 봄으로써 동시대의 시각에서 느낄 수 없는 사회문화적 맥락을 인식할 수 있고, 이러한 지식이 바탕이 되어 설득에 대한 역사적 지식을 내면화할 수 있는 계기를 마련하게 된다.

② 주장과 근거 연결하기를 통한 전제 파악

글쓰기에서 점검하기(reviewing)는 전 과정에서 나타나는 활동으로 교육되고 있지만, 일반적으로 글쓰기의 마지막 단계로 인식되는 경향이 있다. 게다가 점검하기에 대한 지침은 앞서 살펴 본 바와 같이 매우 포괄적인 개념의 나열로 이루어져 있거나 문장의 호응이나 맞춤법과 같이 어떻게 보면 매우 지엽적인 문제를 다루고 있음을 알 수 있었다. 뿐만 아니라 각 글쓰기 양식의 특징에 따라 점검하기의 내용도 특성화 되어야 함에도 불구하고 아직 이러한 부분까지는 연구가 이루어져 있지 못했다.

설득적인 글은 글의 합리적인 전개가 점검해야 할 필수적인 대상이라 할 수 있다. 도입부에서부터 결론에 이르기까지의 과정이 무리 없이 진행되었는지 파악하는 일이 필연적으로 따라야 한다. 그러나 이 부분 역시 글쓰기에서 크게 강조되고 있지 못하고 있다. 그 이유 중 하나는 설득적 글쓰기의 논리적 전개과정을 점검하는 실제적인 방법이 마련되어 있지 못하기 때문이다. 게다가 설득적 글쓰기란 형식논리학의 수식(數式)처럼 명확하게 전개 과정의 오류나 문제점을 파악해 낼 수 있는 성질을 지니고 있지 않다. 그래서 대개 저자의 직관에 의존하는 경우가 많다.

본고에서는 주장과 그것을 뒷받침하는 논거가 논리적으로 연결되었는지 파악해 볼 수 있는 한 가지 장치로 전제를 확인하는 법을 제시하였다. 전제(warrant)란 제시된 근거가 주장에 대해 적절한지 보여주는 표지로서 주장과 근거 사이의 연결의 적절성을 판단할 수 있는 지점이 될 수 있다. 그런데 보통 설득적 글에서는 주장과 그에 따르는 근거만을 제시하지, 전제까지는 밝히지 않는다. 그렇기 때문에 독자는 주장과 근거 사이에 연결되어 있는 전제가 무엇인지 글을 읽는 가운데 찾아야 하고, 그 적절성 여부를 판단해야 한다. 이렇게 비명시적인 특성을 지닌 전제를 파악하는 방법을 알아보고 이를 설득적 글쓰기의 점검하기에 활용해 보고자 한다.

전제는 설득하는 글의 주장과 근거를 연결시켜봄으로써 찾을 수 있다. 다음과 같은 주장과 근거가 있다고 가정해 보자.

> 주장: 지금 일본이 군사력을 키우고 있는데 머지않아 또 침략 전쟁을 일으키게 될 것이다.
>
> 근거: 100년 전 일본이 군사력을 증강시켰을 때는 아시아 여러 나라를 침략했다.27)

위 사례의 경우, 군사력을 키우고 있는 일본이 침략 전쟁을 일으킬 것이라는 주장을 뒷받침하기 위해 과거의 사례를 근거로 제시하고 있다. 이 때 이 주장이 논리적으로 문제가 없는지 파악하기 위해서는 위와 같은 근거를 제시하는 필자의 전제가 무엇인지 파악하는 것이 필요하다. 달리 말하면, 일본이 침략 전쟁을 일으키게 될 것이라는 주장을 받아들일 수 없을 때 무엇이 문제가 되는지 살피기 위해 그 전제를 파악해야 한다는 것이다.

그 전제란 "과거의 일본과 현재의 일본이 다르지 않다는 것"임을

27) 임태섭(2005), 『스피치 커뮤니케이션』, 커뮤니케이션북스, 135~136쪽.

알 수 있다. 이렇게 전제가 파악되면, 이 주장의 합리성을 판단하는 데 기준으로 작용할 수 있다. 전제만 놓고 살펴보아도 그것이 타당한지의 여부를 알 수 있기 때문이다. 위와 같은 주장에 동의할 수 없는 사람은 전제로부터 '한 나라의 정체성이란 시대에 따라 변화하기도 한다.'라든지 '현대의 세계 구도는 과거와 다르다'든지 하는 전제와 반대되는 의견을 제시할 수 있다.

일반적으로 전제를 활용할 때 다음과 같은 고려해야 할 사항들이 있다.[28] 첫째, 내가 말하고 있는 전제를 독자도 알고 있는가? 둘째, 전제를 진술했을 때, 독자들은 진실이라고 생각할까? 셋째, 전제를 진실이라고 생각한다면, 독자들은 그 전제가 이유와 주장에 들어맞는다고 생각할까? 넷째, 전제를 적용할 수 있다고 생각한다면, 독자들은 그 전제가 자신의 집단 문화와 어울린다고 생각할까? 이상의 질문들은 설득적인 글이 논리적으로 문제가 없는 확인해 볼 수 있는 점검 목록의 기능을 할 수 있을 것이다.

그런데 위 점검 목록 중 전제가 자신의 집단 문화와 어울리는지 묻는 질문에 답할 수 있으려면 집단 문화의 정체성과 가치관에 대한 인식이 먼저 있어야 한다. 이러한 집단 문화의 정체성은 이질적인 집단 문화 속에서 더 잘 포착될 수 있다. 다음과 같은 사례를 살펴보자.

> 실제로 꿀벌 군락의 모든 번식은 여왕벌의 몫이고 모든 일벌들은 오로지 여왕벌의 번식을 위해 헌신하는 체세포들이다. 만일 여왕벌이 사고로 죽고 차세대 여왕벌을 미처 만들어내지 못하면 그 군락은 그대로 사라진다. 수많은 일벌들이 있지만 그들은 기껏해야 미수정란을 낳을 수 있을 뿐이며, 미수정란으로부터는 수벌만 탄생할 뿐이기 때문에 군

28) 조셉 윌리엄스 · 그레고리 콜럼(2008), 앞의 책, 255~263쪽 참조.

락의 명맥을 이어갈 수 없다. 이런 점에서 볼 때 꿀벌 군락은 여왕벌을 중심으로 이뤄진 하나의 거대한 생명체, 즉 초개체라 할 수 있다. (중략)

이 세상에 우리 인간을 제외하고 꿀벌과 개미 그리고 흰개미처럼 복잡한 사회를 구성하고 사는 동물은 찾아보기 어렵다. 그들의 삶을 들여다보노라면 너무나 자주 우리 삶의 옆모습이 보이고 때로는 우리 삶이 갖추지 못한 아름다움과 지혜가 느껴진다.[29] (밑줄은 인용자)

위 글은 외국 생물학 번역서의 국내 감수자 서문이다. 집단생활을 하는 동물인 꿀벌을 비롯한 개미, 흰개미 등의 삶을 관찰해 보면 인간의 모습이 보인다고 언급하고 있다. 이 글이 서문인 까닭에 '우리 삶이 갖추지 못한 아름다움과 지혜'가 무엇인지 구체적으로 말하고 있지는 않지만, 생물학자 역시 생물에 대한 탐구가 자연 세계에 국한된 지적 활동이 아닌 인간 세계에 대한 반성으로 나아가고 있음을 보여준다.

그런데 여기에서 주목하고자 하는 것은 동물의 생태에서 인간의 삶을 반성해 보고 지혜를 구한다는 관점이 설 양식의 집필 동기와 유사하다는 점이다. 비록 동일한 행동을 보이는 관찰 대상은 아니지만, 설(說) 양식과 현대 칼럼에서 그 차이를 확인해 볼 수 있다.

밀양(密陽) 사람이 꿀벌을 기르는 자가 있었다. 뭇 벌보다 특히 큰 놈이 왕벌인데 주인이 그것을 몰랐었다. 어느 날 그 왕벌이 밖에 나갔다가 제 집으로 날아 들어가는 것을 보고 주인은 딴 종류의 벌이 꿀벌을 해치려는 줄 알고 죽여 버렸다. 그랬더니, 며칠 뒤에 뭇 벌이 모두 왕벌의 주위에 모여서 단란(團欒)하게 죽으니, 주인이 이것을 보고 눈

29) "위르겐 타우츠/유영미 옮김(2009:Ⅷ~Ⅸ), 『경이로운 꿀벌의 세계』, 이치"에 실려 있는 최재천 교수가 쓴 '감수의 글'이다.

물을 흘렸다 한다.[30)]

위 글은 『동문선(東文選)』에 수록되어 있는 꿀벌에 대한 이야기이다. 꿀벌 주인이 실수로 여왕벌을 죽였는데, 결국 이 일로 인해 뭇벌이 죽고 말았다는 이야기이다. 이러한 현상에 대해 현대 생물학에서는 꿀벌들이 초개체(超個體)로 존재하기 때문이라고 설명한다. 다시 말하면 여왕벌이 없으면 더 이상 생식 능력을 갖지 못하기 때문에 집단의 개체 역시 존재 이유가 없어진다는 것이다. 그런데 이러한 현상이 여말선초의 문신이었던 이첨(李詹)의 눈에는 다음과 같은 시각으로 연결되었다.

> "후세의 신하된 자로 꿀벌에 미치지 못하는 자가 많다. 더구나 시운(時運)이 옮겨가는 때를 당하여 말을 바꾸고 얼굴을 고쳐 임금을 잊고 원수를 섬겨 후세의 비난을 받은 자는 족히 더불어 말할 수 없고, 오직 미물(微物)만이 신하된 자의 거울이 될 만하다."하였다.[31)]

위 내용에서 파악해 볼 수 있는 위 글의 전제는 '일벌의 여왕벌에 대한 충성은 임금과 신하의 관계에서도 유효하다.'이다. 그래서 섬기던 왕을 버리고 새로운 왕을 섬기는 자는 미물만도 못하다는 지탄을 받았던 것이다. 그러나 현대 우리 사회는 더 이상 군주제가 존속되지도 않고 절대 권력자를 위해 목숨을 버리는 일이 미덕이 되지도 않는다. 그러한 점에서 위와 같은 주장은 현대 사회에서는 더 이상 통용되지 않는다. 마치 두 지아비를 섬기지 않는 여인을 열녀

30) 密人有養蜜蜂者. 其特大於衆蜂者曰君, 而主人未之知也. 適自外飛入其窠, 以爲蜂之異類者, 欲害蜜蜂, 殺之. 後數日衆蜂完聚一處, 團欒而死, 主人爲之流涕. 이첨(李詹), '밀봉설(蜜蜂說)' 『동문선(東文選)』 제98권.

31) 後世之爲人臣, 不及蜜蜂者, 多矣. 至若當時運推遷之際, 變辭革面, 忘君事讎, 貽譏後世者, 不足與議也. 惟微物, 足以爲人臣者之鑒矣. 이첨(李詹), 위의 글.

로 칭송하지 않는 것과 마찬가지로 이러한 가치관은 전근대적 산물이라 볼 수도 있다.

대신 현대 사회는 생물의 세계에서 새로운 가치를 발견해 내고 있다. 꿀벌의 세계에서 일어나는 일들이 도덕적 가치의 일종인 신의를 지키는 일이 아닌 생물학적 종족 보존 본능에서 나온 것임을 알기 때문이다. 다음의 사례는 꿀벌은 아니지만, 벌과 같이 집단생활을 하는 개미의 생태를 관찰하고 이를 인간 세계에 적용한 글이다.

> "언론의 자유, 투표의 자유, 다수결에 대한 복종, 이 세 가지가 곧 민주주의이다"라는 김구 선생님의 정의에 따르면 거의 완벽한 의미의 민주주의가 개미제국에서 시행되고 있다. 해마다 엄청난 숫자의 차세대 여왕개미들이 혼인비행을 마치고 제가끔 자신의 제국을 건설하기 위해 첨예한 경쟁을 벌인다. (중략) 일개미들은 여왕 후보자들과 함께 생활하며 누가 과연 가장 훌륭한 지도자의 역량을 갖췄는지에 대해 끊임없이 서로 조율하며 결정하고 그에 승복한다. 일개미들 중 일부는 남의 어머니를 추대하고 자신의 어머니를 물어 죽이는 패륜까지 저지르며 참으로 냉정하게 민주주의를 실천한다. 우리도 함께 살아보진 못하더라도 적어도 누가 누군지는 알아야 뽑든 말든 할 게 아닌가?[32]

앞서 이첨은 꿀벌의 세계에서 군주제의 임금과 신하를 발견한 반면, 위 칼럼에서는 개미의 세계에서 지도자와 국민의 구도를 발견하였다. 그래서 절대 다수에 의해 지지받는 여왕개미가 전체를 다스리는 자연의 질서를 인간 세계의 다수결 제도와 연결시키고 있다. 다시 말하면, 자연계의 여왕개미와 일개미의 관계는 현대 사회의 지도자와 국민의 관계로 투영이 되는 것이다. 여기에서 하나의 유추는

32) 최재천, '개미제국의 선거', 조선일보 칼럼(2010.5.24).

전근대적인 사고를 전제로 하고 있지만, 또 하나의 유추는 근대적 사고를 전제하고 있음을 알 수 있다.

이상의 내용에서 살펴 본 바와 같이 주장과 이를 뒷받침하는 근거 사이에 보이지 않는 전제를 파악함으로써 그 전제가 함축하고 있는 가치관이 무엇인지 점검해 보는 과정이 점검하기 과정에서 요구된다. 한 사회는 공동체 내의 상식, 고정 관념 등 공동체에 널리 퍼져 있는 일상적 이데올로기를 언어 속에 드러낸다. 이를 '문화적 일상어'라고 부른다.[33] 문화적 일상어는 공동체의 언중 가운데 내재되어 있다가 가치 판단이 필요한 국면에서 드러나게 된다. 이러한 문화적 일상어가 공동체 가운데 잠재되어 있다가 설득하는 글에 대해 평가할 때 하나의 기준으로 작용할 수 있다.

설득적 글쓰기의 점검하기 활동은 한 편의 글을 쓴 필자가 말하고자 하는 주장과 근거를 파악하고 그 속에 내재되어 있는 전제가 무엇인지 진술하는 과정이다. 이러한 과정에서 파악된 전제를 분석해 봄으로써 일반적으로 받아들일 수 있는 집단 문화의 가치관을 반영하고 있는지, 논리적 모순이나 결함은 없는지 확인해 보아야 할 것이다.

33) 양정실(2006:100)에서는 학생들의 독서감상문에 나타난 문화적 일상어를 분석하였다. 문화적 일상어의 예로, '싸웠을 때 먼저 사과하는 것이 옳다.', '사람은 정착 생활을 해야 한다.' 등을 들고 있다.

VI

맺는 말

본 연구는 고전 글쓰기 양식 중 하나인 '설(說)'을 설득적 글쓰기라는 관점에서 분석하여, 과거 글쓰기와의 대비를 통해 오늘날 설득적 글쓰기를 반성적으로 평가할 수 있는 시각을 제공하고, 나아가 오늘날 설득적 글쓰기 교육의 실천을 위해 실제적인 교육 내용과 방법을 생성하는 데에 연구 목적을 두었다.

이러한 연구를 수행하기 위해 먼저 설득적 글쓰기에서 설득의 개념을 살펴볼 필요가 있었다. 서양 고전 수사학과 커뮤니케이션이론의 관점에서, 설득이란 "필자가 문자 언어로 된 메시지를 통해 독자의 태도나 행동을 변용하려는 의도적인 행위 혹은 과정"이다. 이 가운데 설득의 수단은 필자의 인격이나 독자의 감정 등이 있을 수 있으나 글쓰기라는 관점에서는 문자 언어로 된 '메시지'가 주된 수단이 된다. 고대 그리스를 기원으로 삼는 서구의 수사학은 법정이나 의회와 같은 공간에서 구어를 통해 이루어지는 설득을 다루고 있어서, 상대와의 대결을 기본 전제로 삼고 있다. 곧 설득은 나와 의견을 달리하는 상대방을 설복시켜서 대결에서 승리하는 것을 목표로 삼고 있다고 볼 수 있다.

반면, 동아시아에서의 글쓰기란 윤리적인 측면에서 자유로울 수 없으며, 글이란 도(道)를 실어 나르거나 도를 관통하는 그릇이라는 인식이 지배적이었다. 글을 쓰는 행위는 곧 개인적・사회적 윤리의 진전을 꾀하는 일이므로 '말은 전달되면 된다.'거나 '교묘하게 꾸민 말을 배격하는 사상'이 동양의 수사학에 강하게 자리하고 있었다. 따라서 설득의 행위 속에 상대와의 대결이 아닌 상대와의 일치를 추구한다는 차이를 보인다. 왜냐하면 덕을 추구하는 가치관 속에는 너와 나의 구분과 대결보다는 조화와 협력이 강조되며, 윤리의 실천은 남에게 강요되기보다는 내가 먼저 모범을 보여야 할 것이라 인식되었기 때문이었다.

아울러 본고는 설득적 글쓰기의 현황을 파악하기 위해 교육과정과 교과서를 분석해 보았다. 이를 통해 오늘날 설득적 글쓰기의 핵심적 지식이 '설득적 글쓰기란 주장과 이를 뒷받침하는 근거로 이루어져 있다.', '주장은 사실 명제, 가치 명제, 정책 명제로 구분해 볼 수 있다.', '주장과 근거 사이에는 연역, 귀납, 유비추리와 같은 추론이 쓰인다.', '설득하는 글은 서론·본론·결론의 구조로 되어 있다.' 등임을 알 수 있었다.

이러한 교육 내용은 형식논리학의 산물로서 연역적으로 주어진 것이므로 구체적인 글쓰기 산물을 기반으로 한 연구가 요구된다고 하겠다. 아울러 교육과정상 제시되어 있는 생성 전략의 경우 설득적 글쓰기에 맞게 특성화될 필요가 있으며, 다양하게 제시되어 있는 글쓰기 유형에 맞게 내용 조직의 방법도 개발되어야 한다. 뿐만 아니라 글쓰기에서 점검하기 과정은 종래의 단어·문장 층위가 아닌 담화 수준에서 실질적으로 수행될 수 있는 지침들이 개발되어야 할 것이다.

한편, 고전 설 양식의 성격은 한문문체론이나 작품 속에서의 언급, 그리고 대표적 작품 분석 등을 통해 파악하였다. 설 양식은 특정 대상에 대해 풀이하고 서술하는 내용으로 이루어져 있고, 그 저작 동기가 경계·교훈·깨달음의 전달 등이며, 상대방의 태도나 행동을 변용하는 데에 있다는 점에서 설득적 글쓰기의 성격을 지닌다. 또한 설 양식은 크게 기사(紀事)와 설리(說理)로 구성되어 있는데, 이는 설득적 글쓰기에서 각각 근거 영역과 목표 영역에 대응된다고 보았다.

현대 설득적 글쓰기 교육에서 갖는 설 양식의 의의는 설득적 글쓰기에 대한 인식지평을 확대한다는 데에 있다. 설 양식을 통해 논제 측면에서는 실용 문제가 아닌 도덕적 정책 명제를 이해할 수 있고, 내용 구조 측면에서는 서론-본론-결론이라는 직선형 삼단 구성뿐 아니라 기승전결의 비직선형 구조를 이해할 수 있으며, 설득이란 상대방과의 대결뿐 아니라 상생과 조화를 추구하는 행위임을 이해할 수 있다.

설득적 글쓰기 교육을 위한 내용 틀을 마련하기 위해 툴민의 논증 모델과 현대 쓰기 이론을 참조하였다. 툴민의 논증 모델에서는 설득을 위한 요소로서 '주장'과 '근거', '전제'를 제시했다. 근거가 주장을 뒷받침하기 위해서는 이 둘 사이에 전제라는 적절한 기준이 마련되어 있어야 한다. 이 요소들을 설득적 글쓰기에 적용해 보면, 내용 생성의 측면에서 쓰기의 동기는 설득하는 글의 주장과 관련을 맺는다. 또한 주장과 근거를 관계 맺게 하는 추론 방식은 내용 조직의 내적인 질서를 결정한다고 보았고 이렇게 근거가 주장을 뒷받침하도록 하기 위해서는 전제가 마련되어야 하는데, 이는 사회문화적 맥락을 통해 파악해 볼 수 있었다.

설은 특정한 대상을 글감으로 삼아 내용을 생성해 낸다. 글감의 대상인 삼라만상은 시간의 앞뒤가 있는 '사건'과 일정한 공간을 점유하고 있는 '물건'으로 구분된다. 설 양식의 저자들은 '물건'의 관찰을 통해 인간 사회에 적용할 이치를 탐구하였고, 또한 자기 자신의 삶을 반성하는 계기로 삼았다. 아울러 특별한 '사건'의 경험은 자신이 본래 가지고 있던 가치관을 강화하기도 하고, 기존 가치관을 부정하는 계기가 되기도 한다. 이를 종합해 보면, 설 양식에서 글을 쓰는 동기와 관련하여 근거 영역을 생성해 내는 '관찰'과 '경험'이라는 대표적 기제가 있음을 알 수 있다.

이렇게 생성된 근거 영역은 목표 영역, 즉 저자의 주장과 관계 맺게 된다. 이 때 주로 쓰인 관계 맺기 방식은 유추와 예증, 예시였다. 유추란 서로 다른 두 세계 속에 유사점을 발견하여 한 세계에서의 사실이 다른 세계에서도 적용됨을 보여주는 추론 방식으로, 설 양식에서는 주로 자연의 세계에서 인간의 세계로 유추하는 관계 맺기가 이루어졌다. 한편, 예증과 예시는 동일 세계 내의 한 사례를 근거로 삼아 목표 영역으로 연결할 때 쓰이는 방식이다. 예증은 기존의 규칙을 강화하는 사례이며, 예시는 기존의 규칙을 부정하고 새로운 규칙을 세울 때 쓰이는 사례였다.

그런데 이러한 주장이 독자들에게 받아들여지기 위해서는 주장과 근거가 사회문화적 맥락 내에서 통용되어야 했다. 설 양식이 통용되던 사회문화적 맥락은 자연의 질서가 결코 인간 세계와 무관하지 않다는 세계관을 비롯하여, 인간은 자연 세계에서 다른 동식물보다 우월한 존재라는 가치관으로 나타났다. 또한 세계는 선과 악이 대결하지만 반드시 정의가 승리할 것이라는 신념, 논리적으로 모순되는 명제도 삶의 경험을 통해 긍정할 수 있는 태도 등으로 나타났다.

이러한 분석을 통해 설계할 수 있는 설득적 글쓰기 교육은 설득하는 행위 중심으로 할 경우 개별 양식이 지닌 다양한 성격을 왜곡할 우려가 있고, 특정 양식 중심으로 할 경우 선정과 배치의 문제가 발생한다. 따라서 행위에 따른 글쓰기와 양식에 따른 글쓰기가 조화롭게 교직되는 형태를 띨 필요가 있다. 설 양식은 행위 중심의 설득적 글쓰기 교육의 내용을 마련하는 데에 활용될 수 있다. 설 양식은 형상성을 지닌 구체적인 자연 사물의 관찰과 필자의 경험을 다루고 있기 때문에 현대의 다양한 내용 조직 유형에 수사적 설득 방식의 하나로 기여할 수 있다.

설득적 글쓰기 교육의 수행은 내용 생성과 내용 조직, 그리고 점검하기의 단계로 설계해 보았다. 먼저 내용 생성을 위해 과학자가 아닌 철학자의 눈으로 자연을 탐구하고, 자신의 경험에 의미를 부여하여 일화를 단위로 수집하는 방법을 제시하였다. 또한 생성된 내용을 화제로 삼아 유추하여 의미를 도출해 내는 화제형 구조, 사실 경험을 반박 사례로 삼아 기존의 사회적 통념을 반박하는 논박형 구조, 그리고 실제 사례로 예증하여 문제를 시각화하고 원인을 분석하며 이를 해결하는 문제 해결형 구조 등 다양한 내용 조직의 교육 모형과 절차를 기획하였다. 끝으로 주장과 근거를 뒷받침하는 기준인 전제를 파악하고 집단 문화 내에서 받아들여질 수 있는지 판단함으로써 설득적 글쓰기의 맥락을 점검하도록 교육 내용을 구안하였다.

본 연구는 근대화를 거치면서 단절되어 버린 고전 글쓰기의 내적 자질과 전통을 발견하고 이를 오늘날 설득적 글쓰기 교육 내용으로 활용하고자 했다. 특히 오늘날 글쓰기 교육 내용으로 자리 잡은 서구의 글쓰기 이론이 지닌 한계와 문제점을 지적하고 우리 고전이라는 실제적 자료를 통해 글쓰기 교육 내용을 마련했다. 뿐만 아니라 '설득'이라는 행위에 대해 동서양의 균형 잡힌 시각을 제공했다는 점에도 의의가 있다.

그러나 전통적 글쓰기를 설명하기 위해서 여전히 수사학, 논증 이론 등 서구의 이론들이 주요 분석 도구로 쓰일 수밖에 없음은 이 연구의 한계라고 하겠다. 그러다 보니 설 양식의 역사문화적 전통이나 수사적 특징을 세밀하게 포착하지 못한 점이 있다. 또한 설득적 성격을 지닌 양식은 '설' 이외에도 다양한 양식이 존재하는데 이들 가운데 '설' 양식이 차지하는 위상과 특징들에 대한 연구는 진행하지 못했다. 이러한 연구들은 차후의 과제로 남긴다.

■ 참고 문헌

1. 자료

한국고전번역원, 『한국문집총간(韓國文集叢刊)』

한국고전번역원(http://db.itkc.or.kr/index.jsp?bizName=MM)

임종욱 편, 『한국문집소재 '설' 작품집』 1~7, 역락, 2000.

임종욱 편, 『한국문집소재 '論·說·辭·賦' 작품집: 총목차 및 색인집』, 역락, 2000.

신해진 편, 『한국 고수필문학』, 월인, 2001.

안대회, 『고전산문산책』, 휴머니스트, 2008.

양현승 편, 『한국 '설' 문학선』, 월인, 2004.

金赫濟 校閱, 『논어집주(論語集註)』, 명문당, 1998.

徐師曾, 『문체명변(文體明辨)』 三, 旿晟社, 1591/1984.

성백효 역주, 『맹자집주(孟子集註)』, 한국전통문화연구회, 1991.

성백효 역주, 개정증보판 『대학·중용 역주』, 전통문화연구회, 2006.

오수형 편역, 『당송팔대가의 산문세계』, 서울대 출판부, 2000.

姚鼐 纂/胡士明·李祚唐 標校, 『古文辭類纂』, 上海古籍出版社, 1998.

유협/최신호 역, 『문심조룡(文心雕龍)』, 현암사, 1975.

이동환 역해(譯解), 『대학·중용』, 현암사, 1965.

이태준/임형택 해제, 『문장강화』, 창비, 2005.

최재학, 『실지응용작문법』, 휘문관, 1909.

편집부, 『신문 명칼럼 컬렉션1』, 문이당, 1994.

황견(黃堅) 편/김학주 역, 『고문진보 후집』, 명문당, 2005.

교육부, 『초·중·고등학교 국어과·한문과 교육과정 기준, 대한교과서주식회사』,

2000.
교육인적자원부, 『고등학교 교육과정 해설-국어』, 2001.
교육과학기술부, 『초등학교 교육과정 해설(III)-국어, 도덕, 사회』, 2008.
교육과학기술부, 『중학교 교육과정 해설(II)-국어, 도덕, 사회』, 2008.
교육과학기술부, 『고등학교 교육과정 해설 ② 국어』, 2008.
교육과학기술부, 『고등학교 교육과정 해설』, 2009.
교육과학기술부, 『국어과 교육과정』, 2012.
(국가교육과정 정보센터(http://ncic.re.kr/nation.index.do)에서 다운로드)

권두환 · 김선굉 · 우창호, 『고등학교 작문』, (주)아침나라, 2003.
권영민, 『고등학교 작문』, (주)지학사, 2003.
김대행 · 이성영 · 염은열, 『고등학교 작문』, (주)천재교육, 2003.
박경현 · 민현식 · 서혁 · 김봉군 · 이석주 · 이주행 · 이경복 · 윤희원 · 최영환, 『고등학교 작문』, (주)금성출판사, 2003.
박영목 · 김상호 · 허익, 『고등학교 작문』, (주)교학사, 2003.
성낙수 · 박영민, 『고등학교 작문』, (주)신원문화사, 2003.
우한용 · 김상욱 · 조우열 · 김성진, 『고등학교 작문』, 민중서림, 2003.
이삼형 · 이근표 · 권순각 · 남상기, 『고등학교 작문』, (주)대학교과서, 2003.
이상태, 『고등학교 작문』, 형설출판사, 2003.
이익섭 · 이은경, 『고등학교 작문』, 학연사, 2003.
임홍빈 · 서정목 · 한재영 · 이석록 · 최미숙 · 최지현, 『고등학교 작문』, (주)두산, 2003.
최웅 · 유태수 · 김용구 · 이대범, 『고등학교 작문』, 청문각, 2003.
한계전 · 이수성 · 장윤희 · 하희정, 『고등학교 작문』, (주)중앙교육진흥연구소, 2003.

2. 논저

강태완 외, 『토론의 방법』, 커뮤니케이션북스, 2001.
김광수, 『논리와 비판적 사고』, 철학과 현실사, 1990.
김낙진, 「조선 유학자들의 격물치지론」, 한국사상연구회 편, 『조선 유학의 자연철학』, 예문서원, 1998.
김대행, 「고전표현론을 위하여」, 『선청어문』 20호, 서울대 국어교육과, 1992.

김대행, 『국어교과학의 지평』, 서울대 출판부, 1995.

김대행, 「국어교육의 위계화」, 『국어교육연구』 19호, 서울대 국어교육연구소, 2007ㄱ.

김대행, 「매체 환경의 변화와 국어교육의 방향」, 『국어교육학연구』 28호, 국어교육학회, 2007ㄴ.

김봉순, 「국어교육을 위한 텍스트 분류 체계 연구」, 『국어교육학연구』 제39집, 국어교육학회, 2010.

김성룡, 「전범 학습과 중세의 문학교육」, 『문학교육학』 창간호, 한국문학교육학회, 1997.

김성룡, 「중세 글쓰기에 나타난 자아정체성의 교육적 가치」, 『작문연구』 11호, 한국작문학회, 2010.

김영석, 『설득 커뮤니케이션』, 나남, 2005.

김영식, 『주희의 자연철학』, 예문서원, 2005.

김월회, 「말 닦기와 뜻 세우기[修辭立其誠]-고대 중국인의 수사 담론과 그 저변」, 『동아문화』 43호, 서울대 동아문화연구소, 2005.

김정자, 「필자의 표현 태도 연구」, 서울대 박사논문, 2001.

김종철, 「글쓰기 교육의 문화적 척도」, 이상익 외, 『고전산문교육의 이론』, 집문당, 2002.

김종철, 「국어교육과 언어 민주주의」, 『국어교육』 115호, 한국어교육학회, 2004.

김창룡, 「중국의 산문 명작 (2)-한유의 「사설(師說)」, 「잡설(雜說)」, 『한성어문학 23호』, 한성어문학회, 2004.

김학주, 『중국문학의 이해』, 신아사, 1993.

김헌, 「레토리케는 '수사학'인가」, 『철학과 현실』 61호, 철학문화연구소, 2004.

민병곤, 「논증 교육의 내용 연구-6, 8, 10학년 학습자의 작문 및 토론 분석을 바탕으로」, 서울대 박사논문, 2004.

민병곤, 「텍스트 중심 국어과 교육과정의 교재화 방안」, 『텍스트 언어학』 26집, 텍스트언어학회, 2009.

민병수, 『한국한문학개론』, 태학사, 1996.

박수밀, 「고전에서의 유추와 실학적 유추의 탐구 의미 고찰」, 『국어교육』 127호, 한국어교육학회, 2008.

박영목, 「의미 구성에 관한 설명 방식」, 『선청어문』 22집, 서울대 국어교육과, 1994.

박영목, 『작문교육론』, 역락, 2008.

박재현, 「한국의 토론 문화와 토론 교육」, 『국어교육학연구』 19호, 국어교육학회, 2004.

박재현, 「설득 담화의 내용 조직 교육 연구」, 서울대 박사논문, 2006.

박희병, 「조선후기 전의 소설적 성향 연구」, 성균관대 출판부, 1993.

배수찬, 「근대적 글쓰기의 형성 과정 연구-논설문 쓰기의 성립 환경과 문장 모델을 중심으로-」, 서울대 박사논문, 2006.

배수찬, 「아리스토텔레스 『수사학』의 활용 방안 연구-내용 생성 전략의 변화를 중심으로-」, 『작문연구』 9집, 한국작문학회, 2009.

변원종, 「주자의 격물치지에 관한 연구」, 『동서철학연구』 37호, 한국동서철학회, 2005.

서유경, 「사고와 표현 원리로서의 '유추'에 대한 고찰」, 『문학교육학』 2집, 한국문학교육학회, 1998.

송하경, 「육상산(陸象山) 심학(心學)의 학문방법-주(朱)·육(陸) 논쟁을 중심으로-」, 『공자학』 1권, 한국공자학회, 1995.

송혁기, 「한문산문 "설" 체식의 문학성 재고-17, 8세기 작품의 분석을 중심으로-」, 『한국언어문학』 58호, 한국언어문학회, 2006.

신연우, 「이규보의 「설」 읽기의 한 방법」, 『우리어문연구』, 우리어문학회, 1997.

심경호, 『한문산문의 미학』, 고대 출판부, 1998.

심경호, 「한국고전과 한국학에서의 수사학에 대하여」, 『수사학』 3, 한국수사학회, 2005.

심경호, 「한문산문 수사법과 현대적 글쓰기」, 『작문연구』 5집, 한국작문학회, 2007.

양승민, 「고려조 의론체 산문의 우언적 성향과 의미-說과 雜著로 분류된 변체 산문의 장르론적 접근」, 『어문논집』 36호, 민족어문학회, 1997.

양정실, 「해석 텍스트 쓰기의 서사교육 방법 연구」, 서울대 박사논문, 2006.

양현승, 『한국 설 문학 연구』, 박이정, 2001.

염은열, 「상소문의 글쓰기 전략 연구-'간타위소(諫打圍疏)'를 중심으로-」, 『국어교육연구』 3호, 서울대 국어교육연구소, 1996.

염은열, 「대상 인식과 내용 생성의 관계에 대한 표현교육론적 연구」, 서울대 박사논문, 1999.

우한용, 「문학적 발상과 작문/교육」, 『한국작문학회 발표자료집』 17호, 한국작문학회, 2009.

원진숙, 『논술교육론』, 박이정, 1995.

원진숙, 「대학생들의 글쓰기 실태와 지도방안」, 『새국어생활』 9, 국립국어연구원, 1999.

유동엽, 「논쟁의 불일치 조정 양상에 관한 연구」, 서울대 박사논문, 2004.

유이경, 「설 장르 규명을 위한 시론」, 『한국고전연구』 10집, 한국고전연구학회, 2004.

이강엽, 「說의 장르 성향과 소설적 변개 가능성」, 『국어국문학』 112호, 국어국문학회, 1994.

이강옥, 「조선초・중기 일화의 형성과 변모과정 연구」, 서울대 박사논문, 1993.

이승복, 「기와 설의 수필문학적 성격-이규보의 작품을 중심으로-」, 국어교육 55호, 한국어교육학회, 1995.

이영호, 「碑誌類 樣式을 활용한 傳記 쓰기 教育 연구」, 『어문연구』 34권, 어문교육연구회, 2006.

이재승, 『글쓰기 교육의 원리와 방법』, 교육과학사, 2002.

이정찬, 「근대 전환기 작문론 연구」, 서울대 석사논문, 2006.

이지호, 「燕巖 朴趾源의 글쓰기 方法論 研究: '熱河日記'의 對象解釋을 중심으로」, 서울대 박사논문, 1997.

이홍우, 『증보 교육과정탐구』, 박영사, 2004.

임영환 외, 『화법의 이론과 실제』, 집문당, 1996.

임태섭, 『스피치 커뮤니케이션』, 커뮤니케이션북스, 2005.

전영우, 『짜임새 있는 연설』, 민지사, 2002.

전제응, 「쓰기 동기에 관한 시론」, 『작문연구』 창간호, 한국작문학회, 2005.

정민, 「고전문장이론에서 '법'의 문제에 대하여」, 『고전문학연구』 15집, 한국고전문학회, 1999.

정정순, 「장르 개념을 활용한 쓰기 교육-'인물전'에 관한 논의를 바탕으로」, 『선청어문』 28호, 서울대 국어교육과, 2000.

정정순, 「설득을 위한 글쓰기 전략-이규태의 글쓰기를 한 사례로-」, 국어교육학연구 12, 국어교육학회, 2001.

정진권, 「주뢰설, 경설, 이옥설 고-이규보의 「설」과 수필문학-」, 『국어교육』 59호, 한국어교육학회, 1987.

정희모・이재성, 『글쓰기의 전략』, 들녘, 2005.

조동일, 「18・19세기 국문학의 장르체계-장르 이론의 새로운 모색을 위한 일시론」, 『고전문학연구』 1호, 한국고전문학회, 1971.

조희정, 「사회적 문해력으로서의 글쓰기 교육 연구」, 서울대 박사논문, 2002.

조희정, 「중세의 나에 대한 글쓰기 연구」, 『고전문학과 교육』 13호, 한국고전문학교육학회, 2007.

조희정, 「고전시가를 활용한 투사적 글쓰기 방법 연구」, 『문학교육학』 8호, 한국문학교육학회, 2009.

주재우, 「유추를 통한 설득 표현 교육 연구」, 『국어교육』 122호, 한국어교육학회, 2007.

주재우, 「인간탐구로서의 고전문학교육 연구」, 『국어교육연구』 23호, 서울대 국어교육연구소, 2009.

주재우, 「사회구성주의 작문이론의 비판적 재검토-작문교육의 관점에서-」, 『작문연구』 11집, 한국작문학회, 2010.

차배근, 『설득 커뮤니케이션 이론-실증적 연구 입장』, 서울대 출판부, 1990.

차배근 외, 『설득 커뮤니케이션 개론: 광고・홍보학 개설』, 나남, 2001.

최인자, 「조선시대 상소문에 나타난 설득방식과 표현에 관한 연구-〈간폐비소〉와 〈간타위소〉를 중심으로-」, 『선청어문』 24호, 서울대 국어교육과, 1996.

최인자, 「장르의 역동성과 쓰기 교육의 방향성」, 『문학교육학』 5호, 문학교육학회, 2000.

최현섭 외, 『상생화용 새로운 의사소통 탐구』, 커뮤니케이션북스, 2007.

하병학, 『토론과 설득을 위한 우리들의 논리』, 철학과 현실사, 2000.

한국텍스트언어학회, 『텍스트 언어학의 이해』, 박이정, 2004.

현상윤, 『풀어 옮긴 조선유학사』, 현음사, 2003.

홍성욱, 「잡설 연구-설 문체의 장르적 특성과 관련하여」, 『한문학논집』 19호, 근역한문학회, 2001.

황적륜, 「한국어와 영어의 담화구조 비교 연구」, 『서울대 사대논총』 41집, 서울대 사범대학, 1991.

로버트 루트번스타인·미셸 루트번스타인/박종성 옮김, 『생각의 탄생』, 에코의 서재, 2007.

로버트 치알디니/이한우 역, 『설득의 심리학』, 21세기북스, 2002.

리처드 니스벳/최인철 옮김 『생각의 지도』, 김영사, 2004.

린다 플라워/원진숙·황정현 역, 『글쓰기의 문제해결전략』, 동문선, 1998.

미에치슬라브 마넬리/손장권·감상희 옮김 『페렐만의 신수사학: 새로운 세기의 철학과 방법론』, 고대출판부, 2006.

반 데이크/정시호 옮김, 『텍스트학』, 아르케, 2001.

보그란데·드레슬러/김태호·이현옥 역, 『텍스트언어학 입문』, 한신문화사, 1995.

스티븐 E. 툴민(Stephen E. Toulmin)/고현범·임건태 옮김, 『논변의 사용』, 고대출판부, 2006.

아리스토텔레스/이종오 옮김, 『수사학 I·II·III』, 리젬, 2007.

어빙 코피·칼 코헨 지음/박만준 외 옮김, 『제10판 논리학 입문』, 경문사, 2000.

에드워드 홀/최효선 역, 『문화를 넘어서』, 한길사, 2000.

올리비에 르불/박인철 옮김, 『수사학』, 한길사, 1999.

위르겐 타우츠/유영미 옮김, 『경이로운 꿀벌의 세계』, 이치, 2009.

조셉 윌리엄스·그레고리 콜럼/윤영삼 옮김, 『논증의 탄생』, 홍문관, 2008.

진필상/심경호 역, 『한문문체론』, 이회, 2001.

천푸칭/오수형 옮김, 『중국우언문학사』, 소나무, 1994.

클라우스 브링커/이성만 역, 『수정 제5판 텍스트 언어학의 이해』, 역락, 2004.

풍우란/박성규 역, 『중국철학사』, 까치, 1999.

피터 냅(Peter Knapp)/주세형 외 옮김, 『장르, 텍스트, 문법: 쓰기 교육을 위한 문법』, 박이정, 2007.

피터 딕슨(Peter Dixon)/강대건 역, 『수사학』, 서울대 출판부, 1987.

필립 브르통·질 고티에/장혜영 옮김, 『논증의 역사』, 커뮤니케이션북스, 2006.

G. 레이코프 M. 존스/노양진·나익주 옮김, 『삶으로서의 은유』, 박이정, 2006.

Y. Tsuji 편/임지룡 외 옮김, 『인지언어학 키워드 사전』, 한국문화사, 2004.

Berkenkotter, C., Understanding writer's awareness of audience, *College Composition and Communication* Vol.32 No.4, 1981.

Chen, Ru-dong, Rhetorical thought comparison of ancient China and ancient Greece: From Confucius to Aristotle, 『수사학』 7권, 2007.

Choi, Yeon Hee, Textual coherence in English and Korean: an analysis of argumentative writing by American and Korean students, Thesis (Ph.D), University of Illinois, 1988.

Hayes & Flower Identifying the organization of writing processes, Gregg & Steinberg edt., *Cognitive processes in writing*, LEA, 1980.

Kinneavy, James, L., *A Theory of Discourse: The Aims of Discourse*, Englewood Cliffs, 1971.

Lucas, S. E., *The art of public speaking*, McGraw-Hill, 1995.

Nystrand et al., Where did composition studies come from? An intellectual history, *Written Communication*, Vol. 10 No.3 July, 1993.

Osborn & Osborn, *Public Speaking*, Houghton Mifflin Company, 1994.

Perelman, Chaim · Olbrechts-Tyteca, L./John Wilkinson & Purcell Weaver trans., *The New Rhetoric-A Treatise on Argumentation*, university of Notre dame press, 1971.

Walton, D., *Argumentation Schemes for Presumptive Reasoning*, LEA, 1996.

■ 작가 찾아보기

작품 찾아보기

고전을 활용한 글쓰기 교육

초판 1쇄 인쇄 · 2013년 9월 11일
초판 1쇄 발행 · 2013년 9월 17일

저　자 · 주재우
발행인 · 박성복
발행처 · 도서출판 월인
　　　　서울특별시 강북구 노해로25길 61(수유2동 252-9)
등　록 · 제6-0364호
등록일 · 1998년 5월 4일
전　화 · (02) 912-5000
팩　스 · (02) 900-5036
www.worin.net

ISBN 978-89-8477-547-3 93810

값 16,000원